本教材由国务院侨务办公室立项；彭磷基外招生人才培养改革基金资助

当 代 视 听 传 媒 系 列

丛书主编　谭天

Introduction to Broadcasting

广播电视概论

陈林侠　主编

暨南大學出版社
JINAN UNIVERSITY PRESS

中国·广州

图书在版编目（CIP）数据

广播电视概论／陈林侠主编 . —广州：暨南大学出版社，2013.5
（当代视听传媒系列）
ISBN 978 - 7 - 5668 - 0490 - 7

Ⅰ . ①广…　Ⅱ . ①陈…　Ⅲ . ①广播电视—概论　Ⅳ . ①G220

中国版本图书馆 CIP 数据核字（2013）第 026500 号

出版发行：暨南大学出版社

地　　址：中国广州暨南大学
电　　话：总编室（8620）85221601
　　　　　营销部（8620）85225284　85228291　85228292（邮购）
传　　真：（8620）85221583（办公室）　　85223774（营销部）
邮　　编：510630
网　　址：http：//www. jnupress. com　http：//press. jnu. edu. cn

排　　版：弓设计
印　　刷：佛山市浩文彩色印刷有限公司

开　　本：787mm×960mm　1/16
印　　张：13.5
字　　数：220 千
版　　次：2013 年 5 月第 1 版
印　　次：2013 年 5 月第 1 次
印　　数：1—3000 册

定　　价：29.80 元

总　序

　　暨南大学是我国最早开办新闻专业的院校之一，迄今已历六十多个春秋。暨南大学的广播电视新闻教育也紧随中国广播电视发展的步伐而行。1978 年，暨南大学新闻学系复办后，即开办广播电视课程，随后积极开展相关科研教学活动，相继出版了一系列广播电视专著和教材，如《电视摄制学》（李子先，1989）、《电视新闻学》（黄匡宇，1990）、《理论电视新闻学》（黄匡宇，1996）、《现代广播学》（梁巾声，2001）等，这些著述成为我国最早的一批广播电视专著和教材。其中，黄匡宇的《电视新闻学》还被《中国新闻年鉴》评定为"我国第一本系统研究中国电视新闻节目的学术专著"。

　　2001 年，暨南大学新闻与传播学院成立，下设新闻学、广播电视新闻学和广告学三个系。同年，广播电视新闻学专业招生。2009 年，播音与主持艺术专业招生。与此同时，暨南大学新闻与传播学院积极进行教材建设，组织出版高等院校新闻传播学系列教材。广电系教师也相继出版了一系列广播电视类教材：《广播电视学概论》（黄匡宇，2005）、《电视节目制作》（张印平、谢毅，2005）、《当代电视摄影制作教程》（黄匡宇，2005）、《电视广告创作基础》（张印平，2005）、《新编基础摄影教程》（陈喆，2005）、《纪录之门——纪录片创作理念与技能》（谭天、陈强，2007）。被誉为"华侨最高学府"的暨南大学招收了大量的境外学生，这就使该校的教学更具国际化，这批教材也更具国际视野，由此受到国内许多新闻传播院系和广播电视专业欢迎，一版再版，广泛采用。

　　广东省是中国内地唯一允许境外电视落地的省份，珠三角地区由此成为境内外电视媒体直接交锋的区域，这就给了我们的广播电视研究丰厚的学术土壤。近年来，随着暨南大学广播电视系师资力量不断增强，教研水平迅速提升，科研成果日渐丰硕，不仅发表了大量的学术论文，还相继出版了一批在国内有一定影响力的学术专著：《批评与建构——聚焦中国电视》（谭天，2009）、《广播生态与节目创新研究》（申启武，2008）、《境外电视频道落地广东研究》（谢毅，2009）、《港澳台广播电视》（谭天等，2010）、《中国广播研究90年》（申启武等，2010）、《中国类型电影的知识结构及其跨文化比较》（陈林侠，2010）、《电视剧城市意象研究》（王玉玮，2010）等。这些专著也成为不少高校研究生和本科生的教学参考书。

进入新世纪，在全球化、数字化、产业化的背景下，进入转型期的中国广播电视面临着更多的挑战，对于科研教学也提出更高的要求，传统的广播电视教材渐已跟不上传媒发展和专业教学的需要。为了适应传媒发展和媒介融合的变化，需要建构广播电视学科体系，需要出版学科专业系列教材。对此，暨南大学出版社决定出版由谭天教授主编的"当代视听传媒系列"，该系列之所以称"当代视听传媒"，意在不局限于传统广播电视，而是把它延伸到新媒体视音频实务；该系列不只是专业教材，还是学术专著；不仅适用于高等院校相关专业教学，还适用于广播电视及新媒体从业人员学习。该系列将整合暨南大学及全国广播电视研究专家、资深学者和骨干教师的力量，撰写和出版一批高水平、高质量、全方位、新视角的广播电视学术专著和专业教材。我相信，这一系列的陆续出版必将促进暨南大学教学工作和广播电视学科建设，对我国广播电视学教学工作和教材建设也会作出积极的贡献。我希望，国内从事广播电视科研教学的专家学者积极参与到该系列的著述工作中来，共同构建具有中国特色的广播电视学科理论体系。

林如鹏
暨南大学副校长、教授、博士生导师
2011 年 4 月于暨南园

目　录

第一章　广播电视的诞生与发展

第一节　信息传播方式的五次革命

人类信息传播史上至今共出现了五次重大革命。约在 10 万年前，语言体系被创造出来，此为人类传播史的第一次革命；约公元前 3500 年，发生了第二次传播革命，即文字出现；唐朝初年中国人首先发明了印刷术，掀起第三次传播方式的革命；1844 年，人类迎来了电讯传播的曙光，第四次传播革命应运而生；1946 年，电脑出现，至此形成了以电脑为主、其他媒体为辅的第五次信息传播革命。毋庸置疑，五次传播革命都推动了整个人类社会的长足进步，人类也被新技术带进一个个新的境界，一个个崭新而伟大的时代。

一、语言传播：第一次传播革命

第一次传播革命的标志，毋庸置疑是人类创造了语言。语言是人类交际与传播的工具，也是人类之所以成为人类的重要表征，更是人类认识世界和改造世界的武器。

从考古学的角度来看，在进化史上，尼安德特人最先出现，却在风调雨顺、没有天灾人祸的情况下奇怪地消失了，而后起的克罗马农人却成为人类最直接的祖先。对此比较可信的推断是：尼安德特人没有语言，而克罗马农人创造了语言。拯救和帮助克罗马农人的是语言。通过语言，人类可以将个人经验和见闻与大家共享，宏观上也可使前人的文化积累为后人所继承。在恶劣的生存环境下，人类始祖学会了钻木取火、草药治病、保藏食物、饲养动物、耕种粮食和敬奉神祇，还掌握了"知识含量"很高的制陶、纺织、炼铁等技术。没有语言作为传播载体，这些可喜的变化与进步便无从发生。

菲利浦·列伯曼在《人类说话的进化》中推断：约在 9 万年前，人类祖先开口"说话";约在 3.5 万年前的某一时期,人类开始使用语言。罗伯特·芬 (1985) 的见解略有不同。语言是如何发明的? 各种猜测纷至沓来:"汪汪"派 认为言语是由人类模仿狗叫等自然的声音形成的;"哼哟"派则说言语是由人 类祖先在从事重体力群体劳动时为协调动作而发出的声音形成的,换言之,语 言起源于劳动号子;"感叹"派另辟蹊径,认为语言是偶然表达感情 (或疼痛 或高兴或悲哀) 所产生的;"唱歌"派的观点更有趣,他们认为语言是从传播 感情和欢乐事件的歌声中演变而来的,语言来源于唱歌。似乎每个派别说得都 有道理,而受到非议最少的论断当推恩格斯的"语言起源于共同劳动"假说①。

二、书写传播:第二次传播革命

人类发明文字引领人类群体进入书写传播时代,第二次传播革命开始。先 前的语言传播,是人与人之间的口耳相传、心记脑存,不能做到"通之于万里, 推之于百年",更不能保证所传达的信息在传播中不被曲解乃至丢失。在此意义 上说,文字的发明并被随即用于文献记录,是人类传播史上的一大创举。文字 的重大意义就在于,它既引导人类祖先从"野蛮时代"转向"文明时代",又 实现了超越时间与空间限制的语言传播。

挥之不去的神秘色彩一直萦绕在文字的产生历程中。例如,埃及人将文字 视为智慧之神的创造,巴比伦人眼中的创造者又成了命运之神,希腊人则说是 奥林匹斯的传令官和使者赫耳墨斯的功劳,中国人认为发明文字的是一个 "人"——仓颉,但也赋予了其"天雨粟、鬼夜哭"的神秘色彩。众所周知的 事实是,文字是从古老的图画或洞穴的图画经验中演变而来。一言以蔽之,文 字源于图画。如同语言一样,文字并非仅出现于一两个地方,成果也并非几种 文字。约公元前 3500 年,"图画文字"和"形象文字"在古埃及、克里特与中 国最先出现。这些文字可以用一画一"字"、一"字"一意来总结,几个画连 接起来便讲述了一个故事或事件。及至中国商代,中国人创造了"象形文字", 并将其刻写在龟甲兽骨上,我们称为"甲骨文"。中国的象形文字仍是图画的 和表现性的,有些甚至就是简单的图画 (如日、月等字),经过发展进化后才

---

① 恩格斯. 劳动在从猿到人转变过程中的作用. 中共中央马克思恩格斯列宁斯大林著 作编译局编译. 马克思恩格斯选集 (第 3 卷). 北京:人民出版社,1995. 508 ~ 520.

有了后来的指事、形声、会意等文字形态。

人类利用标准化文字既能记载口语、描绘事件、传播信息，又能用之反复阅读、慢慢译解超越时空的远距离或是前人遗留的信息，同时又可以保存和继承人类积累的精神财富与文化遗产，再也不必通过费力的脑力劳动来储存记忆，于是人类祖先有了更多剩余时间来做更有意义的事情。

远古时代的图画文字或象形文字在日后的发展中先后分化为符号—音节体系（如英语、法语等）和单字—表意体系（如汉语、日语等），于是其功能与优势便产生差异。据相关研究表明：英、法语较为易学易用，也容易发生变化，这在某种程度上解释了西方人较为关注变革和发展的精神倾向；相反，汉、日语要花较长的时间才能掌握几千个单字，并且只能用来阅读较为浅显通俗的文章，这也在某种程度上解释了东方人关注稳定、团结和怀念过去的深厚感情。值得一提的是，虽然汉语和日语不易学习与掌握，然而一旦具有阅读能力，人的大脑对单字—表意体系的文字的反应明显快于其他体系的文字。根据东京电机大学教授小谷城的研究，同在单字—表意体系，人的大脑对汉字反应的速度要比假名（日文）快三倍。人们认识汉字单词，不需多声转化过程，从字形就可以直接理解意思，具有其他文字所没有的快速阅读优势。此外，汉字还不会随着口头语言的变化而改变，因此，人们有时虽听不懂（如方言），但能看得懂。由此可以说，汉字促进了中华民族的团结统一，成为社会和谐与稳定的潜在力量。这是我们的祖先在发明文字时无论如何也料想不到的巨大贡献，可谓无心插柳柳成荫。

第二次传播革命中，书写媒介从石头、泥土、龟甲、兽骨、木板和竹简，向软绵、便携的羊皮、绢帛、纸张等转变，同时书写工具也经历了从树枝、棍尖到刻字的石刀、铁刀再到写字的毛笔等的演变。当时，中国人在传播文明程度上远远超过西方人。这样的情形，用施拉姆的话说："它是历史上震撼地球的大事之一。"[①] 在充分肯定了中国人在文字发明上的成就之后，德弗勒等接着写道："与此同时，中国人又在另一项发明——印刷方面，领先于西方。"[②]

---

① ［美］威尔伯·施拉姆. 传播学概论. 陈亮译. 北京：新华出版社，1982.14.

② ［美］梅尔文·德弗勒，桑德拉·鲍尔. 大众传播学绪论. 杜立平译. 北京：新华出版社，1990.15.

三、印刷传播：第三次传播革命

给中国更给欧洲甚至给整个世界的文明带来曙光的，无疑是印刷术的发明，它引导人类步入了一个崭新的大众传播时代，人类社会也由此发生了翻天覆地的变化。

媒介笨重、符号复杂、复制困难和传播垄断，这几个因素导致了书本知识只掌握在少数人手里，竹简、帛书等书写媒介也只在上流社会流传。印刷术的产生和流传不仅打破了少数人对知识的垄断和在传播上的特权，冲破了黑暗的中世纪宗教牢笼，更带来了文艺复兴和工业革命。

公元 200 年的中国拓印术是印刷术的起源。唐朝初年（627—649），中国人发明了雕版印刷术。唐长庆年间，白居易的作品被人"缮写模勒（刊刻），炫卖于市井"（唐·元稹，824）。世界上现存的第一本印刷品是我国唐咸通九年（868）印刷的佛典《金刚经》。北宋庆历年间（1041—1048），毕昇发明了活字印刷术。元朝后期，我国的印刷术连同其他发明随着蒙古军队的西进传向西方。多年后，在德国一个小镇，古登堡经过 20 多年的摸索和钻研，终于发明了铅活字和手压印制设备，并于 1456 年印出了 42 行本的《圣经》。

15 世纪末到 16 世纪初，随着印刷业的飞速发展，整个欧洲的主要城市几乎都有了印刷所，印刷传播业日益兴旺。一方面，印刷品不断涌现，激发了人们的求知欲，继而推动了教育的发展、文化的普及和科学的启蒙、社会的进步；另一方面，公众文化知识的提高又导致了对宗教、科学、哲学、文学书籍等印刷媒介的更大需求。这种良性循环加速了欧洲封建主义的崩溃和资本主义的诞生。

查尔斯·库利在《社会组织》中提到，报纸、书籍和杂志作为新的大众媒介，一方面扫除了人们相互隔绝的障碍，乃至影响了社区相互作用的方式；另一方面推进了社会组织和功能的重大变化，甚至永久地改变了那些使用者的精神面貌和心理结构。一言以蔽之，印刷传播革命使人类社会在各个方面都发生了前所未有的深刻变化。

四、电讯传播：第四次传播革命

有两只"顺风耳"、一双"千里眼"，是人类一直以来的梦想。有了它们，人类便可以突破时间和空间的限制，快速地得到远方的信息，更能让声音和形象传至千里。最初这只是天方夜谭。1844年，美国人莫尔斯发明了电报，使之不再是梦想，接下来贝尔于1876年发明了电话，爱迪生于1877年发明了留声机，法国人马瑞根据中国灯影原理于1882年发明了摄影机。电影、广播、电视也纷至沓来，"千里眼"、"顺风耳"成为现实。

以广播和电视为主体的电讯传播，在人类的第四次传播革命中，既彻底突破了时间和空间的限制，让信息传播瞬间万里，又挣脱了印刷传播中必不可少的物质（书、报、刊）运输（通过人及交通工具把印刷品送到读者手中）的束缚，为信息传播开辟了一条便捷、高效的空中通道。值得一提的是，广播、电视一旦插上卫星转播的翅膀，就成为无处不在、无时不有的跨国传播甚至全球传播了。在此意义上，电讯传播被人们看作是继武器仗之后的符号仗，军事大战之后的信息大战，而且随着传播科技的进步愈演愈烈。

某种意义上，电讯传播还改变了交流的方式。它将信息推向人，而不是像印刷传播那样将人推向信息。电讯传播是"在没有识字需要的情况下，为人类提供了超越识字障碍，跳入大众传播的一个方法"①。电视之所以占据传播优势就在于其集声、光、电和音、字、形于一身。现代社会，报纸、广播、电视已在新闻传播领域形成三足鼎立之势，并且这种共同发展的趋势还会继续下去。

五、互动传播：第五次传播革命

1946年，埃克特等人研制出世界上第一台电脑主机"埃尼阿克"，第五次传播革命的纪元便由此开始。以电脑为主体、多媒体为辅的，能提供以交谈方式来处理包括捕捉、操作、编辑、存贮、交换、放映、打印等多种功能的信息传播活动，被称为互动传播。因为各种数据和文字、图示、动画、音乐、语言、图像、电影、视频信号等全部组合在电脑上，并借助电脑完成互动，所以电脑是主体。苏联于1957年发射了第一颗人造卫星；美国于1969年实现电脑对接，又于1980年建成互联网络；西方发达国家于1994年纷纷提出"信息高速公路计划"，中国亦宣布跟进。半个多世纪以来，电脑更新换代的速度越来越快，初

---

① ［美］E. M. 罗杰斯. 传播学史：一种传记式的方法. 殷晓蓉译. 上海：上海译文出版社，2005.190.

期每四年换一代，接着一年换一代，而在 1995 年却换了两代，即在 486 之后又研制成功 586（奔腾）和 686（高能奔腾）。个人电脑的体积越来越小，造价越来越低，而功能却越来越强大，操作也越来越方便。如今，电脑已在全世界的各行各业和众多普通家庭中使用。在这一次传播革命中，电脑加上各种软件和多媒体（诸如电话、录像机、录音机、收音机、电视机、传真机、打印机、游戏机等），将成为人们综合处理人际传播、组织传播、大众传播和跨国传播乃至全球传播的主要媒介。人类已经进入信息社会，并且即将进入一个综合传播的新时代。

互动传播与传统印刷传播、电子传播最大的不同在于，它以信息高度网络化为前提。互动传播因此具有主动性、参与性、交谈性和操作性的特点。过去的人们只是也只能被动地阅读、收听和观看他们所"不讨厌的内容"，传播者倾向于积极地将信息推向受众，而受众则只能消极地开启接收按钮等待信息的来临；现在，情形发生了变化，互动传播中的人必须自己主动地去寻找信息、追逐信息，向电子资料库、电子图书馆、影视中心索要信息。过去的受众参与传播和交流的程度较低，而现今的互动传播则要求人们具备很高的个人参与性。也就是说，受众一方面要主动地选择、寻找、索要信息；另一方面要积极地向"信息高速公路"输送信息，或者通过"电子信箱"交流信息，或者通过互联网络（Internet）召开会议、远程会诊、合作攻关，甚至可以相隔万里在网络上对同一文件进行共同修改。通过以上信息我们可以知晓，互动传播和信息革命正在进入一种"临界状态"，一个崭新的社会即将到来，新的社会包容着整个世界，互动传播连接着整个人类。

综上所述，五次传播革命每一次都将人类带进一个新的境界、新的时代。

（1）语言传播不仅是人类之所以成其为人类的重要特征，也是社会的凝固剂。语言使人类可以交流信息、积累知识，从而使人类由动物世界进入人类社会，由野蛮时代进入文明纪元。

（2）相较于语言传播来说，书写传播使人类终于可以将事件和自己的经历、见闻、思想固定或记录下来，从而实现了超越时间和空间的限制来进行传播。

（3）印刷传播破天荒地打破了少数人的传播特权，从而促使文化和教育的普及，使人类由人际传播时代进入大众传播时代。

（4）电讯传播则将人类由国内传播引入国际传播，打破了国界的限制。

（5）互动传播是将以往各自独立的单一传播转变为综合传播，将单功能的媒体转变为多功能的媒体，把人类从工业社会带进了信息社会。

由此可知，五次传播革命每一次都极大地提高了人类的传播能力，并且从物质到精神都给人类带来前所未有的巨大变化。

第二节　广播的发明与早期发展

20 世纪初，印刷媒介得到长足发展并一统天下，此时一种新的传播工具又横空出世。这种新的传播工具不仅不需要油墨、纸张，而且不需要沿街叫卖的报童。另外，相对于报纸较长的发行期，这种新兴媒介对广大的受众来说，几乎没有距离的差别。从理论上讲，它由始发点向四周扩散，仅需一秒钟，就能到达世界的任何角落。这种新兴的传播工具便是无线电广播。广播的优势，在其诞生初期就充分地显露出来。从 1920 年代开始，全球掀起了发展广播事业的热潮，以电声传播为特征的广播时代降临了。

关于无线电发报机的发明，还有一个极具巧合性的故事。1895 年，俄罗斯的一名军校教员亚历山大·斯捷潘诺维奇·波波夫（Alexander Stepanovich Popov，1859—1905）和意大利的科学家卡格列模·马可尼（Gagliemo Marconi，1874—1937），分别独立制成了最早的不用导线传递电信号的仪器——无线电收发报机。

1895 年 5 月 7 日，波波夫在彼得堡物理化学协会物理学部年会上报告了他的研究成果，并表演了他制成的一架无线电接收装置——雷电指示器（为纪念波波夫的发明，苏联政府于 1945 年规定每年的 5 月 7 日为无线电节）。到了 1900 年，他制作的无线电收发报机发射与接收的范围已经达到 148 公里。

相较于波波夫的幸运，马可尼则有些命途多舛。1895 年 9 月末，马可尼利用无线电波进行通信的试验获得成功，但这一发明并未受到意大利政府的重视。他于 1896 年来到英国，在英国邮政总局公开演示了他的发明并获得成功，并在英国得到无线电发明专利权。1897 年，马可尼在英国组建了一家公司，从事无线电器材的制造，从而又进行了一系列的试验，推动了无线电通信的实际应用。

事实上，最早利用无线电波传送和接收声音的另有其人，他便是美国匹兹堡大学教授雷金纳德·奥布利·费森登（Reginald Aubrey Fessenden，1866—1932）和被称为"无线电之父"的美国杰出发明家李·德·福雷斯特（Lee de Forest，1873—1961）。

1900 年，费森登对口语传送问题产生兴趣，并产生了把按声波频率震动的电波叠加到恒定的无线电频率上的想法。他按声波的形状调制了无线电波的波幅（即调辐原理），还发明了一种用于无线电话很灵敏的电解检波器。1902 年，在一系列发明的基础上，费森登在马萨诸塞州建立了发射台。1906 年圣诞节前夜，费森登和亚历山德逊在纽约附近设立了一个广播站，并进行了有史以来第一次广播。广播的内容是两段笑话、一支歌曲和一支小提琴独奏曲。从技术的角度而言，广播从此诞生。但由于当时设备还不完善，这种广播仅限于临时传递一些紧急消息。

1899 年，李·德·福雷斯特发明了电解检波器和交流发射机。1902 年，他公开演示了用于商业、新闻和军事的无线电报通信装置。1906 年，他发明了三极真空管，其功能包括检波、产生振荡、放大电信号、改变电信号频率等。1912 年，他开始用多个三极管连续放大微弱的高频无线电信号，这对无线电和长途电话通信是个重大发展。后来，他在纽约高桥自己的试验电台做试验广播，用《纽约美国人报》提供的简讯，报道了 1916 年威尔逊和休斯在总统竞选中的得票数字。这被视为美国的第一次新闻广播。

1916 年，美国无线电报务员萨尔诺夫提出制作"无线电音乐盒"（即收音机）的设想，经过几年研究，美国无线电公司制成了最初的收音机。

广播发射与接收技术的发展与改进，促成了各类不同性质的试验性广播电台的相继出现。1909 年，美国加利福尼亚圣荷塞市广播电台开始播音，呼号是KQW，这是美国最早开始播音的电台之一；1916 年，美国纽约州诺克城的 2ZK 电台开始定期播放音乐节目；1919 年，美国威斯康星大学设立 WHA 电台，这是最早在大学中设立的试验电台，主要播报市场行情和天气预报。荷兰、英国在这一年也开始试验无线电广播。

对于美国来说，正规的每日广播是从底特律开始的。在那里，福雷斯特的营业机构已经取得经营试验电台 8MK 的营业执照。1920 年 8 月 20 日，在《底特律新闻》的资助下，8MK 开始天天在报馆办公楼上进行广播。8MK 电台是第一次世界大战结束之后最早的一个民间电台。

1920 年 9 月 29 日，匹兹堡的《太阳报》刊登的一条推销无线电接收机的广告引起了威斯汀豪斯公司（又称西屋电气公司）高层的注意：如果广播电台能够提供定期的节目，一定有利于大量推销收音机。于是威斯汀豪斯公司开始筹办一个广播电台，根据联邦政府 1912 年无线电法令的要求，向联邦商业部提出举办商业广播电台的申请，并获得商业部颁发的商业电台营业执照及核发的 KDKA 的呼号。这是美国第一个正式申请商业执照的电台，因此被认为是世界上第一家正式成立的广播电台。

1920 年 11 月 2 日，威斯汀豪斯公司在匹兹堡建立的 KDKA 电台正式广播，它是以报道哈定和柯克斯在总统选举中的得票数字开始营业的。广大选民聚在公共扩音器前收听最新的消息，广播获得了成功。这座电台是无线电收音机制造商为了商业利益筹建起来的电台。

到 1922 年，美国的广播电台已经发展到近 500 家。这一年，设在法国巴黎埃菲尔铁塔的无线电台正式播音，发射功率为 5 千瓦。年底，英国广播公司（BBC）也在伦敦正式开播。

1918 年春，时值俄国十月革命以后，苏联政府划定了一批无线电讯台用来播发政治新闻。1919 年，苏联制造了一台大功率发射机。1920 年 1 月，位于下新城的无线电实验所用无线电话传送了口语节目。2 月 5 日，列宁写信给实验所所称，广播是"不要纸张、没有距离的报纸"[①]。1922 年 9 月 17 日，莫斯科中央广播电台开始播音，第一次成功地举行了一场大型音乐会，这个日子一般被认为是苏联广播事业的诞生日。这座电台的播出功率为 12 千瓦，是当时世界上功率最强的电台。11 月 7 日[②]，莫斯科中央广播电台被命名为"共产国际广播电台"。此后，比利时、德国、加拿大、新西兰、中国、日本等国也相继开始正式广播。到 1930 年，无线电广播（语言广播）几乎遍及世界。

---

① ［苏］列宁. 列宁全集（第 35 卷）. 北京：人民出版社，1985.435.
② 一说为 8 月 21 日，参见：张君珊. 苏联广播电视简史（第 1 卷）. 北京：北京广播学院出版社，1987.71.

第三节　电视的诞生与兴起

电视技术的关键是解决光电转换的问题，科学技术的进步为电视的诞生奠定了基础。光电转换即把光的图像变成电信号传出去，接收时再把这种电信号复原为光的图像。

1817 年，瑞典科学家布尔兹列斯发现了化学元素硒。1873 年，英国科学家约瑟夫·梅发现了硒元素的"光电作用"特性。两位科学家的伟大发现为电视的发明奠定了科学基础。

1884 年德国工程师保罗·尼普柯（Paul Nipkow）发明了机械性的无线电图像扫描盘。这种圆盘在图像和光电管之间旋转的时候，能够把图像分解成许多像素（图像的小单元），并逐次变成电信号传送出去。这样，通过电传可把图像电信号从甲地传送到乙地，由乙地把这些电信号接收起来再复原成图像。这种机械传真为电视的发明奠定了基础。

1906 年，在福雷斯特发明三极管时，澳大利亚电气工程师罗伯特·里埃本也设计出放大的电子管，这对无线电放大技术和电视的发展至关重要。

1907 年，俄国教授罗津格得到设计世界上第一台电子显像的电视接收机的特许权。1911 年，他又研制成功利用电子射束管的电视实用模型，显示了简单的电视图像。

1923 年，俄裔美国物理学家弗拉基米尔·兹华伊金（Vladimir Zworykin）获得光电摄像的专利权，它可以取代由许多光电管组成的摄像屏和笨重的机械转盘。同一年，在纽约和费城之间用电视播映了一部影片。

在科学家和发明家的不断进取之下，电视技术逐步成熟。"有史可查的统计，从 1919 年到 1925 年间，世界各国的科学家们就曾提出了 100 多项有关电视发明专利权的申请。"[1]

被誉为"电视之父"的英国科学家约翰·洛吉·贝尔德（John Logie Baird,

---

[1]　苑子照. 电视原理及其发明者. 新闻学会通讯，1984（6）.

1888—1946），在 1925 年利用尼普柯发明的机械扫描盘成功地完成了传送和接收画面的实验。1926 年 1 月 26 日，他在伦敦做了公开表演。贝尔德出生在英国，在养病期间受到朋友的启发，决心完成"用电传送图像"的任务。他将自己仅有的一点财产卖掉，收集了大量资料，全身心投入到电视机的研制上。长时间的艰苦奋斗和无数次失败后，贝尔德终于实现了将图像搬上屏幕的梦想。

1928 年，仅在美国就有 30 多个公司在从事电视研究，有 12 家无线广播电台在做试验性的电视广播。电视设备在英、美、德等国无线电器材展览会上展出，市场开始出售电视接收机和有关器材。当时，制造电视接收机已经成为一些人的业余爱好。

1929 年秋，英国开始试验性电视广播，第一次公开播出的电视节目是著名工程师弗莱明的电视讲话。1930 年播出实况电视节目——舞台剧《口衔鲜花的人》（也有翻译为《花言巧语的人》），当时因为技术水平尚低，扫描只有每帧 30 行。从 1932 年起，英国的电视试验开始由英国广播公司负责，技术标准有所提高，扫描改为每帧 120 行。

美国是世界上最早开始电视试验广播的国家之一，第一座试验电视台出现于 1928 年，到 1937 年已经增加到 17 座试验电视台。1931 年 9 月，贝尔德应纽约市 WMMM 和 MDJ 电台之邀，帮助其建立电视广播。10 月 28 日，贝尔德第一次与美国观众"见面"。但是，在纽约建立电视广播的申请却被美国联邦电讯委员会拒绝了。美国法律规定，电视台未经联邦电讯委员会批准之前，都不得公开对外广播。直到 1941 年 7 月 1 日，美国第一家商业电视台——全国广播公司的 WNBT 电视台才开始正式播出。

1936 年 11 月，英国广播公司在伦敦以北的亚历山大宫建成英国第一座正式的电视台，也是世界第一座正式电视台。11 月 2 日，英国广播公司第一次正式播送电视节目，使用的就是贝尔德的机械电视系统，用的是 240 行扫描。这一天被视为世界电视事业的开端。几个月后，该电视台采用了新的电视设备，扫描线发展到 405 行，图像更加清晰。英国因此成为世界上第一个播出黑白电视节目的国家。

法国政府于 1932 年在巴黎建立了第一座试验性电视台，从 1938 年开始每天定期播出。1937 年，苏联莫斯科中央电视台建成并试验播出电视节目，1939 年起开始定期播出电视节目。德国于 1935 年开始试播电视节目。日本的电视研究工作始于1928年。1939年5月，电视的发射与接收试验成功，这次试验是由日本广播协会进行的。1943年，美国无线电公司研制成功灵敏度和清晰度更高的电视摄像器件——超正析摄像管。1946年，美国第一次播出全电子扫描电视。从此，电视由机械扫描时代进入了电子扫描时代。①

令人遗憾的是，世界各国刚刚开始发展的电视广播事业随着第二次世界大战的爆发而停滞甚至中断。英国的电视台1939年9月1日中途停止了正在播出的"米老鼠"节目，开始了长达7年之久的停播。美国电视事业也陷入停顿，许多生产电视机的企业转为生产军需品，照常播出节目的电视台只有6家。

战后，电视事业又迅速发展起来。1945年5月7日，苏联电视台开始恢复正常播出；英国于1946年7月7日恢复了电视广播；联邦德国的电视台于1952年正式开办；日本于1953年也开始了电视广播；意大利于1954年开始电视播出；而法国则在1955年恢复了电视节目的播出。

美国是第一个播出彩色电视节目的国家。1940年，美国哥伦比亚广播公司和全国广播公司开始试验彩色电视。1946年，美国第一次播出全电子扫描电视节目，从此，电视进入电子扫描时代。战时，美国只有6家商业电视台，民间使用的电视机的总数也不过1万台。战后，美国新设的电视台如雨后春笋般涌现。至1948年底，电视台增加到41家，电视接收机的产量也达到100万台。到了1964年，美国的彩色电视机更是畅销，当年就销售了124万台，几乎是过去十年的总和；彩电的总数，一下子高达286万台。至1966年，全美彩色电视机超过了1 000万台。至此，美国进入彩色电视机的阶段。

1957年，苏联发射了第一颗人造地球卫星。1962年，美国最早发射了一颗通信卫星"电星一号"，它是世界上最早用来转播电视节目的通信卫星。1969年7月16日，载着3名航天员的"阿波罗11号"载人飞船，飞行了约38万公里的距离，5天后飞抵月球轨道。"电星一号"对整个登月过程进行转播，世界上49个国家，共计7.2亿人收看了这一节目。

---

① 刘志筠. 电子新闻媒介——广播与电视. 北京：中国人民大学出版社，1988.

第四节 彩色电视标准制式

所谓制式，就是彩色电视对三基色信号或由其组成的亮度和色差信号的处理方式。彩色电视系统对三基色信号的不同处理方式，构成了不同的彩色电视制式。彩色电视制式要求和黑白电视兼容。为此，彩色电视根据相加混色法中一定比例的三基色光能混合成包括白光在内的各种色光的原理，同时为了兼容和压缩传输频带，一般将红（R）、绿（G）、蓝（B）三个基色信号组成亮度信号（Y）和蓝、红两个色差信号（B–Y，R–Y），其中亮度信号可用来传送黑白图像，色差信号和亮度信号相组合可还原出红、绿、蓝三个基色信号。

世界上主要有三种彩色电视制式。NTSC 制是美国、日本等国家采用的彩色电视制式，其特点是解码线路简单、成本低。PAL 制是 1963 年联邦德国为降低 NTSC 制的相位敏感性而发展出的一种制式，于 1967 年正式广播，中国采用的就是此种彩色电视制式。该制式的特点是对相位偏差不敏感，而且在传输中受多径接收而出现重影彩色的影响较小。SECAM 制也是为了改善 NTSC 制的相位敏感性而发展出的彩色电视制式，为法国、俄罗斯等国家所采用，其特点是受传输中的多径接收的影响较小。

一、NTSC 制式

NTSC 制式，又简称为 N 制，是 1952 年 12 月由美国国家电视标准委员会（National Television System Committee，NTSC）制定的彩色电视广播标准，其两大主要分支是 NTSC–J 与 NTSC–US（又名 NTSC–U/C）。它属于同时制，帧频为每秒 29.97（简化为 30），扫描线为 525，隔行扫描，画面比例为 4∶3，分辨率为 720×480。这种制式的色度信号调制包括平衡调制和正交调制两种，解决了彩色—黑白电视广播兼容的问题，但存在相位容易失真、色彩不太稳定的缺点。NTSC 电视机需要色彩控制（Tint Control）来手动调节颜色。这是 NTSC 的最大缺陷之一。

美国、加拿大、墨西哥等大部分美洲国家以及台湾、日本、韩国、菲律宾等地区及国家均采用这种制式。香港部分电视公司也采用 NTSC 制式广播。

二、PAL 制式

PAL 制式是电视广播中色彩编码的一种方法。全名为 Phase Alternating Line，意为"逐行倒相"。除了北美、东亚部分地区使用 NTSC 制式，中东、法国及东欧采用 SECAM 制式以外，世界上大部分地区都采用 PAL 制式。PAL 由德国人沃尔特·布鲁赫（Walter Bruch）在 1967 年提出。"PAL"有时亦被用来指 625 线，每秒 25 格，隔行扫描，PAL 色彩编码的电视制式。

PAL 的原理与 NTSC 接近，是要在兼容原有黑白电视广播格式的情况下加入彩色信号。"逐行倒相"的意思是每行扫描线的彩色信号会跟上一行倒相，其作用是自动改正在传播中可能出现的错相。早期的 PAL 电视机没有特别的组件改正错相，有时严重的错相仍然会被肉眼明显看到。这样，PAL 的垂直色彩分辨率会低于 NTSC。但由于人眼对色彩的灵敏度较弱，因此这并不是明显问题。

三、SECAM 制式

SECAM 制式，又称塞康制。SECAM 是法文 Sequentiel Couleur A Memoire 的缩写，意为"按顺序传送彩色与存储"。SECAM 是一个首先用在法国模拟彩色电视系统，系统化一个 8MHz 宽的调制信号，1966 年研制成功，属于同时顺序制。有三种形式的 SECAM：法国 SECAM（SECAM－L），用在法国和它以前的群体上；SECAM－B/G，用在中东、先前的东德和希腊；SECAM－D/K 用在俄罗斯和西欧。

SECAM 制式在信号传输过程中，亮度信号每行传送，而两个色差信号则逐行依次传送，即用行错开传输时间的办法来避免同时传输时所产生的串色以及由其造成的彩色失真。SECAM 制式的特点是不怕干扰，彩色效果好，但兼容性差。

大体上看，NTSC 制已使用 50 年以上，SECAM 制和 PAL 制也均已使用 40 多年。所以，三种制式都是行之有效的彩色广播电视制式，积累了相当丰富的经验。单从技术性能方面比较，绝不能得出完全肯定或否定某一制式的结论。实际上，各国在选定制式时往往受到各方面因素的制约，而绝非都是出于技术考虑。

　　鉴于采用不同制式给国际节目交换、设备制造等带来的不便，随着科学技术的不断发展和进步，目前已开始为卫星电视广播研究新的制式的工作。另外，关于下一代的高清晰度电视 HDTV（High Definition Television）和高保真度电视 Hi – FiTV（High – Fidelity Television）制式的研究工作也正在进行。

参考文献

［1］郭镇之. 中外广播电视史（第 2 版）. 上海：复旦大学出版社，2008.

［2］刘志明. 电视学原理. 北京：中国人民大学出版社，1993.

［3］朱羽君. 中国应用电视学. 北京：北京师范大学出版社，1993.

［4］高鑫，周文. 电视专题. 北京：中国广播电视出版社，1997.

［5］刘志筠. 电子新闻媒介——广播与电视. 北京：中国人民大学出版社，1988.

［6］张君珊. 苏联广播电视简史（第 1 卷）. 北京：北京广播学院出版社，1987.

第二章　中国广播电视事业的发展

第一节　旧中国广播事业的发展

一、中国早期广播事业

19 世纪末到 20 世纪初，广播事业产生的技术基础——无线电得以发明和使用。"一战"前后，使用无线电传递语言和音乐的实验成功了。美国、英国和"十月革命"后的俄国等建立了世界上第一批广播电台。在这段时间内，无线电技术传入中国，中国出现了一批外国人开办的广播电台。至此，中国的广播时代来临了。

1. 外国人办广播

1906 年底，无线电技术实验在美国初步取得成效。第一次世界大战期间，因军事通信保密的原因，无线电话的实验暂时停止，但在战后又迅速恢复并且有了新进展。1920 年 12 月，美国第一座向政府登记的广播电台开始广播。之后不久，美国人便把这一无线电广播带到了中国。

中国境内第一座广播电台的出现并不顺利。1923 年 1 月 23 日晚，美国无线电商人奥斯邦开办的中国无线电公司和英文《大陆报》合办的广播电台开始播音。这是中国境内的第一座广播电台，呼号 XRO，发射功率 50 瓦，每天晚上播音 1 小时，内容包括国内外和上海新闻，以娱乐节目为主，周日设有《布道》、《祈祷》等宗教类节目。该台还通过举办无线电基本常识讲座来推销收音机。但该台的设立未经过中国政府当局的批准，触犯了当时的法令，经外交部多次交涉，该电台在不久之后便停止了播音。

1923 年 5 月，美商开孚洋行在上海又开办了一座广播电台，维持了半年，内容以播放音乐为主。

中国第三座广播电台于 1924 年 5 月开始播音，由上海美商开洛电话材料公司开办。之后，外国人办的广播电台不断在上海出现，引起了听众的广泛关注。当时有人把广播称作"空中传音"。为使广播节目能够吸引听众，以便推销收音机等无线电器材，广播电台想出各种办法。开洛公司的广播电台允许西方人组织的"中国播音会"（CBA）的听众出钱在广播中点播节目。每天中午和晚上的广播内容大多都是由该协会安排的。起初，开洛电台播送的节目大多数为西乐及外国唱片，但是为争取更多的中国听众，经理迪莱聘用了中国人曹仲渊、徐大经分别担任广播电台的正、副主任，改进了部分广播节目内容，增加了"报告商情时事，以灵通内外华人之商情，并多播中国唱片，添播弹词节目"。著名京剧演员程砚秋到上海演出时，也受到邀请到该台演唱京剧并播出。当时，为了与中国播音会争夺播音时间，出现了"中国播音协会"（BAC），其每天也在电台点播节目。最终因资金不足，不能与中国播音会抗衡。① 这两个听众组织点播节目，在客观上扩大了开洛电台的影响。此外，开洛电台还与申报馆、晚报馆等多家单位联手，在报馆内设置了发音室，专门播报新闻。上午、晚上各一次，共2小时。据《申报》报道："上午为汇兑、市价、钱庄兑现价格、小菜上市等等，晚间为重要新闻及百货公司留声机新片，凡本外埠各处装有无线电收声机者，均可听得本馆之报告，除上述各项外，有时更播出音乐、名人演讲等。如有特别音乐或其他重要事件，本馆均已先一日在报上预告。"申报馆还设有无线电部，征集稿件介绍无线电常识或邀读者来报馆演播文艺节目。开洛电台是外商早期在上海开办的广播电台中规模最大、时间最长、影响较大的一座，至1929年10月停播，前后播出5年。

以上三座电台均是中国的第一批广播电台，皆由美国人创办。在此之后，美、英、意、法等国家相继在上海开办电台，日本也在中国东北创办了广播电台。在这种情形下，外国人把最先进的科学技术成果传入中国，使中国广播事业迈出第一步。

2. 北洋政府时期

虽然无线电在清朝末年就已经传入中国，但是清政府规定非经中国政府允许不准任何外国或外国人在中国设立无线电台、私自收发无线电报。直到袁世凯当政时，情况才慢慢有了转变。1905年，袁世凯在天津开办了无线电训练

---

① 金康侯. 中国播音协会之兴替. 无线电问答汇刊, 1932 (19).

班，同时将购买的无线电收发报机安装在北京、天津、保定及北洋水师的军舰上。1906 年，建立电政司，规划中国的无线电、电报、电话、邮政等事业。1915 年 4 月，袁世凯作为中华民国大总统颁布了《电信条例》，这是中国第一部无线电电信条例，该条例规定：外国人不许在中国境内私设无线电台；无线电器材属于军事用品，未经许可，不得进口。

之所以禁止外国商人在中国境内开办广播电台，北洋政府有以下两种考虑：一是政府缺乏了解无线电广播电台技术的人才，他们将广播电台与用于通信的无线电台同等对待；二是政府开始认识到广播电台的舆论影响作用。

3. 中国自办广播

北洋政府不仅拟定了无线电广播法令，而且在准备筹建广播电台。

和当时许多新生机构一样，第一批中国自办广播电台是官办电台。1924 年 8 月，中华民国交通部颁布《装用广播无线电接收机暂行规则》，这是中国第一部无线电法规，规定老百姓可以使用广播收音机。1926 年 10 月 1 日，中国自办的广播电台——哈尔滨广播电台开始广播，呼号为 XOH，发射功率 100 瓦。创办人刘瀚，字东樵，1891 年出生在河北省通县（今北京市），是我国早期的无线电专家，曾在无线电学校任教，拥有丰富的无线电理论与实践经验。1923 年春，刘瀚担任东三省无线电台副台长，在哈尔滨进行临时广播试验。经过大量试验，终于使中国自办的第一座广播电台——哈尔滨广播电台开播。1927 年 5 月 1 日，天津广播无线电台开播。随后，北京广播无线电台成立。1928 年 1 月 1 日，奉系军阀始创奉天广播，也就是沈阳广播电台。这是中国最早的四家无线电广播电台。

当时的交通总长叶恭绰（中国早期文学家、翻译家）强烈反对一些人提出的效仿日本的"放送"名称，叶恭绰与许多文人讨论，参照英文"Broadcasting"，确定称之为"广播"。北洋政府执政期间存在 10 多座电台，然而规模都较小，没有大规模的全国性电台。生活在军阀混战中的贫穷百姓没有能力购买收音机，当时全国仅有收音机 1 万多台。① 因此，当时的广播只是军阀、官商和

---

① 1929 年 12 月出版的《中央广播无线电台年刊》附录中国广播电台调查表所载南京、杭州、沈阳、哈尔滨、天津、北平、广州七大城市附近收音机约数分别为 300、100、1 000、3 000、3 000、1 000、100，据此推算估计 1927 年全国收音机约为 1 万台。

殖民者的日常消遣。

　　中国第一座民办广播电台诞生于上海。1927 年 3 月 18 日，上海新新公司开办了一座非常简陋的广播电台，目的是推销自制的矿石收音机。抗日战争爆发前，民办电台也曾繁荣一时，全国有 70 多座，仅上海就有 40~50 座。当时的民营电台还划分出"专业台"，主要分为教育电台、商业性电台和宗教性电台，但广播内容大多是广告和娱乐节目。

二、抗战时期中国广播事业的发展

1. 国民党的广播事业

　　由国民党创办"中央广播电台"开始，广播成了一项事业。1928 年 8 月 1 日，北伐成功后，国民党在南京创办了"中国国民党中央执行委员会广播无线电台"，呼号 XKM，简称"中央广播电台"，每天广播 3 小时。这是继中央社、《中央日报》之后创办的第三个国民党中央宣传机构。四年后，发射电力从 500 瓦扩大到 75 千瓦，呼号改为 XGOA，并选择在 11 月 12 日——孙中山的诞辰日开播，其成为当时亚洲发射功率最大的广播电台。接着，国民党在北平、广州、上海等地办了 20 多座电台，内容以转播国民党中央广播电台新闻节目为主，以扩大国民党的政治影响。1932 年成立了中央广播事业指导委员会，1936 年更名为中央广播事业管理处。①

　　国民党在 1937 年 6 月的统计显示，统治区（不含东北三省）共有 78 座官办和民营广播电台，发射总功率达 123 千瓦，其中的 55 座民营电台发射总功率仅 7 千瓦。含东北三省在内，当时全国约有收音机 20 万台。1939 年 2 月，国民党政府用英国提供的设备，在重庆开办了对外广播——"Voice of China"（VOC），意为"中国之声"，使用英、德、法、俄、日等外语和汉语广播，1940 年 1 月正式更名为"中国国际广播电台"。国民党官办广播事业在抗战胜利之后有了很大发展。1947 年的统计指出，国民党拥有广播电台 41 座，发射总功率 421 千瓦，全国约有收音机 100 万台。

　　1946 年 5 月，国民党政府的中央广播电台迁至南京，1949 年又迁往台湾。

---

①　吴保丰. 十年来的中国广播事业. 十年来的中国. 上海：商务印书馆，1937. 696.

2. 民营广播电台纷纷出现

国民党政府于 1928 年 8 月公布《电信条例》，开始允许民间经营广播电台。20 世纪 30 年代初，出现了一批民营广播电台，主要集中于上海。这批广播电台可以分为三种类型：

一是商业广播电台，这也是三类中数量最多的，40 多座中半数以上在上海，发射电力 50 瓦至 500 瓦，最小的 7.5 瓦。从 1927 年新新公司广播电台的开播到 1937 年抗日战争全面爆发前，除了外国人经营的电台以外，上海还出现了大批新开办的私营电台。

1929 年 10 月，新新公司广播电台停播。随后，上海亚美公司创办的广播电台于 12 月开播，当时称为"上海广播电台"，呼号 AMA，功率 50 瓦。亚美广播电台以"学术为主、娱乐为辅，并努力于公众事业"为宗旨，除新闻、娱乐和气象节目以外，还举办无线电技术讲座，在听众中进行无线电传播试验。此外，亚美公司还出版了一系列无线电普及书籍和广播业余电台收听制作丛书，出版了《无线电问答汇刊》，号召采用国货等。亚美广播电台由企业家苏祖国、苏祖圭兄弟经营。苏祖国于 1904 年出生于上海市，祖籍福建永定县，是中国民用无线电事业的开创者和爱国实业家。他参与主持的亚美无线电公司是全国最早的无线电工厂之一，他创办的亚美广播电台也是旧中国上海民营电台中历史最久、影响较大的一座电台。

二是宗教广播电台，其中最具代表性的当推上海的佛音广播电台和福音广播电台。

佛音广播电台成立于 1923 年 4 月，发射功率 50 瓦，内容是宣扬佛教的伦理道德。

福音广播电台于 1934 年 12 月开始广播，1936 年其发射功率扩大为 1 千瓦，是全国民营广播电台中发射功率最大的，其宗旨为"辅助造就基督人格"。这座电台使用普通话、广州话和英语播音。

三是教育广播电台，由地方民众教育馆和大中学校经营，内容是文化教育信息，发射功率小，仅限当地人收听，分布于部分中小城市，如南昌、青岛、厦门、无锡、徐州等地。

1934 年 11 月，在各种民营广播电台陆续开办的大背景下，上海成立了上海市民营无线电播音业同业公会。凡是在中国经营的民办广播电台拥有交通部发给执照或者登记注册过的都是该会的会员。

3. 中国共产党的广播事业

中国共产党的广播事业创建于抗日战争时期的延安。1940 年春,中共中央决定成立广播委员会,周恩来同志任主任,负责筹建工作。1940 年 12 月 30 日,共产党主办的延安新华广播电台开始广播,呼号为 XNCR。这是共产党领导建立的第一座人民广播电台。1980 年,中共中央宣传部将 12 月 30 日定为"中国人民广播创建纪念日"。当时延安新华广播电台是新华社的一个组成部分,属于该社的语言广播部。当时,中国共产党只有一台共产国际援助的广播发射机,发射功率 300 瓦,每天播音 2 小时。那时的办台条件异常艰苦,1943 年春,因无线电器材补充不及,延安新华广播电台曾一度暂停广播,直至 1945 年 9 月才恢复。1948 年,陕北新华广播电台(由延安新华广播电台在 1947 年 3 月 21 日改名)建立了解放区当时最大的短波发射台,功率 3 千瓦。抗日战争胜利后,各解放区相继建立广播电台。1949 年新中国成立前,全国共有人民广播电台39 座。

第二节　人民广播事业的诞生与发展

一、初创期(1949—1966):广播网的建立

中国共产党领导的人民广播事业诞生于延安。初创期,人民广播事业接管了国民党的电台,修复、改造了民营广播电台,重点建设新中国的中央电台和省市电台,并建立了中国大陆第一座电视台。

1952 年 12 月,全国地方电台增至 70 座。除西藏外,各省、自治区和直辖市都有了广播电台,中国无线广播网初步建立。1960 年,全国各级地方广播电台增至 135 座。在国民经济困难时期,一批电台在调整中下马。1964 年前后,地方电台逐步得到恢复和发展。

地方各级人民广播电台是在原有的各解放区广播事业的基础上渐渐发展起来的。各级地方广播电台除转播中央人民广播电台的重要节目以外,还根据各地的特点和情况,创办了各种类型的节目。其他民族自治区不仅开办汉语普通

话广播节目，还增加了针对本地听众的民族语言广播。到 1965 年底，全国共有地方电台 84 座。

我国的有线广播是随着国民经济的恢复和农村互助合作化运动的发展逐步兴盛起来的，以农村的有线广播网为主。同时，一些没有无线电台的中小城市和大城市地区也陆续建成了有线广播站。据统计，到 1965 年底，全国共有有线广播站 2 365 座，广播扩音器 872 万只。

为了加强对国外的广播，1950 年 4 月 10 日，中央广播事业局成立了国际广播编辑部。至此，对外的外语广播开始使用"北京广播电台"（英文名为 Radio Beijing）的呼号开始播音。到 1965 年底，北京广播电台的对外广播语言达到 27 种，每天累计播音 100 多个小时，覆盖了除南极与北极外的大部分地区。当时，中国对外广播的规模、语种和播音时数，在世界上仅次于苏联和美国，名列第三位。

至此，中国已初步建成了无线与有线相补充、对国内与对国外相结合的广播网。

二、停滞期（1967—1976）："文革"中的广播事业

"文革"期间，林彪、江青反革命集团利用"文化大革命"控制广播大权，把广播电台作为他们推行"全面专政"的工具，造成广播事业的大挫折和大破坏，例如，取消广播人员署名制，"两报一刊"成了广播的一致口径。

这十年间广播电视也取得了局部发展，广播电台在此期间记录了中国发生的重大历史性事件，如第一颗氢弹爆炸成功、第一颗人造卫星发射成功、尼克松总统访华、亚洲乒乓球友好邀请赛等。

三、发展期（1977—1986）："文革"后的广播事业

改革开放特别是党的"十五大"召开以后，我国的广播电视事业进入了高速发展时期，在节目管理和运营机制上都有了可喜的变化。1978 年 5 月 1 日，中央人民广播电台对国外广播部被正式命名为中华人民共和国国际广播电台。国际广播电台的成立标志着我国独立的对外广播网的形成。

1983 年 3 月 31 日至 4 月 10 日，广播电视部在北京召开了第十一次全国广播电视工作会议。会议确定：全国实行中央、省、有条件的省辖市（地、州、

盟）和县（旗）"四级办广播，四级办电视，四级混合覆盖"的方针。

至此，我国基本形成了新的媒介格局：报纸、广播、电视三分天下；自上而下的中央、省、地（市）、县四级媒体网络。

具体来说，全国基本形成从中央到地方、无线与有线相结合的广播和电视，城市和农村、对内和对外并重的现代化广播电视宣传网。到 1996 年底，全国拥有收音机、收录机 5 亿多台，有线广播喇叭 8 100 多万只，全国广播电台已达1 204 个台（不含系列台），中、短波广播发射台和转播台 746 座，全国实现多套广播节目上卫星，全国广播人口覆盖率达到 84.2%。随着广播发射功率的扩大，广播专用微波电路的延伸，广播转播台站和地方台站遍布全国，中国广播事业又有了进一步的发展。特别是沿海一些经济发达的省，广播事业建设走在全国前列，如广东省已经形成以省台为中心，各种传输手段相结合，与全省地方台站相联结的广播网络。截至 1993 年底，广东省一套广播混合覆盖率已达 90%。

1979 年 1 月 28 日（农历新年），上海电视台的中国首条广告播出——《参茸补酒》，随后广东电视台于同年 4 月 13 日也播出第一条广告。

此外，我们还应当承认，长期以来，我国广播业的宣传特征仍然十分明显，产业化运作和市场经验相对薄弱，和发达国家的广播业相比还有很大的差距。

四、改革期（1987 年至今）：发展壮大的中国广播事业

1. 20 世纪 80 年代中期珠江经济广播电台诞生

20 世纪 80 年代中期之前，广播是国内媒体的佼佼者，但在 80 年代中期，电视一跃而起，广播面临严峻挑战。以广东地区为例，此时广播处于发展低谷时期，频率数量少，与听众缺少交流，手段简单，定位呆板；加上香港及境外媒体的夹击，广东广播事业危机重重。幸运的是，广东地区得时代风气之先，有着实施广播变革的各种条件。

1986 年 12 月，广东珠江经济广播电台诞生，进行从内容到形式上的大胆创新，具体包括直播为主的频率资源、大时段板块节目、主持人个性化主持以及听众参与，改变了过去"我播你听"的单一化方式，从单向变为双向传播和交流。主持人的播音方式拉近了听众和电台的距离，热线电话的参与性更让听众感觉到广播的平易和贴近。这种方式在业内被称为"珠江模式"。"珠江模

式"不仅壮大了广东广播电台的实力，而且推动了中国广播的全面改革。正因如此，中国广播才能在激烈的媒介竞争中立身。①

2. 1992 年，以东方广播电台成立为标志的"东广模式"

1992 年，邓小平南方谈话加速了中国改革开放的进程，党的"十四大"召开，确立了社会主义市场经济体制，这个特定的时代背景为广播事业的改革提供了良好的环境和契机。中央作出开发浦东的决策，给予上海大量的优惠政策。上海抓住有利时机，从原有的电台中产生出一个新电台，即上海东方广播电台，形成一个城市有两家同级别电台平行运作、平等竞争的全新格局。这预示着中国广播市场细分迈出了第一步。

上海东方广播电台于 1992 年 10 月 28 日应运而生，与上海人民广播电台形成竞争态势。他们倡导以提高节目信息量为标志的开放型改革思路：新闻编排上打破了先本地，后国内、国际的模式，根据新闻本身的重要性"排座次"；不"画地为牢"，"请各方代表人物进直播室，将各方面新闻媒介的最新消息尽快提供给听众"；努力开发节目资源和频率潜力，实现 24 小时直播。② 东方广播电台的做法，深化了大板块直播节目的内涵，实现了广播节目与社会活动的内外联动，以媒体活动和品牌主持人来树立电台的品牌形象。尤其重要的是，引入竞争机制，触动了体制方面的某些问题，使广播改革在广度和深度上都有了不同程度的开拓。人们因此称之为"东广模式"。这段时期，也正好是改革开放 10 多年后，中国新闻事业结束单一的媒介结构，初步形成了多层次、多品种的媒介新格局。"东广模式"带来了受众市场的细分，广告投放更有的放矢，广播在地区媒体中建立了自己的地位和优势，这些都是广播第二次裂变和腾飞的表现。

3. 20 世纪 90 年代到 21 世纪初，全国各地频率专业化探索和建设

20 世纪 90 年代以后，中国广播的受众发生了很大变化。广播的核心受众群正在由乡村转向城市；随着私家车的迅猛增加，受众由固定收听转向移动收听；由收听调幅广播转向收听调频广播甚至数字音频广播；受众的收听习惯也

---

① 朱光烈. 从直播到电话参与：中国新闻改革的传播学道路. 北京广播学院学报，1993（3）.

② 张骏德. 中国广播改革的一座新里程碑. 新闻大学，1998（春季号）.

由以往的"固定收听"转向"移动中的清晰收听"。北京、上海、广州、深圳等一些大城市，先后建立诸如文艺频率、新闻频率、音乐频率、交通频率等专业化频率，我国广播开始进入"窄播"和频道专业化的探索实践。此后，中国广播出现了以下几次专业化电台的创办热潮。

（1）音乐台热潮。20世纪80年代末至90年代末期，地方电台出现了"音乐化浪潮"，是开办音乐台数量最多的时期。标志性事件之一是1988年在中国大多数电台仍然是调幅广播的时候，广东珠江经济广播电台就推出了以流行音乐为主打内容的立体声广播；其二是1993年北京音乐台的开播成为当年度北京媒体市场最具影响力的事件。

（2）交通台热潮。1991年9月30日，我国第一家交通广播频率——上海交通信息广播电台诞生，1999年前后是交通台集中涌现时期，全国各主要城市都出现了交通台，而且自2003年至2006年，交通台的广告总量增幅连续保持在25%以上，这使交通台成为系列台中的强势频率。2003年"广播发展年"期间及之后的时间，各地广播电台专业化改革势头非常迅猛，集中形成了"新闻（综合）频率、音乐频率和交通频率"三足鼎立之势。此外，经济频率、生活频率、体育频率等也比较普遍。许多频率已经成为当地媒体中的强势品牌。

4. 新世纪初开始，广电集团组建为广播业制度转轨奠定基础

互联网迅速普及给传统媒体尤其是广播业带来了巨大冲击。此外，社会主义市场经济条件下广播电视行业出于自身的发展需要，开始对现有资源进行重组和整合，从重点突破向整体推进。新一轮广电改革政策陆续出台。在2000年8月全国广电厅局长会议上，针对广播、电视、电影业的改革，提出"大整合"的整体方案，制定"大整合"时间表。2001年，《关于转发中央宣传部、国家广电总局、新闻出版总署〈关于深化新闻出版广播影视业改革的若干意见〉的通知》出台，对组建广电集团的指导思想、原则、体制、融资等作了全面规定，这些政策为中国广电业"大整合"奠定了理论依据，注入了政策活力，推动了此次广电事业的改革。

前三个阶段的改革都是自下而上的，由局部某个电台发起，取得成功经验后，全国其他电台纷纷效仿，逐步推广开来，而广电集团的组建则属于自上而下的方式。这是因为我国的市场发育还不够充分和完善，不能完全由市场促成，所以改革是由行政手段整合而成的。在中国广电集团化历程中，以发展为主题，

以结构调整为主线，以壮大实力、增强活力和提高竞争力为目标，掀起了一波又一波改革浪潮。其中，上海文广新闻传媒集团在这方面进行了可贵的探索。

2001年，上海文广新闻传媒集团成立之初的第一项重大举措就是撤台建频道，取消原有的三个电视台、两个广播电台，实行频道专业化。2005年底，又将频道制改成中心制，改变过去那种新闻事件发生后，几个新闻频率都派出记者的状况。整合后，新闻中心把所有素材都汇集在新闻资源共享的网络平台上，最大程度实现资源共享。不过让人略感遗憾的是，我国目前的广电集团整合，除了有线无线合并、频道专业化等集团组建最初实行的改革措施之外，尚未发挥出显著的合力，主要原因是"事业性质，产业化管理"在具体操作时往往难以把握；而有的集团整合，也仅仅是把同一行政区域内的若干广电经济实体相互捏合，实现同一传媒层次上简单、机械的平面联合，既没有形成内部各自的有机融合，更没有在专业领域实现资产优化组合。

当前，我国广播电视集团化改革的实质就是制度转轨。如何根据国家广播电视产业改革总体政策，对集团不同频道和不同资源分类定性、分类管理，以及如何建立充满活力、富有效率和生命力的微观主体运行机制，是集团化改革中的重中之重。

第三节　中国电视事业的发展

从1958年中国电视诞生到1978年中央电视系统建立，中国电视事业经历了三个发展时期：缓慢前进的初创时期，由于政治动荡而遭受挫折的时期，以及拨乱反正的恢复时期。中国的电视事业尚不成熟，但已初具规模，并为日后的大发展奠定了基础。

一、初创时期（1958—1966）

1. 中国第一座电视台——北京电视台

1958年5月1日，中国第一座电视台、现中央电视台的前身——北京电视台开始试验播出。节目是直播的，黑白色，当时北京市内有电视机30余台。

1958 年 10 月 1 日，上海电视台问世。12 月 20 日，哈尔滨电视台（今黑龙江电视台的前身）也赶在新年前与观众见面了。这就是中国最早的一批电视台，它们标志着中国电视事业的开始。

20 世纪 50 年代是世界电视大发展的开端。1949 年，还只有美、英、法、苏、荷、意 6 个国家办有电视台，至 1958 年底已有 67 个国家开办了电视台。社会主义国家也兴起"电视热"。民主德国、捷克斯洛伐克、匈牙利、波兰、罗马尼亚和保加利亚纷纷于 50 年代开办了电视台。中国在"东风"和"西风"的较量中自然不甘落后。

2. 与"社会主义兄弟国家"的合作

留学捷克斯洛伐克的章之俭等人是中国最初一批电视技术骨干，他们仿照捷克斯洛伐克式样设计了中国最早的电视发射机等设备。1957 年 12 月至 1958 年 3 月，由后来的北京电视台正、副台长罗东、孟启予等人组成的中国电视工作者代表团访问了苏联和民主德国。回国后，他们按照苏联、东欧模式塑造了中国电视节目的面貌。天津 712 厂仿照苏联"旗帜"牌电视机试制了最早一批"北京"牌电视机。1958 年，中国从苏联进口了一批"红宝石"牌和"纪录"牌电视机，以分期付款的方式投放进市场。1960 年，上海开始批量生产主要以进口零件装配的"上海"牌电视机。就连北京俄式广播大厦也带有 20 世纪 50 年代中苏友谊的浓重痕迹。北京电视台最初的地址就在大厦西翼四楼拐角处的一个排练厅以及周围的几间屋子里。

20 世纪 50 年代，社会主义各国在广播领域的合作是相当密切的。电视诞生后，合作关系自然而然地扩展了。中国分别与苏联和罗马尼亚、匈牙利、波兰、民主德国、捷克斯洛伐克、保加利亚签订了广播电视合作协定。北京电视台从 1959 年开始对外寄送节目，绝大多数是新闻影片，自拍的出国片是只附外文解说稿的 16 毫米无声黑白片。

3. 北京电视台的"新闻纪录片时代"

北京电视台创办之初，覆盖面只及北京一地（半径 25 公里），但它仍被视为中央性的电视台，担负着全国性的宣传任务。一批党和国家的高级干部，包括中央领导人，是中国电视最早的固定观众。1964 年，毛泽东为北京电视台题写了台名。周恩来、刘少奇和朱德都曾到北京电视台视察。周恩来对电视的关心甚至到了无微不至的地步，从鲜花的摆放到乐队的安置，从拍摄的角度到新闻单位的分工都作过详尽的指示。

1958年5月15日，北京电视台第一次自办新闻节目，播放了4分钟的《图片报道·东风牌小轿车》。图片报道经常采用新华社的照片。1958年6月1日，北京电视台首次播放了本台记者孔令铎、李华拍摄的新闻片——《中共中央理论刊物〈红旗〉杂志创刊》。1958年10月1日，北京电视台首次转播天安门广场的国庆游行。1958年1月2日，开始口播《简明新闻》，此后时断时续。1959年4月18日，首次转播会议实况——周恩来总理在二届人大一次会议上作政府工作报告。1959年国庆节前，人民大会堂地下室安装了一套黑白电视中心设备。1960年元旦，北京电视台设立了固定的《电视新闻》栏目，播放新闻片和纪录片。中央新闻纪录电影制片厂的《新闻简报》和长短纪录片曾经是电视台经常且大量的新闻节目来源。

由于新闻片和纪录片是早期北京电视台新闻节目采用最多并坚持始终的报道方式，有人称这一时期是"新闻纪录片时代"，条件更差的地方电视台大多只能口播新闻和用图片报道支撑新闻节目。一些电视台也自拍新闻，但往往须送北京洗印，北京电视台也向各地发放自拍电视片拷贝。不过，大量宣传性的电视片时效甚低，面貌雷同。

4. 与外国电视机构的合作

1963年，考虑到国内电视机甚少，并且电视宣传极受限制；相反，国外则有广阔的天地，加之"反修斗争"的需要，中央广播事业局为北京电视台制定了"立足北京，面向世界"的宣传方针。

1963年4月，由北京电视台主持，在广州召开了首次全国电视台对外宣传会议。困难时期硕果仅存的8个电视台（北京电视台、上海电视台、广州电视台、天津电视台、沈阳电视台、哈尔滨电视台、长春电视台、西安电视台）讨论了提高出国电视片的质量问题。1965年8月，第二次对外宣传会议召开，与会者增加了太原、武汉两家电视台。此时，国民经济形势好转，原来基础较好的停播电视台陆续恢复或"转正"。至1964年，中国已与27个国家的电视机构建立了正式或非正式的交换关系。

早在1960年，北京电视台便同日本共产党主办的电波新闻社签订了交换电视新闻片的合同。该社曾为北京电视台提供了第一架黑白录像机。1963年，北京电视台与英联邦国际新闻影片社（即后来的 VIS 新闻社）建立了交流关系。

二、"文革"时期（1967—1976）

"文革"时期，为了保证"安全播出"，电视新闻不再允许采用无声片加配解说词、音乐和音响现场合成的方法。由于制作条件改善，播出的已经是配好声音的合成片了。

1968 年前后，过去停播的省级电视台陆续恢复。1970 年 10 月 1 日，新疆、青海、宁夏、甘肃、广西、福建等地开始正式或试验播放电视节目。同时，利用高山调频发射台，加设电视发射机和天线，迅速建成了一批电视转播台。至1971 年，全国的电视发射台和转播台总计已达 80 座，电视由各省省会、区首府向外辐射。

早在 1959 年，中央广播事业局便开始了彩色电视的研制工作。1960 年 5月，采用美国 NTSC 制式建立了一座彩电试验台。但因为国家经济困难，彩电试验被迫下马，且一停就是 10 年。10 年之后再开始，与国外的差距已非常明显。

1972 年 2 月，美国总统尼克松访问中国。他的到来，特别是跟随他的美国三大广播公司庞大采访队伍及其设备的到来，给彩电试验中动摇不定的天平加上了决定性的砝码。尼克松访华不仅打开了中美交流的大门，也开阔了中国电视界的视野。1974 年 10 月 1 日，北京电视台对外宣布彩电播出。1977 年 7 月25 日，北京电视台面向全国和面向首都的两套节目全部成为彩色。中国电视彩色化的过程开始了。

三、恢复时期（1977—1978）

"四人帮"被打倒后，诗坛出现了繁荣景象，诗歌朗诵音乐会盛况空前。1976 年 12 月 21 日，北京电视台转播的《诗刊》朗诵音乐会开始了大规模的为革命历史歌曲和著名文艺工作者恢复名誉的活动。以《洪湖赤卫队》和《东方红》为标志，文艺领域解冻了。

1978 年元旦，《全国电视台新闻联播》（简称《新闻联播》）正式设立。早在 1976 年底，北京电视台的彩色节目已传至全国除西藏、新疆、内蒙古三个自治区以及台湾省以外的 26 个省、自治区首府和直辖市。1978 年 7 月，已有 8 个电视台可以向北京回传节目。一个全国性的电视播出网正在形成——尽管电视接收尚不普遍。

1978 年 5 月 1 日，北京电视台正式改称"中央电视台"。同日，西藏电视台试验播出。一年后，北京市开办了电视台。从此，"北京电视台"的含义改变了，全国省级电视台全部建立。

1981 年，《电视周报》应运而生。具备了遍布全国的电视广播网，确立了中央电视台这一国家级电视机构，加上一份定期的收视指南，中国电视事业得以完善。

1978 年底，中共中央十一届三中全会的召开对半年多的真理标准讨论作出了肯定的结论。思想解放运动为中国的社会改革除去了一个最大的障碍。中国电视的大发展即将开始。

四、大发展时期（1979—1988）

1958 年诞生的中国电视，在经历了 20 年的历程后，终于开始迅速发展，继而进入了兴旺时期。电视事业在矛盾和冲突中摸索前进，在改革风云中全面崛起。

1. 自己走路（1979—1982）

我国电视事业在对外开放中获益匪浅。进口电视机成批涌入，电视机生产流水线一条条引进，经过消化、吸收，推出了一批批高质量的国产电视机，"电视热"向四方蔓延。

1979 年 8 月，中央广播事业局召开首次全国电视节目会议。这标志着中国电视从长期依赖外援"要饭吃"走向独立自主办节目的开端。

1979 年，中央电视台播放了 19 部各地制作的电视剧。广东电视台与中央广播电视剧团合拍了《神圣的使命》。中央电视台的《有一个青年》反响热烈。上海电视台的三集侦破电视剧《玫瑰香奇案》，被认为是中国电视连续剧的先驱。1983 年 10 月，中国电视剧制作中心成立。电视连续剧《四世同堂》、《红楼梦》、《西游记》是将中国文学名著改编为电视剧的第一次高峰，因此也被很多人认为是中国本土电视剧"正史"的开始。

1979 年 8 月，中央电视台设立了《为您服务》专栏，主要介绍电视节目，答复观众来信。1980 年 7 月，中央电视台开办了新闻性的述评专栏——《观察与思考》。《观察与思考》注重思想性、政策性和时新性，采用评论员形式与群众对话交流。

1981 年 4 月，中央广播事业局在青岛召开了全国电视新闻工作座谈会，讨论了全国一盘棋、共同办好《新闻联播》的问题。青岛会议之后，各地加快了微波通信网的建设。

1981 年 7 月 1 日，《新闻联播》开始改进编排，将国内新闻片、国内口播稿和通过卫星收录的国际新闻录像以及国际口播稿混合编排，重新设计"版面"，取消了新闻配乐。《新闻联播》面目一新，开始突破新闻纪录影片的窠臼。

1982 年 9 月 1 日，从中共"十二大"开始，有关部门为了照顾电视播出，将重要新闻的发布时间从通常的 20 点提前到 19 点。《新闻联播》中的重大新闻有了权威性。此时，广播电视部已成立，行政的"升格"不仅标志着广播事业的重要性，而且也意味着电视地位的提高。

2. 改革浪潮（1983—1988）

1983 年 3 月至 4 月召开的第十一次全国广播电视工作会议，确定了中央、省、地（市）、县"四级小电视"的政策，对后来电视发展影响深远。

1983 年，在一片港台流行歌曲的热潮中出现了一曲清新而激越的"长江"音乐。中央电视台推出了一档颂歌式的大型电视系列节目——《话说长江》。《话说长江》是对《祖国各地》集大成式的总结和发扬，艺术上又有新的探索与突破。它首次在大型系列节目中树立了固定的节目主持人，采用章回体的结构方式，固定栏目，连续播出。许多观众接受了这种面对面交流、新鲜亲切的"话说体"。在中国，一时形成了"长江热"。①

随之而来的是《话说运河》。它一反颂歌式的激情，以写实的态度引导观众作深层的思考。《话说运河》文化味儿浓，格调比较文雅，成为那一时期文化热潮中的一股热流。一批与运河有缘的文化人参与了解说词的创作，为节目增添了文学色彩和乡土气息。

这一时期电视剧的发展非常迅猛。1985 年，全国电视剧产量已达 1 300 多

---

① 朱羽君，殷乐. 生活的重构——新时期电视纪实语言. 北京：北京广播学院出版社，1998. 51.

部（集），1986年为1 500多部（集）。电视剧的形式、风格日趋多样。

1986年，中央电视台开始以科学方法进行观众调查，委托统计部门开展了"全国28城市受众抽样调查"和"北京地区农村电视观众抽样调查"。1987年，由各省、自治区和直辖市参加的联合调查组开展了规模宏大的"首次全国电视观众抽样调查"。调查结果表明：截至1987年7月，中国电视观众人数已达6亿，约占全国总人口的56%。1978年中国还只有8 000万电视观众，此后平均每年增加6 100万。

1987年，中国电视机的社会拥有量超过1亿台，拥有电视机的家庭占全国总户数的47.8%，而在1978年仅为2%；经常看电视的观众约占78%，电视观众接触电视的频率也高于广播和报纸。

1978年底，中央电视台开始使用电子新闻采访设备（ENC）。1981年，电子现场节目制作设备（EFP）投入使用。1980年7月，中央电视台实现了节目播出的录像化。1982年，中央电视台开始使用微电自动控制系统，改善了电视播出手段。1984年7月，使用从日本引进的电视节目播出程序自动控制系统，实现了播出自动化。同时，开始试行栏目化播出。1985年8月，中央电视台租用国际通信卫星向全国传送电视节目，开始形成天上卫星、地上微波和地下电缆互相结合的立体传播网络。1986年7月1日，通过卫星传送的电视教育频道开始试播，标志着国内卫星通信网的基本建成与正式开通。同年10月1日，"中国教育电视"频道正式播出，一年后，中国教育电视台成立。

1988年4月，中国自己发射的第三颗通信卫星开始传送中央电视台的两套面向全国的综合节目和中国教育电视台的一套教育节目，中国电视传送进入了以国内卫星为主的新阶段。1988年底，中国电视覆盖面已达75.4%。

1986年，中央电视台增办面向北京的超高频第三套节目。1987年2月，原先面向北京的第二套节目改为面向全国。第二套节目每天夜晚有2小时左右的英语节目，被称为"以经济信息为特色的综合节目"。

1983年6月，上海电视台实行了倡导内部竞争的分台体制，原来的20频道改为承包经营的第二台。承包前的上半年收入为20万元；改为二台后，仅5个月的收入就达17万元。随后，广东、浙江和天津电视台也迅速实行了分台体制。

中国电视的商业性有了很大发展。它带来了一些富有生机的变化，但也产生了一些问题，较突出的如角色的混淆、管理混乱。因此，中国电视业的调整刻不容缓。

五、转型时期（20 世纪 90 年代至今）

1. 电视节目转型

1990 年，电视剧《渴望》热遍中华大地。它是中国第一部长篇室内剧，以内景拍摄为主，采用了"多机拍摄，同期录音，现场切换"的基地化生产模式，使演员的表演向生活化迈进了一大步，开创了有别于电影摄制的新的制作方式。中央电视台《地方台 30 分》播出的《西藏的诱惑》、《椰风海韵》、《黄土情》等，以及各地方电视台推出的《少年启示录》、《格拉丹东的女儿》、《三千里路情与歌》等都产生了广泛的社会影响。

1990 年 11 月，经国务院批准，全国的有线电视台均由广播电影电视部归口管理，标志着中国的有线电视事业开始进入一个统一规划、统一标准、照章建设的有序发展阶段。1990 年 11 月 16 日，广播电影电视部发布了《有线电视管理暂行办法》。同年 12 月，全国较具规模的省市有线电视台组成了"全国有线电视台协作体"，为广播电视总局指导下的全国有线电视行业协作组织。协作体旨在增进成员台间进行节目、学术的交流，广告招商，联播以及人员培训。

1990 年，吴文光完成《流浪北京——最后的梦想者》，拉开了新纪录片运动的序幕。1991 年 11 月 18 日，《望长城》在中国和日本同时播出，双方都创下了纪录片的最高收视率。《望长城》在中国电视纪录片的发展过程中具有里程碑式的意义。该片运用长镜头加同期声的方法，以一种追寻的结构连缀起许多人和事。传统的"解说词—拍画面—后期找补"的三步制作程序被抛弃，"声画合一"营造的现场感展现出电视语言的真实感。1991 年，四川电视节创立，隔年在单数年举办一次（在双数年举办上海电视节）。1992 年，"全国优秀电视剧奖"改为电视剧"飞天奖"，它是中国电视剧最高政府奖。

1992 年，北京有线电视台和上海有线电视台成立。上海电视台在浦东成立了全员招聘、自负盈亏的"东方电视台"。10 月，中央电视台第四套节目上天，成为中国第一个国际卫星电视频道。

1993 年 5 月 1 日，中央电视台《东方时空》开播。《东方时空》首次使用了制片人的概念，中国正式有了电视栏目制片人制度。《东方时空》开播不仅标志着中国电视节目栏目化的完成，而且改变了中国内地观众早上不收看电视节目的习惯，被誉为"开创了中国电视改革的先河"。中国电视史上的第一个人物日刊《东方之子》、第一个纪录片日刊《生活空间》、第一个大型谈话节目《实话实说》以及第一个连线节目《时空连线》均诞生于《东方时空》。

1993 年，中央电视台以 350 万元购买了连续剧《爱你没商量》的首播权，标志着中国电视剧开始了商业化运营；上海电视台《纪录片编辑室》开播，这是中国第一家以纪录片为主题的栏目，该栏目推出了《摩梭人》、《德兴坊》、《逝去的村庄》等一系列关注普通人的纪录片，引起了社会的巨大反响；春节联欢晚会引入竞争机制，面向全社会开放举办晚会，又将晚会一分为三，中央电视台在三套节目中同时推出春节联欢晚会、春节戏曲晚会和春节音乐晚会，形成三足鼎立的春节晚会表演局面。

1994 年 4 月 1 日，《焦点访谈》开播，这是一个新闻评论性栏目，主要对国内外时事进行纵深报道和评述。节目在社会批评和舆论监督方面的成功使深度报道迈上了一个新台阶。

1994 年，情景喜剧《我爱我家》开播。《临时家庭》、《候车大厅》、《新72家房客》、《中国餐馆》相继登场。在成功拍摄《红楼梦》和《西游记》的基础上，1994 年《三国演义》又被搬上了电视屏幕。

1995 年 1 月 1 日，中央电视台体育频道开播。4 月 3 日，中央电视台推出午间新闻栏目《新闻 30 分》。11 月 30 日，文艺频道、电影频道和少儿·农业·军事—科技综合频道三个频道试播。至此，频道的专业化真正起步。

1996 年 3 月 16 日，《实话实说》开播。这是一种新型的节目样式。节目形式为群体现场交谈，通过主持人、嘉宾和观众的共同参与和直接对话，在生动活泼的气氛中，展开社会生活或人生体验的某一话题，经过叙述、讨论或辩论，达到各抒己见、增进参与者之间交流和理解的目的。5 月 17 日，《新闻调查》开播。《新闻调查》每期时长 45 分钟，每周一期，是中央电视台最具深度的调查类栏目。6 月，无锡广电集团成立，成为中国第一家广电集团。同年，中央电视台《新闻联播》由录播改为直播。

1997 年 8 月 11 日，国务院颁布《广播电视管理条例》。

2000 年 1 月 27 日，中央电视台创办《同一首歌》。《同一首歌》以制作独具特色的系列大型演唱会和各类主题、公益演唱会为主，赢得了观众的喜爱和好评，收视率一直在央视三套节目中处于领先地位，并且屡创新高。8月，在全国广电厅局长会议上，提出中国广电集团化的基本思路："广播、电影、电视三位一体，有线、无线、教育三台合并，省、地、县三级贯通。"12月7日，全国第一家省级广播电视影视集团在湖南成立。

2001年4月20日，上海文广集团成立。7月9日，中央电视台科学教育频道开播《百家讲坛》。

2003年，中央电视台《面对面》开播。同年，中国（广州）国际纪录片大会（GZDOC）成立。大会的主要活动有纪录片评奖、纪录片展播、纪录片产品商店和纪录片制作方案预售。它是中国目前最大的国际纪录片专业活动。

2004年，湖南卫视和天娱传媒推出《超级女声》。根据央视索福瑞媒介调查公司对全国31座城市进行的收视调查，《超级女声》的播出让湖南卫视的白天收视率从0.5%上升到4.6%，市场占有率上升到20%，最高为49%，并且该活动播出时，同时段收视率仅次于中央电视台一套，排名全国第二。《超级女声》不设门槛的比赛方式被誉为"草根阶层的狂欢"。湖南卫视秉持"快乐中国"的核心理念，率先全力打造"最具活力的中国电视娱乐品牌"，在国内所有电视媒体中，它是第一家对自身品牌进行清晰定位与形象区隔的省级电视台。

2010年，江苏卫视《非诚勿扰》开播。《非诚勿扰》是江苏卫视一档适应现代生活节奏的婚恋交友节目，为广大单身男女提供公开的婚恋交友平台，良好的节目制作和跟风的婚恋交友模式得到了观众和网友的广泛关注。

2012年，席卷海外的音乐飓风 The Voice 登陆中国。由浙江卫视购买版权打造的大型专业音乐真人秀《The Voice of China——中国好声音》又掀起新一轮收视热潮。

2. 电视管理

（1）从"两级办电视"到"四级办电视"。

1958年北京电视台成立，宣告了中国电视事业的诞生，中国电视管理体制开始进入第一个历史阶段。这个阶段的特征是"两级办电视，两级覆盖"，"条块分割，以条为主"，即主要由中央和省（自治区、直辖市）两级来办电视，不鼓励市县办电视。"条"指的是由中央到省，再到省以下的电视机构间直接的纵向对口领导；"块"指各级党委宣传部门和广播电视管理局对同级电视机构的直接领导。在这双重领导中，以"条条"的垂直领导为主。此时，同级的广播电视管理局与电视台之间往往没有作清晰的职能区分，并且在人、财、物方面都有所混合，"局台合一"，是典型的政、事合一的特征。这一时期，中国电视台的经济性质是国家全额拨款的事业单位。

1998 年，在九届全国人大一次会议上，国家已明确提出对包括电视台在内的大多数事业单位每年减少三分之一事业拨款，三年后实现自收自支。而从电视业之前改革的实践看，已经先行一步，省级以上电视台事实上早已走上了自收自支的道路。

（2）"三个分离"，行政职能与事业职能分离。

中国长期实行"局台合一"的管理模式，在计划经济体制中精简机构、组织重点投入、提高办事效率、减少政事矛盾，从理论上说有好处，但严重阻碍了电视产业的进一步发展。

20 世纪 90 年代，省级以上电视机构实际上已完全实行管理部门和宣传事业分开的政策，分别承担各自的职能，这是机构改革逐步适应现代化发展的结果，但政事融合的结构特点在地、市、县以下仍然保留着。直到 2004 年以后，这一情况才得到明显转变。播出功能与制作功能分离，即通常说的"制播分离"，成为电视界近年来的一个热点。以中央电视台为代表的中国电视界开始讨论和引进这种国外电视台早已实行的管理体制。电视台频道资源属于国有，由国家统一计划配置，也就由国家掌握了播出权。国家作为节目的唯一（从整体上看）购买主体，可以有效地把握舆论导向，控制文化发展方向。

由于经营压力的增加，电视节目竞争激烈，电视台对于优秀节目的需求日益增长，但现有的资源不足以满足对节目的需求。电视台采用外包、委托制作、购买、交换等方式从社会制片公司获得更专业、成本更低的节目，这对电视台而言是提高竞争力的一个重要手段，"制播分离"成为业内日益认可的趋势。电视台节目需求的增加，为社会制片公司提供了更广阔、领域更宽的市场前景。"制播分离"已经成为加快中国电视产业化进程的一项必然选择。

中国电视的"制播分离"主要有台内分离和台外分离两种形式。前者以湖南广播电视集团为代表。集团内部专门成立了电广传媒有限责任公司，由其全权负责集团电视台影视制作、广告经营、网络建设等意识形态属性不强、具有经营功能的电视资源管理和运营，实现制作和播出环节在集团内部的分离。后者以旅游卫视为代表，旅游卫视对几个中心重新作了划分，其中节目中心只留下很少的一部分人，全力搞新闻。其他的节目板块多采用购买、引进或合作的形式，尽量减少自己的投资，而节目中心的五六个人只负责节目的联络。在这种情况下，旅游卫视的节目制作方式分为自制、直接购买与合作三种方式，而合作方式又包括沿袭制片人制度和与节目制作公司签约合作两种方法。这充分体现了宣传责任与经营责任的分离。

长期以来，中国电视的功能和责任要么就是定位为单一的党和政府的喉舌，片面强调电视的工具属性，而忽视了电视的经济属性；要么就是宣传责任与经营责任"两位一体"，这就造成了中国电视社会角色的混淆和错位。早在1996年江泽民视察人民日报社时就指出："在社会主义市场经济条件下，新闻媒体既要搞好宣传，又要搞好经营。"这是中国媒介发展史上的又一重要里程碑，具有划时代的意义。

当全国电视传媒还没有意识到"搞好经营"的确切内涵时，全国第一个媒体集团——广州报业集团在广州的诞生，标志着中国媒体产业化经营的大幕拉开；1999年，成都商报集团通过控股上市公司四川电器，更是拉开了中国媒体从产品经营到资本运营的序幕。报业产业化经营模式给电视产业化经营提供了很好的借鉴，它让我们认识到，要想充分发挥经营功能就必须走产业化的路子。

（3）广电集团化。

1996年6月，无锡广电集团成立，成为中国内地最早的广播电视集团。它的模式是广播电视局和集团合一，两块牌子一套人马，是典型的政事合一。2000年，广电总局要求，到2001年6月30日止，必须完成两台合并，广电业的集团化过程明显加快。电视集团化，就是若干实体按照市场运作规律和现代企业制度，通过联合、兼并、控股等方式形成电视集团的过程，就是要突破"四级办电视"的框框，对中国分散、参差不齐的电视台进行一次产业大整合。

经过集团化改革后，全国整合为几十家电视台，持续近20年的小型分散、恶性竞争、低水平重复建设和资源浪费的局面得到有效控制。中共中央宣传部、国家广电总局、新闻出版总署《关于深化新闻出版广播影视业改革的若干意见的通知》，进一步明确了要积极推进媒体集团化改革，组建跨地区、多媒体大型新闻集团的目标，对比较敏感的传媒业融资、媒体与外资合作、跨媒体发展等问题都作了积极、具体的回应，更为中国广电业"大整合"奠定了理论基础，注入了政策活力。

（4）民营电视兴起。

在国家提出"事业单位，企业化经营"和"制播分离"政策的影响下，电视媒介除新闻宣传以外的节目逐步对国内社会资本开放，民间资本开始介入电视节目的制作和经营之中，甚至对整个电视台的节目进行包装，产生了一大批民营电视企业。从表面上看，中国的民营电视很像国外的商业电视，其实不然。由于政府对播出频率的垄断，中国的民营电视与国外的商业电视有着本质的差异。国外的商业电视在资本结构、所有权和财源补偿结构上与国营电视或公营电视都有很大差异，但在生产、播出和运营形态上与国营或公营电视并无不同。而中国的民营电视是用来称呼那些没有节目播出渠道，以民间资本为主体的电视节目（包括电视剧）制作和经营公司。中国的大多数电视制作公司，首先是从制作电视广告开始的，然后才逐渐介入电视节目和电视剧的制作与经营。20世纪 80 年代中期至 90 年代初期，中国内地一些地区便已经出现了民营影视制作公司，例如，1985 年华山影视公司在陕西渭南市成立，1994 年嘉实广告文化公司在北京成立。北京嘉实广告文化公司将主要业务定位为"专业电视节目制作及其销售代理"，业界称其为第一家真正意义上的"民间电视机构"。随后几年，越来越多的民营电视制作机构出现，如光线、银汉、唐龙、星美、华谊兄弟、海润影视、冠华世纪、银汉传播、东方影都等。

3. 电视媒体概述

1958 年，中国建立北京电视台、上海电视台和哈尔滨电视台。这是中国最早的一批电视台。此后，天津、沈阳、长春等陆续开办了试验性电视台或者转播台。1960 年，由于中共中央决定对国民经济实行"调整、巩固、充实、提高"的方针，全国电视台和试验电视台减为 5 座。1983 年召开的第十一次全国广播电视工作会议提出了"四级办电视"的政策。1985 年有 202 座电视台，1988 年则达 422 座。截至 1994 年，经原广播电影电视部正式批准建立的县级以上无线电视台有 982 家，有线电视台有 1 202 家；经国家教委和各地教育部门正式批准建立的教育电视台有 941 家。根据《中国广播电视年鉴（2004 年）》的统计，截至 2003 年底，全国共有电视台 363 座，承载着 2 165 套节目的制作和播出。其中，国家级电视台有中央电视台和中国教育电视台，每个省、自治区或直辖市、每个地级或以上城市基本上都有至少一座电视台。目前，中国内地的电视机构可分成五大集团：一是中国中央电视台；二是省级电视台；三是城市电视台；四是广电总局特许在三星级以上酒店和特殊社区落地的 33 个境外电视频道；五是各类电视制作公司。

（1）中央电视台。

中央电视台是中国第一家电视台，于 1958 年 5 月 1 日试验播出，同年 9 月 2 日正式播出，开启了中国电视事业发展的历程。中央电视台作为国家电视台，在探索中发展，并不断壮大，如今已初步形成以电视传播为主业，包括电影、报刊、互联网等多媒体、多元化的发展格局，并具有相当的国际影响力。中国中央电视台是中国重要的新闻舆论机构，是当今中国最具竞争力的主流媒体之一。中央电视台节目的全国人口覆盖率达到 95.9%，观众超过 11.88 亿人（2005 年统计数据）。在国内收视市场，中央电视台的收视份额基本保持在全国收视市场的 30% 左右。据统计，2005 年中央电视台 15 个开路频道总体收视份额达 34.14%。

中央电视台现为国家副部级事业单位，内设 16 个副局级中心（室），包括办公室、总编室、人事办公室、财经办公室、机关党委、新闻节目中心、海外节目中心、社教节目中心、文艺节目中心、广告经济信息中心、体育节目中心、青少年节目中心、网络传播中心、技术管理办公室、技术制作中心和播出传送中心；有 3 个直属处级单位，包括监察室、审计处和中国电视报社。中央电视台的直属单位包括：中国电视剧制作中心，于 1983 年 10 月 18 日成立，是国家级电视制作专业机构；中央新闻纪录电影制片厂（中央电视台新影制作中心），1993 年划归，拍摄、制作纪录影片，并承担节目制作；北京科学教育电影制片厂（中央电视台科影制作中心），1995 年划归，拍摄科教影片，并承担节目制作，生产动画片；中国国际电视总公司，于 1984 年成立，为中央电视台全资公司，业务包括影视制作、节目销售、网络传播、广告营销、旅游开发、市场调查、实业开发等。

（2）省级电视台。

20 世纪 80 年代末，为解决部分偏远地区由于地形复杂电视节目覆盖不到本省区的困难，国家有关部门允许贵州、云南、西藏等省台的节目通过卫星进行传送。从 1989 年西藏电视台第一个节目上星，到 1999 年天津台、海南台最后一批电视台上星，中国省级电视台用了 10 年的时间完成了从地方媒体向全国性媒体的战略转变。在省级电视台的频道布局中，卫星电视频道一般是"旗舰"，市场既有省内也有省外，而其他频道则以本省受众为核心群体。在中国，一般一个省份都有 5 个以上非卫星电视频道，全国总共有 200 多个。

中国由于特殊的历史原因形成了大量的省级频道，在上一轮的竞争中，绝大多数省级频道都有良好的发展，在本地区形成了强势地位。在许多省份，城市台特别是省会城市电视台与省级频道的市场争夺非常激烈。目前，中国的天空卫视频道纵横，省级卫星电视频道使用亚太 1A 号、亚洲 1 号、亚洲 2 号等通信卫星上星传输，其覆盖地域事实上已经超出国（边）界，亚洲大部至中东的广大地区都能接收到卫星信号。从 1998 年元旦起，福建东南电视台的节目通过亚洲 2 号卫星覆盖台湾全岛，再由当地华夏卫星电视台通过泛美 2 号卫星和有线电视系统进入当地电视频道，成为第一家在台湾地区播出节目的大陆省级电视台。省级卫视为了避免同质化竞争，纷纷加快了专业化的进程，如湖南卫视"娱乐立台"，海南卫视向旅游专业台成功转型，安徽卫视主推电视剧，贵州卫视打出"西部牌"，浙江、广东两大卫视则走联合之路，锁定"娱乐＋财富"的定位，共谋财富攻略。

下面，对中国几家影响力较大的广电集团进行简单介绍。

（1）湖南广播影视集团。

2000 年 12 月 27 日，湖南广播影视集团在长沙正式挂牌成立。这是中国第一家省级广播影视媒体集团，标志着中国广播影视在"体制创新"、集团化运作方面迈出了关键的一步。湖南广播影视集团为独立核算的国有独资事业集团，具有独立事业法人地位。它实行集团（总台）领导下的频道制，频道之间竞争力度很大。同时提出了"六分开"的原则："政事政企分开"；"宣传经营逐步分开"；"制作播出分开"（新闻、广告除外）；"创作制作与制作生产分开"；"经营性国有资产与非经营性国有资产分开"；"有线的网台分开"。新组建的集团坚持"三不变"的原则：一是坚持广播电视作为党和政府的喉舌不变；二是坚持党性原则，党管干部的原则不变；三是坚持正确的舆论导向，政治家办台的方针不变。

该集团拥有湖南卫视、湖南经视、湖南都市等 7 家电视频道以及湖南人民广播电台新闻频道、交通频道等 4 家广播频道和湖南广播电视报等实力媒体，还拥有网络中心、节目中心、音像资源中心等 10 多家影视音像制作和技术、传输单位。目前，集团拥有总资产 30 多亿元，以广播影视为主，以新闻宣传为中心,以繁荣影视创作为重点,依托广播、电影、电视、报刊、网站等多种媒体,兼营广告、网络、会展、投资、房地产和影视摄制基地等相关产业。

(2)上海文化广播影视集团。

上海文化广播影视集团(简称上海文广集团)是以广播、电影、电视、传输网络、网站和报刊宣传为主业,兼营其他相关产业的新闻文化集团。集团属于事业性质,是以事业单位为主体、企业公司参加的产业集团,实行企业化管理。

集团下辖上海文广新闻传媒集团和上海电影集团。

上海文广新闻传媒集团旗下拥有上海人民广播电台、上海东方广播电台、上海电视台(包括上海卫视)、上海东方电视台、每周广播电视报社、上海东方网股份有限公司、上海国际文化影视有限公司、上海广电影视制作有限公司、上海东方明珠股份有限公司以及上海国际会议中心。上海文广新闻传媒集团还拥有 10 套无线广播节目、11 套电视节目(4 套无线电视节目、6 套有线电视节目、1 套卫视节目),广播平均每日播音时间达到 163 小时,电视平均每周播出时间为 1 353 小时,除上海外,还覆盖江苏、浙江、山东、江西等省的部分地区,覆盖地区总人口接近 2 亿。其中,上海卫视通过卫星传输上海的电视节目,能覆盖全中国和亚洲其他地区。建有超过 4 700 千米的光纤网络,有线电视终端数超过 350 万户,位居全球各大城市前列,并于 1997 年获得 CNN 颁发的全球最佳有线电视系统奖。具有前瞻性的网络多功能开发,如有线宽带双向网改造已经取得实质性进展,并将进行互动电视的研究。

上海电影集团是中国重要的影视剧生产基地,拥有雄厚的创作和表演力量,设备和景点齐全,每年可生产 10 多部故事片、600 多(部)集电视剧。此外,上海科教电影制片厂、上海电影译制厂等在海内外享有较高的声誉。

除文化广播影视主业外,上海文广集团还经营着众多产业,并取得了丰厚的回报。集团还全方位介入公众文化生活,主办、参与了一系列大型国际文化体育活动。其主办的上海电视节、上海国际电影节、上海国际广播音乐节以及上海国际足球锦标赛,在海内外均具有较高的声誉。

(3)北京广播影视集团。

2001 年 5 月 28 日,北京广播影视集团(Beijing All Media and Culture Group)成立,它是北京地区一家大型的传媒文化企业。北京广播影视集团下辖北京人民广播电台、北京电视台、北京歌华文化发展集团、北京歌华有线电视网络股份有限公司、北京广播电视报社、北京音像公司、北京电视艺术中心、北京中北电视艺术中心有限公司、北京音像资料馆、北京紫禁城影业有限公司、中华世纪坛管理中心等多家传媒、文化单位。

（4）浙江广播电视集团。

2001 年 12 月 26 日，浙江广播电视集团成立。集团以广播影视为核心主业，兼营多种媒体和相关产业，是一个综合性的传媒集团。集团下属单位有浙江电视台、浙江人民广播电台、浙江广播电视报刊出版总社（浙江广播电视报社、浙江音像出版社、大众电视杂志社、视听纵横杂志社）、浙江天元影视艺术有限责任公司（浙江省电视剧制作中心、浙江电影制片厂）、浙江广播电视传输网络股份公司、浙江广播电视实业发展有限责任公司、浙江广播电视演艺会展有限责任公司、浙江广播电视工程公司、浙江广播电视网站、浙江梅地亚有限责任公司以及浙江广播电视房地产开发有限责任公司。

（5）南方广播影视传媒集团。

2004 年 1 月 18 日，南方广播影视传媒集团正式挂牌成立，这是全国第一个由省、市、县广播电视系统企事业单位联合组成的全省性事业集团，由广东人民广播电台、广东电视台、南方电视台、广东省广播电视技术中心、广东有线广播电视网络股份有限公司和全省 19 个地级市广播电视台、76 个县级广播电视台组成；共拥有广播电台 20 座，电视台 21 座，电视信号覆盖亚洲、大洋洲、非洲及东欧等 53 个国家和地区，覆盖人口 20 亿以上。

4. 我国有线数字电视的发展

我国有线数字电视的发展起步于 20 世纪 90 年代末，其中广东省是全国最早开展有线网络数字电视相关试验的省份之一。1999 年，原广东有线广播电视台就建立起了早期的数字电视试验系统，进行了包括视频点播在内的一系列有线数字电视技术试验。2000 年底，广东有线广播电视网络股份有限公司成立伊始，就将有线数字电视与宽带数据业务一并确立为公司的主要新拓展业务，并投入巨资，成立了专门部门负责数字电视业务的开发。在广电总局出台了有关推进数字电视发展的政策，并发布了有线数字电视行业标准后，广东的有线数字电视工作有了更大的发展。2001 年 10 月，广东省作为首批被国家广电总局邀请参加有线数字电视试验的 13 个省市（北京、上海、天津、重庆、辽宁、山东、山西、江苏、浙江、福建、广东、湖南、四川）之一，正式加入到由广电总局统一组织的有线数字电视试验工作中，并在全国九运会期间，应广电总局和中央电视台的要求，在广州进行了"交互式数字电视试验"。在全国 13 个省市的试验进行半年后，有线数字电视试验开始在全国推广。

尽管有线数字电视启动较早，但它涉及所有有线电视接入用户的终端设备改造，投入成本大，因此运营起来比较困难，盈利前景很不清晰，产业化进程缓慢。尤其是用户一旦付费后，当然要获得更好的节目内容，但目前数字电视的节目资源还极为匮乏，因此难以形成良性的产业链循环。

青岛走出了数字电视有线传输运营模式的第一步。"青岛模式"是整体平移，即以小区为单位，免费赠送机顶盒，在推行数字节目的同时完全停止输送模拟信号，频道数量由 28 套增加到 50 套，还开办了电视信息平台与商务平台等，同时每月向用户加收有线电视费 10 元。由政府借助频道资源，提供政府的电子政务信息，包括航班服务、天气预报、便民服务等，以此来解决数字电视内容空白的问题；由运营商免费派发机顶盒来解决用户数量问题，费用则是"政府补贴点、百姓掏一点"。"青岛模式"主要依靠厂商的投资。

苏州从 1999 年开始进行有线网络数字化的技术改造。2001 年 4 月 28 日，数字电视试推出后，便开始尝试家庭股票信息服务，可以电话回传进行在线交易，并开播了 8 套准视频点播，同时大大扩展频道数量，丰富节目内容和服务。

杭州自 2004 年 10 月正式开始数字电视整体平移工作。"杭州模式"一开始就将数字电视定位在家庭信息化终端上，其创新之处在于增加了新型的交互方式，通过有线电视网与宽带网的结合为受众提供交互式增值服务。

2005 年底，青岛、杭州两地都通过了国家广电总局的验收，标志着这两个城市已经率先进入了数字电视时代。紧随其后的深圳也完成了转换任务，并通过了验收。

2003 年 6 月 12 日，广电总局发布的《我国有线电视向数字化过渡时间表》，标志着我国有线数字电视工作正式展开。时间表按地区将全国划分为东部、中部和西部三个地区，将时间明确划分为 2005 年、2008 年、2010 年、2015 年，分为四个过渡阶段：第一阶段到 2005 年，直辖市、东部地区地（市）级以上城市、中部地区省会市和部分地（市）级城市、西部地区部分省会市的有线电视完成向数字化过渡；第二阶段到 2008 年，东部地区县以上城市、中部地区地（市）级城市和大部分县级城市、西部地区部分地（市）级以上城市和少数县级城市的有线电视基本完成向数字化过渡；第三阶段到 2010 年，中部地区县级城市、西部地区大部分县级以上城市的有线电视基本完成向数字化过渡；第四阶段到 2015 年，西部地区县级城市的有线电视基本完成向数字化过渡。

参考文献

［1］上海市档案馆等主编. 旧中国的上海广播事业. 北京：中国广播电视出版社，1985.

［2］赵玉明. 中国广播电视通史. 北京：北京广播学院出版社，2004.

［3］温济泽. 从邸报到现代新闻事业. 中国新闻年鉴. 中国社会科学出版社，1982.

［4］申启武. 中国广播研究 90 年. 广州：暨南大学出版社，2010.

［5］陆晔，赵民. 当代广播电视概论. 上海：复旦大学出版社，2002.

［6］王宏. 数字媒体解析. 重庆：西南师范大学出版社，2006.

第三章　港台地区广播电视事业的发展

第一节　香港特别行政区广播电视事业简史

一、香港广播事业的诞生与发展

1928年6月30日上午9时，香港第一家广播电台以3.55波长，845千周正式开始播音，台号为GOW，台址在香港岛毕打街旧邮政总局二楼的录音室，这就是香港电台的前身。它的开播标志着香港广播事业的诞生，当天播出的一条重要新闻是"英皇乔治五世今日为连接欧洲25个国家及美国、日本、澳洲和印度的广播系统主持开幕典礼，他用金话筒致词"，当时共制作了两个小时的节目。

香港早期的播音还可追溯至早几年。1923年至1926年间，一些业余无线电爱好者组成"香港无线电广播社"，并在山顶设了电台，试验播放一些社会新闻和转播歌剧等。每周播放两天，每天播出两三个小时。该社成员还进行过一项试验性播放音乐会的大型节目。当时的收听者主要是该社成员及一些社会上层人士。但是，这只能算业余爱好者的活动，不属于正式广播机构。直至1929年9月28日，政府成立香港广播委员会，负责管理香港的广播电台。

GOW台开播时只有英文台，广播的对象主要是在港西方人士和当地上层人士。每日播出的时间很短，产生的影响也很有限。播出内容以转播英国BBC电台的对外广播为主，主要是娱乐节目。当时该台的设备也十分简陋，除了发射台和发射机外，全部播音设备只有一个话筒和一台唱机。经营方面除了少数受薪职员外，其他都是一些热心于无线电的业余人士。管理方面则由一个市民组成的小组负责。当时，收音机的用户每年须向政府缴纳4元的牌照费。到了开播半年后的1928年底，政府共发出124个牌照。当时检查无牌收音机持有者的工作主要由警察来承担。该台经费全部由政府负担，所以不能播出商业广告，此规定一直执行至今。

1929年2月1日，GOW台号改为ZBW。台址从山顶迁往香港岛中区德辅道中的旧邮政总局大厦，并在楼内建造了一个略具水准的播音室。10月8日晚上，新建成的播音室正式揭幕。当时的代理港督萧敦出席并致词，他提到，电台由政府开办，因为没有商业机构愿意接办。同年，成立了广播委员会，当时的邮政总监史密夫被委任为香港广播史上的第一任台长（主席）。收音机牌照已增加近4倍，当年一共发出476个牌照。根据广播委员会第一次会议记录，1929年头8个月内，平均每个月增加32个收音机牌照。

20世纪30年代初，随着社会的发展，香港市民的收音机数量迅速增加，广播的影响逐渐扩大，ZBW电台开办了中文粤语节目，播音时间逐渐增加为每天7小时，中英文分时段播出。节目内容包括转播英国BBC电台节目，定时播出新闻、天气报告、股市行情和英美股票价格，播放流行音乐和古典音乐唱片等。

1934年，ZBW电台开始以英语报道新闻。同年，成立了中文台，台号为ZEK，这是该台发展史上的一个重要里程碑。1935年4月，该台首次使用短波对海外广播，当时报道的是一艘著名快帆船抵达香港的情形。1938年1月，设立第二台发射机，改变了中英文节目交错播出的状况，中英文台可以同时播出。1939年1月1日，该台开始由邮政司接管，另外设了一个广播咨询委员会协助管理。30年代期间，该台在办台的规模、人员、播出时间、节目内容、收听人数等方面都有了较大的发展。这一时期，该台曾多次试图与广州电台安排交换播放节目，终因战乱等原因未能实现。

1941年12月，第二次世界大战中太平洋战火蔓延至香港，香港沦陷。12月8日起，广播一度中断。三天后，日本占领军使用原ZBW电台设备开办的"香岛放送周"开始播音。至此，香港广播事业进入了三年零八个月的低潮时期。

1945年8月15日，日本宣布无条件投降。香港电台再次由邮政司接管，并对电台设备进行修理和补充。1945年9月15日，恢复中英文台广播。战后初期，电台的人员、经费和设备都较缺乏，播出时间也较短。曾有一次因为唱机的唱针用完而导致节目几乎停播，幸好有唱针及时从印度空运抵港。ZBW电台经常组织演出活动，并在电台播出，引起了市民热烈的反响，因此造就了一批名艺人和名播音员，并使市民更加重视电台广播。这一时期，香港电台充分发挥广播的音响功能，制作和播出了一批由舞台名剧改编的广播剧，如《雷雨》、《日出》和《原野》等，并于播出的当天，在报纸上刊登广播剧的台词对白，吸引了很多读者和听众。1949 年，该台英文台增设了对驻港英军的广播节目。经过几年的努力，该台在香港市民中的影响越来越大，香港广播事业进入了一个新的发展时期。

1948 年 8 月，该台取消 ZBW 和 ZEK 的呼号，正式定名为"香港电台"（RHK）。随着业务的扩展，原中环告士打酒店的旧址不敷应用，香港电台搬迁至大东电报局电讯大厦，并以该处为总部达 20 年之久。

1951 年，香港政府解散广播委员会，广播工作由政府新闻处接管。50 年代期间，香港广播界除了向市民提供资讯、娱乐和教育节目之外，还经常通过各种方式进行慈善赈灾募捐活动，如定期举办济贫慈善点唱会等。这种活动的影响较大，且每次活动都筹得不少捐款，因此后来得以继承和发展，并成为香港广播电视的一大特色。

1953 年 7 月，港英政府又决定将香港电台脱离政府新闻处，设立广播处长一职掌管香港电台。当时香港电台中文台每天播出 17 个小时，英文台每天播出 9.5 个小时。

这一时期，香港电台的技术和设备也不断得到改善。至 1960 年 6 月，香港电台在港岛歌赋山设立了两座 4 千瓦的超短波调频发射台，开始了超短波调频单声道广播，以扩大播发范围和配合中波广播服务。1968 年，为了适应广播发展的需要，香港电台将中波发射台迁往新界的金山，而两座中波发射台的功率也增至 20 千瓦，用以改善中英文台的中波广播效果，使之覆盖面扩大到全香港地区。

1968 年 3 月，香港电台从港岛中区迁至九龙广播道新大厦，以此为新的总部，并一直沿用至今。1976 年 4 月，香港电台的英文名称加上电视一词，简称为"RTHK"，中文名称保持不变。同年，教育署的教育电视亦与香港电台合并。《针锋相对》、《狮子山下》等受欢迎的节目，奠定了香港电台电视部的发展地位。

20 世纪 70 年代中期，香港电台发展迅速。1976 年初，香港电台已有 4 个提供不同路线的中英文节目电台。同年 4 月，开始超短波调频立体声广播，开创亚洲先河。到了今天，香港电台开设了 7 条不同节目内容的中英文电台频道，用粤语、普通话和英语播音，以超短波调频（共 6 套节目）及中波（共 4 套节目）广播。此外，还设立了网上电台，可以在网上实时收听这 7 条频道，或在网上"节目重温"。香港电台网上数据库庞大，7 条频道中的任何节目，若在过去一年曾经广播过的，均可以在网上以"节目重温"形式完整收听。

二、香港电视事业的发展

香港电视是典型的商业电视，主要机构有两家：亚洲电视有限公司（亚视，即 ATV）和无线电视台即"电视广播有限公司"（TVB）。

亚视成立于 1957 年 5 月，比中央电视台（前身为北京电视台）整整早了一年，其前身是英国人经营的丽的呼声有限公司丽的电视台。1981 年 4 月英国资本退出，1982 年 12 月改为现名，此后数度易手。亚视也有中文台和国际频道两个台，中央电视台新闻联播节目国内新闻部分每天早晚两次在亚视国际频道播出。

无线电视台于 1967 年 11 月 19 日开播，其董事局主席为邵逸夫。香港无线是香港最有实力的电视公司，也是世界上最有名的华语电视台之一，有雇员 3 000 多人，签约演员 1 500 多名。TVB 有两个频道，广东话频道 TVB – J 和英语频道，90% 的节目自制。1994 年 12 月，香港无线获准开办卫星电视，现在海外播有 TVB – J、TVB – 8 等频道。

香港卫星电视（香港卫视）是香港电视的后起之秀。香港卫视属于世界传媒大王默多克（港译"梅铎"）的新闻集团。香港卫视于 1991 年 5 月开播，信号覆盖亚洲 50 个国家和地区，号称有用户近 5 000 万。

国内观众熟悉的凤凰卫视中文台，是由香港卫视、今日亚洲和华颖国际有限公司共同创办的，于 1996 年 3 月 31 日正式开播，覆盖全亚洲，在内地颇有影响。

香港有线电视公司，其前身为香港九仓有线电视公司，1998 年更为现名，有 20 多个频道，号称有 40 万用户。

香港传讯电视网（CTN），是明报集团主办的卫视网络，于 1994 年 11 月 25 日开播。

华娱电视即华侨娱乐电视（CETV），1994 年 12 月 1 日由新加坡华人蔡和平夫妇成立，于 1995 年 3 月开播。节目通过亚洲 3S 号卫星播出，覆盖大陆、港、台、澳和东南亚，号称是"三无"电视，即无新闻、无色情和无暴力，提倡"健康的娱乐"。据估算，在亚洲地区有 330 万家庭收看其节目。2000 年 6 月 15 日，CETV 被美国时代华纳集团收购，2001 年 10 月成为首家获准在中国有线电视落地的境外卫星电视台，并在广东省的主要网络上传播。2003 年，亚洲首富、香港巨商李嘉诚所属的网络、出版和广告集团 TOM 公司再次将其购买。

第二节　香港特别行政区主要广播电视机构

1928 年 6 月 30 日香港电台的正式播音，标志着香港广播电视事业的诞生。此后，香港广播电视事业发展较快。现有三家广播电台，两家无线电视台，一家有线电视台，多家卫星电视台。

一、香港主要广播机构

香港现有三家广播电台，分别是香港电台、香港商业电台和新城电台。

1. 香港电台

香港电台（Radio Television HongKong，RTHK），中文简称"港台"，是香港最早的广播电台，成立于 1928 年 6 月 28 日，于 1928 年 6 月 30 日正式播音。香港电台是香港广播史上首家广播机构，同时也是香港唯一的公共广播机构，更是最具公信力的传媒机构之一。现为商务及经济发展局辖下的部门，前身为由市民自发成立的香港业余无线电爱好者创办的电台，其后由香港政府接办，呼号为 GOW；后来发展成两个电台频道，呼号分别为 ZBW（英语台）和 ZEK（华语台，以粤语为主）；抗日战争时期广播一度中断，1948 年合称香港广播电台（Radio HongKong，RHK）。香港电台下设行政部、电台部、电视部、教育电视、制作事务部等，拥有七套独具风格、各具特色的广播节目，其中电视部制作的电视节目供香港两家商业电视台的中文台在黄金时间播出。香港电台中有四个是全天 24 小时播音。

香港电台是香港历史最悠久的广播电台，其主要功能是宣传政府的政策、制作教育及资讯节目。1970 年成立"公共事务电视部"，并开始制作时事及公共事务节目，供持牌商营电视播映。后来，随着电视的普及化，香港电台制作的电视节目开始多元化，有电视剧、纪录片、综合节目、文教节目及教育电视等。它于 1976 年与教育司署（教育统筹局前身）属下的教育电视台合并，并改为现名。香港电台制作多媒体节目，提供资讯、教育及娱乐节目，报道本地及国际大事与议题，协力推动香港文化发展，提供自由表达意见的渠道。香港电台不播广告，全部经费由香港政府承担。

2. 香港商业电台

香港商业电台全称为香港商业广播有限公司，简称"商台"，1959 年 8 月 26 日正式开播，是香港首家商营广播电台，由香港商业广播有限公司开办。现与香港电台并称为全香港收听率最高的电台。商业电台下设三个台。该台初期开办的中文节目称为商业一台，英文节目称为商业英文台；1962 年又增加一套中文节日，称为商业二台。目前，以上三套节目均 24 小时播出，每半小时报道一次最新的新闻时事。其主要经济来源为广告收入。

商业电台自 1959 年首播以来，深受听众欢迎，其公信力居于全港第三位，旗下的频道雷霆 881 商业一台更是全港听众人数最多的电台。

商业电台有两个粤语广播频道，每天提供 24 小时广播节目，也有网上即时广播，在信息、时事和娱乐三方面为香港市民提供多元而丰富的广播节目。1990 年，香港的广播电台频道进行改革。商台更改其两个粤语频道的传送频率，商业一台的频率由 AM864 改为 FM88.1（即是日后的雷霆 881，以新闻资讯为主，在香港的收听率一直名列前茅），商业二台的频率由 AM675 改为 FM90.3（即是日后的叱咤 903，主要播放流行音乐，为现时在香港年轻人社群中最具影响力的电子传媒频道），而原本为商业一台所使用的 AM 频率，则安排给商业英文台作新频道，AM864 则改为以英语为主要播放语言，播放新闻及音乐。

3. 新城电台

1991 年，香港新城广播有限公司开办新城电台，下设采讯、劲歌以及金曲三个台。采讯台为亚洲目前唯一一个 24 小时广播的英语新闻台，除每半小时播出一次本地及海外新闻节目外，还有财经、商业、体育、旅游、健康、科技节目等，听众主要为爱好新闻的人士和暂居香港的外籍人士。劲歌台是以粤语为主的音乐台，听众主要为 12 岁至 25 岁的青少年。金曲台是一个以英语、粤语广播的音乐台，主要播出 20 世纪三四十年代的流行爵士乐曲以及近期的精选流行歌曲，听众主要是 25 岁以上的成年人。

4. 其他电台

丽的呼声有线广播成立于 1949 年 3 月 21 日，是英国总公司的一间分公司，在香港传播史上占有一定地位。初期有两条线路，一条播送自制节目，一条转播香港电台节目。1950 年 3 月，分银色中文、蓝色英文和金色中文三个电台，每日播音 17 小时。银色中文台以粤语播出，有戏剧、空中小说、教育性节目、儿童节目、讲座、夜总会音乐转播等；金色中文台有国语、潮语、沪语及各地方言节目；蓝色英文台则提供西欧歌曲及英语节目。其他还有粤剧、足球转播、新闻（包括国际电讯、香港新闻及特别消息），以及金融和证券行情。1963 年 9 月成立中文电视台，集中力量发展电视业务。后来无线电视开办，丽的播送遂于 1973 年 9 月底宣布结束。

中国国际广播电台从 1995 年 5 月 1 日开始，在新城广播公司的采讯台周一至周五每天播出 3 小时的特别节目《你好，香港》。该节目以新闻和新闻性栏目为主，向香港听众介绍祖国政治、经济、社会发展和文化体育等信息。这套节目分别用英语、普通话和粤语播出，三种语言都设立了多种专栏。此外，采讯台从 1996 年 5 月 21 日开始播出中国国际广播电台为香港听众制作的普通话节目《今夜星辰》，每天播出 2 小时。中国国际广播电台每天约有 5 小时的节目在香港播出。

英军电台是由驻港英军管理的专为驻守香港的英军及廓尔喀部队服务的电台，隶属于英国军部影音公司的广播组。英军电台开设有两个台，一为尼泊尔语，一为英语。尼泊尔语台每周播出 90 小时的节目，内容是专为廓尔喀兵团而设的音乐节目和特别节目。英语台每天 24 小时播出，内容包括新闻、时事评论、体育、问答比赛和电话节目等。英军电台在香港回归前夕关闭。

二、香港主要电视台

1. 香港电视广播有限公司（TVB）

香港电视广播有限公司简称无线电视，于 1967 年 11 月 19 日正式开播，是全港首家商营无线电视台。成立初期只有员工约 200 名，经多年发展，至今共有近 5 000 名全职雇员，其中包括合约艺员及海外附属公司员工。擅长拍摄电视剧和制作综艺节目，1967 年播出《欢乐今宵》，1994 年获批开办卫星电视业务。

无线电视的主要业务包括电视广播、节目制作及其他有关广播的活动，例如节目及录影带的发行和卫星广播等。无线电视的两个频道——翡翠台及明珠台，每年播放近 1.5 万小时的节目，为香港超过 210 万个家庭免费提供电视娱乐节目，是全球制作华语节目最多的电视台。另外，无线电视更将部分节目配上多种不同语言，在海外超过 30 个国家发行，供全球近 3 000 万人收看。

2. 香港卫星电视

香港卫星电视是 1990 年香港和记黄埔有限公司创办的卫星广播有限公司，其旗下的卫星电视台于 1991 年 5 月 15 日开播，通过亚洲卫星一号提供泛亚洲卫星电视广播服务。香港卫视覆盖亚洲 53 个国家和地区，拥有 3 亿观众，有体育、音乐、中文、新闻、"合家欢"共 5 个台，每天 24 小时向整个卫星覆盖地区播出节目。除中文台用普通话播出外，另外 4 个台都用英文播出。1993 年、1995 年其股权先后出售给新闻集团。从 1996 年 3 月 31 日起，香港卫视中文台改名为"凤凰卫视"，由凤凰卫视有限公司经营。

3. 亚洲电视广播有限公司（ATV）

亚洲电视广播有限公司的前身是于 1957 年 5 月成立的英国财团经营的丽的电视台，初期为黑白有线电视英文台，1963 年 9 月增设中文台。它是香港最早的电视台。1973 年 12 月 1 日改播彩色电视节目，增加新股东，改为丽的电视广播有限公司。1981 年英国资本退出，1982 年华人财团加入，同年 12 月改名为亚洲电视广播有限公司。1987 年 1 月 29 日，亚视命名中文台、英文台分别为"黄金台"和"钻石台"，1989 年 1 月 20 日又分别改称为"本港台"和"国际台"。

4. 凤凰卫视

凤凰卫视的前身是香港卫星电视（即现在的"星空传媒"）旗下的卫视中文台，于 1991 年开播。其后，卫星电视被鲁伯特·默多克的新闻集团收购，随即进行改组，并引入刘长乐和陈永棋等人作为投资者。卫视中文台最终于 1996 年 3 月 31 日一分为二，分拆为新成立的凤凰卫视中文台（对大陆和香港广播）

和之前的卫视中文台（只在台湾地区广播），并于日后陆续开播了电影台、资讯台、欧洲台以及美洲台。该台的主持人、编辑来自中国大陆、香港和台湾。

5. 星空卫视

星空卫视是一个为中国观众倾力打造的全新频道，以综艺和娱乐内容为主，全天 24 小时用普通话播出。星空卫视充分结合丰富的本地资源和星空传媒集团多年的专业化电视经验，以全新的节目概念、独特的表现手法和多样化的节目形式，向中国观众展示一个全新的电视娱乐天地。星空卫视隶属于美国新闻集团的全资子公司——星空传媒集团。经有关部门的批准，星空卫视于 2002 年 3 月 28 日正式开播，通过广东有线电视网与广大观众见面，一开播即实现了进入珠江三角洲地区 100 万收视家庭的目标。2003 年 3 月，在播出一年之际，星空卫视又获准有限落地全国。

第三节　台湾地区广播电视事业

一、台湾广播事业

中国台湾省在 1895 年被日本侵占。1925 年 6 月，日伪"总督府"在台北曾建立播音室，进行试验性广播，不久即终止。1928 年 11 月，日伪"台湾广播电台"在台北开始使用日语播音。20 世纪 30 年代以来，日本先后又在台南、台中、嘉义、花莲等地建起了广播电台。上述各台均由伪"台湾广播协会"管辖，总计发射机 12 架，电力 127.9 千瓦。1945 年日本投降后，国民党当局于 11 月派人接管了上述 5 座广播电台。

1949 年，国民党溃退台湾，国民党的"中央广播电台"迁至台湾。同年 11 月 16 日，国民党成立"中国广播公司"（简称"中广"）。当时在台和来台的广播电台共有 10 座，公营的有军中台、空军台，民营的仅有民本台以及"中国广播公司"所属的 7 座电台。此后，台湾广播事业逐步得到发展。最初公营、民营电台齐头并进。到 1995 年底，台湾共有收音机 1 360 万台，其中调频收音机 500 万台。广播电台共有 33 家，其中公营电台 7 家，民营电台 21 家，军营电台 5 家，大部分为 24 小时连续广播。

"中央广播电台"是台湾发射功率最大的一座电台，也是台湾对祖国大陆广播的专业电台，1928年8月1日成立于南京，1949年迁到台湾之后，先后用"中国广播公司大陆广播组"、"大陆广播部"和"中央广播电台自由中国之声"为台名，对大陆进行广播。1976年恢复原有建制，称为"中央广播电台"。1981年迁入台北市新建台址。"中央广播电台"在24小时的昼夜播音中，以汉语普通话为主，另有闽南语、粤语、客家话节目和少数民族语言（蒙古语、藏语、维吾尔语）节目。该台以祖国大陆的一般民众、中国共产党的中高级干部与大陆的知识分子、军人、地方语言的听众及少数民族语言的听众等为对象。台湾地区的对海外广播业务由"中广"独力承担。"中广"是台湾目前最大的民营传播机构，拥有对台湾广播与对海外广播两大系统，24小时播音，总公司设在台北市，发射基地则遍布全省。

"中广"初期隶属于国民党"中央宣传部"，1949年11月16日，正式改为公司的组织形式，采用企业化经营方式。70年代，"中广"兴建了广播电视大厦并投资创办"中国电视公司"。1980年蒋孝武任总经理，加强内部管理，进行了工程技术与设备的更新，使"中广"成为台湾第一个全自动化广播的电台。

近年来，"中广"加强了对祖国大陆的广播。1990年2月9日起，"中广"第一调频网全面对祖国陆续播出。新闻部还新设了"大陆新闻组"，派人深入祖国大陆各地提供各类信息。

自1949年10月以来，"中广"以"自由中国之声"（The Voice of Free China）为呼声，用普通话和英语对海外广播，现已增至15种语言，所面向地区为东南亚、东北亚、南北美洲和欧洲。另外，"中广"所办"亚洲之声"广播电台以东亚语、粤语、客家话及闽南语进行广播。

"自由中国之声"自1985年起持续派人参加欧洲短波听众联合组织"欧洲短波协会"（EDXC）的年会和北美地区短波听众联合组织"北美广播听众俱乐部联合会"（AUARC）的年会，借以扩大影响。

近年来，台湾当局已决定加强其对海外广播。1989年台湾"立法院"通过决议，准备成立"国家广播电台"，不再委托"中广"经办对海外广播（原计划三年内开办"国家广播电台"，尚未实现）。

台湾的调频广播开办于1968年。"中广"的台北地区调频广播电台于当年

7月31日正式播音，节目以新闻及音乐为主。以后"中广"又陆续在台中、高雄、花莲等地设立调频广播台，形成全省的调频广播网。除"中广"外，警察电台、教育电台、军中电台、台北电台等也先后开办了调频广播。

军中广播是台湾当局为配合其政治和军事上的需要，以军队为主要对象进行的广播宣传。军中广播开办于1942年，在反共宣传上担当着极其重要的角色。近年来，台湾当局为整军建军的需要，也为适应台湾的地理形势，除军中广播电台总台外，陆续在台湾各地建立了军中电台分台，并在金门所谓的最前线建立了四个喊话站。军中广播电台自1989年起改称为"汉声广播电台"。除"汉声广播电台"外，较有影响的还有"空军广播电台"。

一直以来，国民党通过执照制控制着台湾的广播事业。从1989年到1994年，政治上与国民党敌对的力量突破国民党的限制，不经过执照程序而建立了许多电台和电视台，经济来源主要是短期的资助，如捐赠和招募义工。地下电台的管理制度和节目形式对传统电台形成了挑战。1994年，非法电台比传统电台更受欢迎。这些电台大多由民进党创办和控制，闽南语是主要的播音语言，内容也多限于民进党的政治活动、台湾本土文化、社会事务和环境主题等，对象是平民。地下电台首创了热线节目，作为听众各抒政见的平台。从1993年底开始，非法电台开始合法化，大多数的政治敌对力量电台都于1994年至1995年之间领取了执照，但一些仍在非法运作。由于市场力量的作用，非法电台和非商业电台要维持下去并不容易。

与台湾早期的广播相比，现在的广播节目有了较大的变化。一是专业电台出现并日益增多，如交通台、农业台等。二是节目形式有较大的变化，如新闻节目在原有的单人播报基础上，大量采用双人播报、录音访问、实况转播、电话访问等多种形式；综合节目采用"明星制"，通过推出名主持人来吸引听众。另外，新闻节目的播出量和时效性也都有明显提高。"中广"的新闻专业电台于1973年8月1日创建，24小时播音，每15分至30分播出新闻一次。该公司现在每天播出新闻超过340次，共计70万字左右（包括新闻台、其他广播网和所属地方台）。

二、台湾电视事业

早在1948年，国民党政府即有创办电视台的计划。当时，由中央广播事业管理处向美国购得发射机 6 部，开展试验，构想是将发射总台设在南京，在上海等地设立分站，由南京播放新闻和文教节目，上海播放大众娱乐节目。后因国民党撤离大陆，计划夭折。1951 年，台湾国民党政府"行政院"决定，电视事业原则上采用民营企业制度，即美国式的商营制度，以倡导自由竞争。1952年，"中广"副总经理曾虚白赴英国、美国考察电视，带回由美国代为设计和拟订的《中国电视台创办计划》一份，后因耗资巨大（80 万美元）而作罢。1956 年，台湾电力公司派员从美国带回小型闭路电视设备一套，在台北各处公开演示。1957 年 8 月，远东企业公司又在台北、高雄、金门等地示范表演，为电视催生呐喊。1957 年和 1958 年，台北世界新闻专科学校和中国电视传习所先后开始训练电视人才。

其后，台湾将发展电视事业的期望转向近邻日本，成立了"中日合作促进会"电视研究小组。1960 年蒋介石续任"总统"，在就职仪式上，电视研究小组借助 NEC（日本电气公司）等日本公司的技术和财力，与"中广"合作，在公共场所设立电视机 50 架，进行实况转播，造成轰动效应。1961 年 10 月，台湾"立法院"通过了"交通部"拟定的三种电视法规，即《电视广播电台设置暂行规则》、《黑白电视广播技术标准规范》和《电视广播接收机登记规则》。至此，台湾电视扫描技术标准规定为 525 行的美国 NTSC 制式。

1962 年 2 月，台湾创立第一家电视台——"国立教育电视实验广播电台"。1962 年 4 月，"台湾电视事业股份有限公司"即"台视"（TTV）成立，这是台湾第一家商业电视台。台视是台湾首家播出彩色电视的公司，1969 年 9 月试播彩色电影，10 月试播了彩色现场节目，1972 年 4 月，彩色节目所占比例已达到 80%。

1969 年 10 月 31 日，台湾成立了第二家电视公司——"中国电视事业股份有限公司"即"中视"。该公司的成立结束了台湾岛内台视八年的垄断局面。该公司兼有上市公司和国民党党营事业的双重角色。

1971 年 10 月 31 日，"中华电视公司"即"华视"开播。台湾电视事业由此进入三足鼎立的局面。

台湾的三台在名义上都是商业电视台，按商业规则运行，靠广告支持。但实际上，董事长和总经理的任命权在台湾当局。三台都有强烈的政治背景：如中视以国民党党部为背景；华视以军队和教育系统为背景，其总经理杨培基本人就是"国军"将军；而台视的后台则是台湾当局。

1976 年 1 月，台湾颁布《广播电视法》，允许民营（私营商业）电台播出广告，其余广播电台不得播放广告。1980 年，"行政院长"孙运璇提出了"公共电视"的建议。1982 年，新闻局修改《广播电视法》，要求三大电视台提供部分经营利润，成立广电事业发展基金，为三台培养人才，并为未来的公共电视事业打下基础。1983 年，新闻局成立"公共电视节目制播小组"（简称"公视小组"），负责节目制作。9 月 1 日，责成华视增设超高频教育电视专用频道，专门播放空中教学节目及公共电视节目。1984 年 5 月 20 日，中视频道上出现了第一个公共电视节目——《大家来读"三字经"》。1986 年 12 月，公共电视机构并入广播电视基金会。

1988 年，台湾当局迫于压力，开放了卫星天线。台湾目前有 120 个卫星电视频道，都由卫星电视公司经营。

TVBS 是台湾本土第一个卫星电视台，于 1993 年 9 月 28 日首播。由香港电视广播有限公司（TVB）及台湾的年代集团合资创立，现由香港 TVB 全资拥有。

台湾的无线电视台主要是以 VHF 或 UHF 频段的信号发送。由于台湾多山地，电视信号收信不易，因此早期有所谓的第四台（有别于台视、中视和华视），由民间业者自行利用天线接收信号后，再以电缆传送电视信号至其他用户。之后，第四台获得台湾政府许可成立，称为有线电视，岛内再度出现了设立有线电视热，从而打破了无线电视台对电视市场的垄断局面。目前，在台湾颇具影响的有线电视台为中天、东森、TVBS、三立等。

1997 年，台湾开办的一个新的地面电视台——"全民电视台"（简称"民视"）是民进党的电视机构，它的播出打破了台湾地面电视 30 年来三足鼎立的局面。

民视为台湾第一家民营无线电视台，公共电视台（简称"公视"）为台湾第一家公共广播电视机构。华视与公视已于 2006 年 7 月 1 日组成台湾公共广播电视集团，其中包括为台湾少数族群服务的客家电视台、原住民电视台，为在海外的华人服务的宏观电视台也已经于 2007 年 1 月 1 日并入台湾公共广播电视集团。

台湾有线电视现有 120 多家，普及率超过 80%，据称超过了美国，主要经营者有"力霸友联传播实业有限公司"、"和信传播集团"、"博新多媒体股份有限公司"、"联艺股份有限公司"和"超级电视台"（"超视"）。几大网络竞争极为激烈，几年前还发生过互相拉闸切断信号的事件。

台湾自 1988 年 11 月通过天空开放政策后，卫星电视发展也很迅速，允许个人用户使用卫星天线（大型天线除外），外国卫星节目大量进入台湾。大陆的中央电视台国际频道也进入台湾，经过邱复生先生的年代公司与 112 家有线电视台签署了转播协议之后，在台湾有线电视网中覆盖率达到 96% 以上，覆盖户数达 400 万。年代公司也是台湾主要经营卫星电视的公司，竞争对手有"力霸"、"和信"、"木乔"和"超视"等。1999 年，台湾"新闻局"下令，所有境外卫星频道一律重新登记发照，进行了第一次所谓的整顿。

台湾的卫星电视在 1990 年以后陆续开放，无线台也用卫星传送，用户可自行利用大型碟形天线或"小耳朵"（台湾民间对体积较小的碟形天线的称呼）接收信号，也可于国外收看台湾的频道，第四台业者开始改为中继卫星频道。

目前，台湾正在推行欧洲传输标准的无线数位电视（DVB－T），现有台视、中视、华视、民视以及公视五台进行无线信号播出，大部分频道也用卫星进行备份传送。

台湾已经于 2008 年 2 月 1 日起由公视率先测试台湾第一个高画质电视频道 HIHD，该频道在北部地区定频 30 频道。2008 年 5 月 15 日在台北、高雄两地正式播出。其他无线电视台稍后也跟进。而目前各无线台已经逐步以高清电视规格摄制节目以应将来开播后播出之需要（如公视的戏剧节目《我在垦丁·天气晴》）。

有线电视（即第四台）刚开播时，节目的传送多依赖录像带"跑带"。1994 年起，随着有线电视的合法化，各频道逐步采用卫星传送信号。目前，台湾所有的有线电视频道均通过卫星中继传输，因此有线电视频道也称作卫星电视频道。所有电视频道信号皆以数位信号输出向卫星地面上链（Uplink）站传输上链，各有线业者接收来自卫星的数位信号后，以类比信号向用户传送节目。某些卫星地面上链站也同时拥有卫星直播到户的执照，用户可以购买其发行的收视卡及接收设备，直接接收来自卫星的数位信号。有线电视业者常常私自插播广告和跑马灯，直接接收来自卫星的信号除了可以避免这些问题之外，还可以避免类比调制造成画面质量衰减与失真，其获得的清晰度等同于数位电视。

第四节 台湾主要广播机构概况

　　台湾人口约2 300万，却有200多个广播电台，60多个有线电视台，5个无线电视台，6 000多种杂志，400多种报纸，是世界上媒体覆盖率最高的地区之一。"看报治国"是岛内舆论对台湾政治人物的讽刺，但也由此可见岛内媒体在台湾政局演变过程中所扮演角色的重要。下面介绍台湾几家主要广播媒体，供读者了解和参考。

一、"中国广播公司"

　　"中国广播公司"（BCC）的总台在台北，下设9个地区级分台和两个专业台，这两个专业台专门广播农业节目和报道交通信息。"中国广播公司"有6个全岛的和5个区域级的联播节目网，播出流行音乐、台湾新闻、工商业服务、教育和宗教节目、股票市场报告和用闽南话播音的节目。新闻和流行音乐也向大陆广播。另外，"中国广播公司"用14种语言和31个短波频率向海外发送节目；通过"亚洲之声"用两个中波频率和7种语言播音。1996年1月，"中国广播公司"和新加坡广播公司签署了双方互派人员与交流节目的备忘录。

二、"中央广播电台"

　　"中央广播电台"（CBS）在台湾有6个分台，装备有24部中、短波发射机，其播音可以覆盖大陆的大部分地区。"中央广播电台"向大陆广播台湾的政治、经济、文化、教育和社会发展的新闻，这些节目针对大陆，有几套节目用闽南话、粤语、客家话，以及蒙古语、藏语和维吾尔语播音。1996年1月，"立法院"通过了"中央广播电台"设置条例，将"中央广播电台"与"中国广播公司"的"中国自由之声"合并为一个公司。重新组台后，"中央广播电台"仍负责对全球和大陆播送台湾当局的政策、商业活动、旅游和教育发展的新闻。

三、正声广播公司

正声广播公司（CSBC）在台湾全岛拥有 1 个调频频率、8 个调幅频率和 9 个转播台。这些电台的节目主要是为了满足台湾的农业、渔业和劳动团体的需求，播音的语言是闽南话、客家话和普通话。1994 年 10 月，正声广播公司又开办了一个叫"生活资讯调频台"的新型服务电台。从 1995 年 10 月起，正声广播公司就一直在使用综合服务数字网播出它的"超级之声"音乐节目和美国洛杉矶的中文电台联播。综合服务数字网还播出正声广播公司和《时代周刊》联合举办的邀请观众参与的新闻节目。

四、警察广播电台

警察广播电台（PRS）提供专门的交通报道和社会服务，总台设在台北，在全岛设有 7 个地区台和 8 个转播台。它的交通新闻网设在台北、台中、高雄和花莲等城市。警察广播电台还开办"常青网"为中老年台湾公民提供文化节目和有关医药、健康与退休方面的信息。通过计算机网络，警察广播电台全天接收并报道当地高速公路的路况。交通新闻中会穿插一些音乐和新闻特写。

五、台北国际社区广播电台

台北国际社区广播电台（ICRT）由台北国际团体文化基金会主办，是台湾唯一以英语播音为主的广播电台。它使用调频和调幅频率播出不同的节目，其中包括通俗的西方音乐、"脱口秀"（谈话类节目）和社区服务节目。该电台还通过因特网 24 小时全天播出多媒体节目。

第五节　台湾主要电视机构概况

一、无线电视媒体

台湾地区有五家无线电视媒体，分别为台湾电视公司、"中国电视事业股份有限公司"、中华电视公司、民间全民电视公司和公共电视文化事业基金会，其中台湾电视公司、"中国电视事业股份有限公司"和中华电视公司被称为台湾的"老三台"。

1. 台湾电视公司（TTV）

台湾电视公司是台湾第一家电视台，简称"台视"，成立于 1962 年 4 月 28 日，同年 10 月 10 日正式开播，1969 年建成台湾全岛电视广播网络。2006 年，台视按照《无线电事业公股处理条例》开始民营化工作，2007 年 9 月 6 日成为上市公司，是台湾最后一家实现民营的电视台。台视最大的股东为非凡国际科技公司，持股 30.89%。其他主要股东为黄菘（9.68%）、林秉彬（7.89%）、亚哲投资有限公司（4.84%）和永丰商业银行（4.84%）以及台湾水泥股份有限公司（4.84%）。台视的主要频道有台视主频道（曾更名为"台湾电视台"）、台视家庭台、台视财经台、台视国际台以及台视健康娱乐台。[①]

2. 中国电视事业股份有限公司（中视/CTV）

中国电视事业股份有限公司简称"中国电视公司"、"中视"，成立于 1968 年 9 月 3 日，1969 年 10 月 31 日正式开播，是台湾第二家电视公司。虽然中视是台湾第一家由民间独资经营的电视公司，但实际上它是中国国民党的党营事业。中视全部以彩色播映，将台湾电视由黑白带入彩色时代。1999 年 8 月 9 日，中视股票公开上市，成为岛内第一家股票上市媒体。2000 年，国民党将其所持中视股份出售给中国时报集团，中视与中天电视同属中视媒体集团旗下。中视的口号为"最 Colorful 的综艺，最 Touching 的戏剧，最 Vigorous 的新闻，最精彩的只在 CTV"。其主要频道有中视无线台、中视新闻台、中视综艺台以及MYLIFE 健康生活频道。其新闻台的晚间新闻节目《中视新闻全球报道》是目前台湾收视率最高的新闻节目。

3. 中华电视公司（CTS）

中华电视公司是台湾第三家电视台，简称"华视"，其前身为"教育电视广播实验电台"，正式成立于 1971 年 1 月 31 日，由台湾"教育部"、"国防

[①] 中华民国无线电视年鉴：民国八十九年至九十年（2000—2001 年）. 中华民国电视学会，2002. 30.

部"、企业界人士与侨界领袖等共同投资设立，于同年 10 月 31 日正式开播。2006 年 7 月 1 日，华视与公视合组为台湾公共广播电视集团。华视是公共广播电视集团中唯一没有任何政府预算或补助的电视台，完全依赖广告业务收入，自负盈亏。华视的宗旨为"弘扬中华文化、发展空中教学、扩大社会教育、提升生活品质"，其主要频道有华视主频道、华视休闲频道、华视教育文化频道及华视新闻频道。

4. 民间全民电视公司（FTV）

民间全民电视公司是台湾第四家无线电视台，简称"民视"，于 1997 年 6 月 11 日开播，是台湾第一家民营无线电视台。民视的口号为"来自民间，属于全民"。民视的主要频道有民视无线台、民视新闻台和台湾交通电视台。民视新闻台是台湾最早发起所谓"新闻净化"的新闻媒体之一，还获得台湾"行政院新闻局"的"最干净的新闻"的称号。但因民视的两位建台元老蔡同荣与张俊宏都是民进党代表人物，且民视开播之后在政治上力挺民进党，所以其新闻报道的客观性受到社会的质疑。

5. 公共电视文化事业基金会（PTS）

公共电视文化事业基金会，简称"公视基金会"、"公共电视台"、"公共电视"或"公视"，创立于 1998 年 7 月 1 日，其宗旨是服务公众、独立且为全民共同拥有的公共媒体，自称是台湾唯一真正以民为尊的电视台，不受任何政府、政党及利益团体控制。公视的主要频道有公视主频道、DIMOTV 和 HIHD。

二、有线电视媒体

1. TVBS

TVBS 也称"无线卫星电视台"或合称为"TVBS 无线卫星电视台"，是台湾第一家卫星电视台，于 1993 年 9 月 28 日首播，由香港电视广播有限公司（TVB）及台湾的年代集团合资创立，主要在台湾从事电视节目制作、电视频道传送及出版业务。TVBS 混合了香港式的营运模式和制作技术，运用香港 TVB 的电视媒体资源，配合台湾当地文化与主持人才，制作台湾节目。TVBS 宣称的核心价值为"立足台湾、放眼世界"。TVBS 的主要频道有 TVBS（新闻综合台）、TVBS - G（黄金娱乐台）、TVBS - NEWS（新闻台）、TVBS - ASIA（无线卫星亚洲台）和台湾综合台。TVBS新闻台于1995年10月2日开播，以"没有国界、没有时差"为理念，是台湾第一家24小时全天候的新闻性专业频道。

2. 东森媒体集团（ETTV）

东森媒体集团简称"东森"，是台湾最大的有线电视媒体之一。东森电视台成立于1991年7月3日，前身为友联全线公司，1993年更名为"力霸友联传播实业有限公司"，1997年底更名为"东森电视台"。2007年，美商凯雷与旺旺集团成为该集团最大股东。东森以"坚持卓越品质，稳健扎实经营"为经营理念，旗下拥有东森新闻台、ETTODAY财经生活台、东森电影台、东森洋片台、东森戏剧台、东森综合台、东森幼幼台和超级电视台等。盖洛普公司"台湾企业公益形象"调查显示，东森媒体集团在"对社会公益活动贡献良多的企业"中高居榜首。在"YAHOO!奇摩"民调中心所作"理想媒体大调查"中，东森是网友收看频率最高的电视媒体。

3. 中天电视股份有限公司（CTITV）

中天电视股份有限公司简称"中天电视"，属于中国时报集团的台湾有线电视网。中天的发展历史经历了四个时代：一是传讯电视时代。1994年，港商"传讯电视"推出"中天"（即中天新闻台）和"大地"（即中天咨询台前身）两个卫星频道，其开播时的定位是以全球华人为目标观众的新闻频道与新知频道。二是和信集团时代。1997年9月，"中天"和"大地"两频道由和信集团接手。三是象山集团时代。2000年，象山集团总裁江道生接手经营传讯电视，"中视二台"更名为"中视卫星"。2001年，公司将"中视卫星"改名为"中天娱乐台"；然后将"中天"频道分为"中天新闻台"与"中天资讯台"。四是中国时报集团时代。2002年6月，由于象山集团无力经营，改由中国时报集团入主，改名为中天电视股份有限公司。2004年1月，"中天资讯台"转型为综合频道，更名为"中天综合台"。目前，中天电视旗下有中天新闻台、中天综合台、中天娱乐台、中天国际台（接收地区是美国）和中天亚洲台。

参考文献

[1] 赵玉明. 香港澳门台湾的广播电视. 中国广播电视年鉴. 中国广播电视年鉴社，2002.

［2］宋培学. 香港广播电视发展史. 电视研究，1997（7）.

［3］张萍. 回归后的香港广播电视业. 世界电影，2000（5）.

［4］罗建辉，李宗达，岳飙. 香港广播电视发展概况. 中国广播电视学刊，1997（1）.

［5］陈飞宝. 台湾广播电视的转型. 东南传播，2005（3）.

第四章　世界广播电视事业现状

第一节　世界广播电视的产生与发展

　　广播的渊源在技术层面上可以追溯到 19 世纪。1864 年，英国物理学家 J. C. 麦克斯韦建立了电磁学的完整理论，并预言了电磁波的存在。1888 年，德国物理学家 H. R. 赫兹用实验证明了电磁波的存在。1895 年，俄国科学家波波夫发明了无线电接收装置。次年，意大利电气工程师马可尼发明了无线电报机。几年之后，无线电技术进入实用阶段。

　　用无线电传送声音的实验开始于 20 世纪初。1906 年圣诞节前夕，加拿大科学家费森登在美国马萨诸塞州布兰特罗克的试验电台进行无线电传送语言和音乐的试验取得成功，人类第一次通过无线电波听到了自己的声音。1907 年，美国科学家福雷斯特在纽约帕克大楼的楼顶建立了一座试验广播电台。1910 年，福雷斯特又从纽约大都会歌剧院转播意大利男高音歌唱家恩里科·卡鲁索的演唱，取得成功。1917 年第一次世界大战期间，德国曾在西部战线进行无线电广播试验。1918 年，苏维埃俄国在下新城设立无线电试验所。1919 年，美国威斯康星大学建立 WHA 广播电台，播放市场行情和天气预报。同年，加拿大马可尼无线电报公司在蒙特利尔建立 XWA 广播电台，开始定时广播。1920 年，荷兰巴姑广播电台进行了音乐节目的试播。世界各地的广播试验不断取得成功，预示着广播将发展成为一项独立的社会事业。

　　1920 年 11 月 2 日，美国威斯汀豪斯公司（West House，有的翻译为"西屋公司"）在宾夕法尼亚州匹兹堡市所设立的 KDKA 广播电台开始播音，当日播出了沃伦·哈丁击败詹姆·考克斯当选为总统的消息。宾夕法尼亚州、俄亥俄州和西弗吉尼亚州的人们都收听到了这一广播。这是第一家申请美国商务部执照的广播电台，所以被公认为世界最早的正式广播。从那时至今，世界广播电视的发展大致经历了以下三个阶段。

一、初步发展时期（1920—1945）

广播最初是被作为娱乐媒体使用的，但兴起后不久即成为重要的新闻传媒。第二次世界大战期间，无线电广播受到各交战国的高度重视，国际广播发展迅猛。电视的发展则相对延后，"二战"结束前，只有德国、美国、英国、苏联等少数发达国家涉足电视的研发和应用。

1. 广播

这一时期，广播电台在世界各地相继建立。继 KDKA 之后，美国其他电器公司纷纷申请并设立电台。截至 1927 年底，美国国内就已拥有广播电台 737 座。法国国家广播电台——巴黎电台成立于 1922 年 2 月，为法国第一家正式电台。同年，苏联共产国际广播电台在莫斯科开播，成为世界上第一家无产阶级电台。当年 11 月 14 日，英国广播公司（British Broadcasting Company，即 BBC）在伦敦成立，1927 年经政府批准，改组为公共广播机构，改称为英国广播有限公司（British Broadcasting Corporation）。1923 年 1 月，美国人奥斯邦把一台广播设备私运到上海，在上海设立"大陆报——中国无线电公司广播电台"，开中国境内广播事业之先河。据统计，20 世纪 20 年代开办广播的有英国、法国、苏联、德国、澳大利亚、中国、日本等 40 多个国家；30 年代开办广播的有菲律宾、突尼斯、冰岛等近 20 个国家。到第二次世界大战前，欧洲和美洲大部分国家都已建立了正式的广播电台。

广播日渐普及，新的节目内容和形式不断被创造出来，吸引了越来越多的参与者。尤其是在大萧条（The Great Depression，是指 1929—1933 年全球性的经济大衰退）到来后，收听电台广播更成为西方资本主义国家大众生活的基本内容。广播在当时的社会影响力之大，可通过一个发生在美国的真实故事作为例证：1938 年 10 月 30 日晚 8 点，哥伦比亚广播电台播出了一个关于火星人入侵地球的广播剧《星际战争》（War of the Worlds）。在节目播出中间突然插入一段新闻简报，煞有其事地报道所谓火星人入侵美国的消息。广播剧播出后，当地人信以为真，纷纷逃离家园。事后有关方面调查，当时至少有 600 万的美国人收听广播，其中有 28% 的人误认为这是新闻广播而受到惊吓。四年后，这一场景又在智利圣地亚哥的电台再次上演，当地听众的反应与美国听众如出一辙。

正是由于看到了广播神奇的传播效果，一些政治人物开始利用电台发布新政，争取民心。罗斯福总统的"炉边谈话"（Fire Side Chats）就是一个著名的政治谈话节目。1933 年 3 月 12 日，罗斯福当选美国总统的第八天，就在总统府楼下外宾接待室的壁炉前，接受美国广播公司（ABC）、哥伦比亚广播公司（CBS）和共同广播公司的录音采访。他以质朴的语言、商量的口气，向人们阐述其"新政"内容，迅速化解了长期郁结在公众心中的疑团和不满。在其任内，罗斯福经常利用"炉边谈话"进行广播演讲，仅在上任 9 个月后就在广播电台发表了 20 次谈话，因此其被认为是一位"广播总统"。一个总统的政治演说成为一个广播节目，美国广播史学家埃里克·巴尔诺认为这是"美国政治史和广播史上的里程碑"。

随着各国广播的迅猛发展，国际的广播交流活动也逐渐开展起来。1925 年，第一个世界性的广播组织——国际业余无线电联盟在法国巴黎成立。1926 年，国际业余无线电联盟举行频率分配会议。1927 年，总部设在比利时首都布鲁塞尔的国际天主教广播协会成立，其目的是促进各国天主教广播团体的相互了解与合作。1932 年，万国电信联盟与国际无线电联盟合并，成立国际电信联盟。这些早期的跨国联盟，对广播的频率分配和协调等问题进行了有益的探索。

第二次世界大战的爆发，为国际广播的发展提供了千载难逢的历史机遇。"二战"开始后，报刊的印刷、出版和发行受到了战争的很大影响，但人们对各种信息的需求却空前增长。这时，广播的时效性优势就充分显现出来了。据统计，1939 年大战爆发时，共有 27 个国家办有对外广播，到 1945 年战争结束时，这个数字增加到了 55 个国家，整整翻了一番。广播也不再像过去那样偏重于娱乐和信息服务，而是加入了更多的政治宣教功能。各国纷纷开办国际广播，大打舆论战和心理战，广播甚至被称作海陆空三种军事力量之外的"第四战线"。其中，英国广播公司（BBC）使用的语言从 9 种增加到 46 种，每天的播音时间达到 125 小时，被认为是当时的"第一广播大国"。德国、日本、美国、中国、法国等参战国也纷纷开办国际广播，开展对外宣传，出现了诸如莫斯科广播电台、美国之音（Voice of America，VOA，1942 年成立）、中国国际电台（Voice of China，VOC，1940 年 1 月在重庆国民党中央广播电台启用）、日本广播协会（NHK）等享誉世界的国际广播机构。在广播听众方面，1939 年，德国 70% 的家庭拥有收音机；1943 年，美国的收音机拥有量为平均每户一台以上，总计 6 000 万台；在英国，虽然报纸拥有很大的读者群，但广播才是战况的主要提供者，英国人总是先从广播听到战况，然后再从第二天的报纸上阅读相应的文字信息。1944 年 6 月 6 日，英美军队在法国诺曼底登陆，开始大规模进攻，是广播最早报道了进攻的消息，当时广播的收听率达到了高峰。美国国家调查中心的一份报告证明，第二次世界大战期间，对美国大众服务贡献最大的新闻媒介是广播，占 67%。在中国，当时如上海、南京、广州、北京、哈尔滨等大城市，收音机也已相当普及。抗战开始后，中国的广播事业虽然受到一定程度的破坏，国民党中央电台的影响力却如日中天，1940 年 1 月开播的中国国际电台（VOC），更是把中国人民的声音传达到地球的各个角落，把中国人民的抗日战争同世界反法西斯战争连在了一起，以至于被对其恨之入骨的日军称作"炸不死的重庆之蛙"。

"二战"期间，一些国家的广播机构还派出战地记者奔赴前线采访，报道真实战况。美国哥伦比亚广播公司记者爱德华·默罗就因他主持的《这里是伦敦》（This is London）的现场报道而声名大噪。一些国家元首还通过广播电台发表演讲，动员人民同法西斯斗争到底。由此可见，战争进程推动了广播的发展，也提升了广播的地位，使得广播在当时成为无可置疑的强势媒体，自然也成了各国政要发布政见、鼓动民众的首选媒体。

2. 电视

"电视"一词源于希腊语，是"远处"和"景象"的意思。1900 年 8 月 25 日，在巴黎举行的世界博览会上，法国人波斯基第一次将利用电波传送图像的实验称为"Television"，即电视广播，简称"电视"。

自 20 世纪初起，美、英、法、苏等工业发达国家纷纷加强对电视的研制，并取得了许多突破性成果：1907 年，美国科学家福雷斯特发明的三极真空管，不仅攻克了广播的技术难关，也有助于电视机的显像管设计。同年，俄国学者罗津格得到了设计世界第一台电子显像的电视接收机的特许权。四年后，他又制成了利用电子射束管的电视实用模型，并用它显示出了第一幅简单的电视图像。1910 年，俄国科学家兹沃利金研究用真空管接收电视图像。1923 年，罗津格在美国发明了光电发像管（亦称电视摄像管），改进了电视摄影机。翌年 1 月，贝尔德在伦敦公开演示自己的发明，引起轰动。1927 年 4 月 7 日，美国贝尔电话实验室在纽约和华盛顿之间使用有线的方式传送电视节目，播出了当时联邦商业部长赫伯特·胡佛的演说。1928 年 4 月，美国全国广播公司的 WZXBS 电视台获得了第一个试验电视广播的执照。同时被批准进行电视试验广播的，还有美国通用电气公司所属的 WGY 电台。1929 年，英国广播公司（BBC）与贝尔德公司合作，在伦敦开设试验性电视台，进行定期电视广播。1931 年 10 月，苏联在莫斯科用传送静止图像（照片）的方式开始试验电视广播。1932 年，法国政府在巴黎建立第一座试验性电视台，进行不定期广播。

世界上普遍承认 1936 年 11 月 2 日开播电视节目的英国广播公司 BBC 为世界上最早正式播出的电视台。

1938 年，法国政府开始每天定时广播电视节目，节目通过巴黎埃菲尔铁塔上的发射台发送。不久，里昂等城市也相继开办了电视广播。同年，苏联在莫斯科和彼得格勒建立了两个电视中心。1939 年 3 月 10 日，莫斯科电视台开始定期播出节目。

美国第一次正式开播电视节目是在 1939 年 4 月 30 日纽约世界博览会的第一天。美国总统罗斯福为会议的开幕式剪彩，全国广播公司进行了长达 3 个半小时的实况转播。罗斯福成了第一位登上电视屏幕的美国总统。纽约地区 200 多架电视机播放了这次实况转播。转播结束后，全国广播公司总经理戴维·萨尔诺夫（David Sarnoff）宣布，全国广播公司将使电视机进入千家万户。到 1940 年 5 月，美国已有 23 座电视台进行电视广播。同年，美国联邦通信委员会（FCC）成立了一个各方均可接受的全国电视标准委员会（NTSC），以建立统一的电视标准。1941 年 1 月，委员会提出了新的标准，这一标准后来被称为 NT-SC 制式。据此，联邦通信委员会规定，自 1941 年 7 月 1 日起，美国电视采用统一制式。同日，全国广播公司、哥伦比亚广播公司开始定期播出电视节目，节目内容主要是一些电影、百老汇的歌舞剧以及各种体育比赛等。

第二次世界大战爆发后，电视事业受到了很大影响。战争期间，除个别国家的少数电视台维持运转外，大多数电视机构均中断播出。绝大多数电视设备的生产与试验作业也因受到战争影响而被迫或主动停止。

二、快速发展时期（"二战"结束至 1970 年代末）

"二战"结束后，广播在发达国家逐渐丧失了过去的领先地位，开始被电视所取代，但对外广播依然兴盛，在冷战中继续发挥着独特的作用。而在广大的发展中国家，尤其是战后新取得独立的国家，战争的结束才是广播事业蓬勃发展的开始。

1. 广播

"二战"结束后，广播事业进入全球普及阶段。1950 年，世界近 50 个国家没有广播设施，其中 23 个在非洲。1960 年前后，没有电台发射机的国家数目减少到 12 个，其中 7 个在非洲。1973 年左右，对世界 187 个国家和地区的调查表明，其中只有 3 个国家没有发射设备，即不丹、列支敦士登和圣马力诺。到 1970 年代末，世界上绝大多数国家和地区都开设了广播电台。

这一时期，由于社会主义阵营的崛起，形成与资本主义阵营的对垒。在冷战背景下，美国对苏联和其他社会主义国家采取了敌视与遏制的政策，利用广播加强对外宣传，争取舆论支持，此举受到了各国政府的高度重视。"二战"期间兴起的国际广播继续迅猛发展。1960 年代，美国之音（VOA）和英国广播公司（BBC）开始用英语进行环球广播，日本广播协会（NHK）用英语和日语进行环球广播。苏联莫斯科广播电台也于 1970 年代用英语和俄语开办了环球广播。这一方式突破了对象地区和广播时间的限制，便于及时播发新闻，扩大和加强了宣传效果。

在广播技术上，20 世纪 50 年代中后期，许多国家纷纷采用调频广播。这种广播的优点是音质好、抗干扰能力强，尤其是在传送音乐节目方面具有很大优势，而且其频率资源相对丰富，维护改造费用相对较低。仅美国到 1955 年就已建立调频电台 552 座。

从广播所发挥的功能看，在实行商营体制的美国，"二战"结束后，各大广播公司纷纷将重点转移到了发展电视事业方面来，原有的大型广播网则逐渐趋于衰落，转向地域化、专业化和对象化方向发展，节目内容转向以娱乐化和新闻性、服务性为特色。而在实行公营体制的英国、日本等国家，广播节目就相对较严肃且富于教育意义。在另外一些新独立的国家，如中国、印度以及非洲和拉美国家，广播事业则被当作国家发展战略的一部分，由政府统一管理和使用，服务于民族独立和国家建设，并在大众教育和政治动员等方面发挥着巨大的作用。在发展中国家，无线电广播才真正称得上是大众的唯一工具。在那里，很大一部分人能收到无线电广播，而且拥有收听的手段。在广大的发展中国家，还没有任何其他工具具有这样的潜力，影响如此多人，能够如此有效地起到消息报道、教育、文化和娱乐的作用。

　　2. 电视

　　"二战"后，世界迎来了电视时代。1950年，开办定期电视节目的国家只有5个，1955年有17个，1960年增加了4倍，到1970年代末，播送电视节目的国家已超过100个。

　　最早恢复电视播出的是苏联。1945年5月7日，苏联在其"无线电节"当天恢复了电视播出。1948年，苏联又将原先的343行扫描线标准改为625行，于11月开始试播。1949年6月，改建后的莫斯科电视中心正式播出电视节目。法国也迅速恢复了电视试播。1945年11月8日，法国政府颁布法令，成立法国广播电视公司（RTF）。从10月起，法国广播电视公司开始从埃菲尔铁塔播出电视节目。1946年6月7日，英国BBC恢复电视播出。其后，北欧、南欧、西欧的一些国家纷纷开办电视台。1952年，加拿大广播公司（CBC）开始经营电视广播。到1950年代末，英国每周的电视节目为640小时，苏联530小时，中欧400小时，法国220小时，澳大利亚210小时，北欧200小时，意大利180小时，加拿大100小时。

　　美国战后电视事业发展迅速，从战争时期的6家一下子猛增到1946年的108家。1948年9月，联邦通信委员会暂停受理新设电视台的申请。1952年4月，联邦通信委员会重新开始受理新办电视台的申请，同时宣布保留部分电视频道供非商业台使用。全国电视台增加数倍，电视事业资金和营业值均跃居美国最大企业群之一。到50年代中期，美国的电视市场即趋于饱和，成为世界上首屈一指的电视大国。

　　20世纪60年代后，世界电视技术日益成熟，电视机在发达国家日渐普及。电视节目更加富有吸引力，成为许多家庭接收外界信息的首选渠道。其中，电视娱乐节目和电视剧受到观众认可，而电视新闻节目则以其声情并茂、对事发现场的真实"再现"等优势，每每在遇到重大问题或突发性事件时发挥奇效。以美国为例，哥伦比亚广播公司（CBS）、全国广播公司（NBC）和美国广播公司（ABC）在报道总统选举、越南战争、"阿波罗"号航天飞机载人登月等新闻时，都充分展现了电视无与伦比的视觉魅力。而哥伦比亚广播公司的电视新闻节目主持人沃尔特·克朗凯特（Walter Cronkite，1916—2009），则成为那一时代电视人忠实履行新闻职责的典范。克朗凯特1950年加入哥伦比亚广播公司，1962 年起主持新闻节目，开始报道并评论美国大大小小的社会事件，包括肯尼迪刺杀案、阿波罗登月计划与越南战争等。1962 年至 1981 年间，他主持的黄金时段节目《晚间新闻》始终在美国电视新闻收视率中遥遥领先。根据 1972 年的一项民意调查，克朗凯特的声誉远远超过了美国总统和副总统、美国参议院和众议院议员、民主党总统候选人和所有的其他记者，克朗凯特是"全美国最受信任的人"。

这一时期，电缆电视的出现改善了电视传输的效果，也扩充了电视频道的容量。电缆电视也称有线电视（CATV），于 1949 年最先出现于美国。电缆电视容量大，不易和普通的空中播出电视产生干扰，也不受雷电等外界因素的干扰，同时具有双向传递功能，因此很快被推广开来。美国最早开办的有线电视节目公司为成立于 1972 年的"家庭影院"（Home Box Office，HBO）。起初 HBO 并没有自己的原创节目，只是一个电影播出渠道，影响也较小。之后，该台利用通信卫星传送节目，并加大原创电影的播出比例，逐步发展为世界知名的电影频道。

发展中国家的电视事业直到 20 世纪 50 年代才开始起步。1950 年，南美的墨西哥、巴西和古巴开办电视；1953 年，亚洲的菲律宾开办电视。到 1955 年，开办电视的发展中国家增加了泰国、摩洛哥、波兰、捷克斯洛伐克、哥伦比亚、委内瑞拉、阿根廷、多米尼加等国。1957 年，中国香港丽的呼声电视台开播。1958 年 5 月 1 日，中国大陆首家电视台——北京电视台（中央电视台前身）开播。1960 年代到 1970 年代，开办电视的发展中国家迅速增多。不过从电视普及情况看，在广大的发展中国家，直到 1980 年代初，电视机仍是少数人，甚至是极少数人的所有物。某些国家的节目内容也表明了它主要是为地方上层人士和外国移居者提供服务的。尽管电视机的数量有了明显的增长，可是在一半以上的国家里，有电视机的家庭还不到一半。与收音机相比，一台电视机的费用超出了一般家庭的收入；社团共有的电视机（如放在村社大厅里的）只是部分地减少了这种局限性，而且它的波段有限。这就是说，能收看到电视的主要是城市居民，农村人口只占很小一部分。此外，编制电视节目是件很费钱的事情，而贫穷国家当然要优先考虑其他的事情。因此，荧光屏上大量时间充斥着本来是对发达国家的观众播放的进口节目，在许多发展中国家里，这类进口节目占了一半以上的播送时间。

三、深刻变革时期（20 世纪 80 年代至今）

20 世纪 70 年代以来，彩色电视、卫星传播、线缆传播（有线电视）、数字电视、网络广播等新兴技术的陆续出现，不但大大优化了人类的传播环境，扩大了广播电视节目的传送范围，也扩充了广播电视的容量，并引发了持续不断的广播电视传播竞争和相应的体制变革。

1. 广播

1970 年代以来，电视的日益普及对广播造成前所未有的冲击，广播收听率明显下滑。面对这一冲击，一些电台充分发掘自身潜力，力争以差异化战略谋得新的生存与发展空间：一是细分节目内容，按照节目类别设置不同的频率，如综合台、音乐台、新闻台、宗教台及文艺台等；二是细分受众群体，按照不同的对象设置名称不同的频率，如老年台、青少台等；三是利用收音机便携易带等特点，拓展其服务范围，开办交通台、气象台等。广播的类型化、分众化、本地化概念被强化，名目繁多的专业台纷纷涌现，广播在满足听众个性化需求上不断创新发展。经过调整，广播事业逐渐走出低谷，重新赢得受众，并进入一个平稳发展时期。

而广播科技的不断进步，也大大拓宽了广播的发展空间。20 世纪 70 年代以来，在传统的调频、调幅广播基础上，卫星广播、手机广播、互联网广播等新兴手段不断出现，广播的覆盖范围日趋扩大。从接收设置上讲，收音机日益小型化，成为便携式的"随身伴侣"；继调幅广播之后出现的调频立体声广播，又使广播传媒在音乐节目的传递上显示出了独特的优势。之后，随着信息高速公路的迅速发展，世界范围的广播开始向数字化方向转变。

从 1980 年代开始，以全球听众为对象的环球广播迅速崛起，其特点主要是"环绕全球"、"昼夜不停"和"传播新闻"。而在互联网日渐普及的国家，广播上网更是实现其全球传播的最佳途径。在这方面，美国、俄罗斯、中国、日本、英国、法国等国家最为突出，如美国之音、英国广播公司、中国国际广播电台等都已建立了英语环球广播。不少国家还在国外建立广播台。广播继续在人类社会生活的各个领域中发挥着不可替代的作用。

2. 电视

1980 年代以来，世界电视已由传统的黑白电视向彩色电视、数字电视和高清电视方向发展。在日新月异的现代科技推动下，电视业本身也正经历着深刻的变革。

卫星直播电视。卫星直播电视是由设在赤道上空的地球同步卫星接收卫星地面站发射的电视信号，再把它转发到地球指定的区域上，然后由地面接收设备接收，供电视机收看。卫星直播电视的最大优势在于只需有限的 1～2 颗卫星，就可向世界各地的家庭用户直播上百套电视节目。卫星电视直播技术于1964 年首先在美国试播成功。1975 年，美国 RCA 公司利用 SAT－COML 首次将美国有线电视"家庭电影频道"（HBO）节目经由卫星传送，开启了通信卫星转播有线电视的新时代。到 20 世纪 90 年代末，世界大多数国家都已开办卫星电视广播。

高清晰度电视与数字广播电视。1972 年，日本率先提出在模拟信号电视的基础上研制高清晰电视，并于 1980 年代正式推出高清电视。高清电视的画面质量高、清晰度强，与传统的模拟信号相比优势明显。后来，美国提出了全数字高清晰度电视（HDTV）。之后，欧洲由模拟平稳地过渡到数字电视时代。我国也于 1999 年新中国成立 50 周年大庆之际，成功地实现了数字高清晰度电视的试播。

数字技术为广播电视带来了一场深刻革命的同时，人们又发现了这场革命更广更深远的意义，那就是这场革命不只是数字电视本身，而且它为任何数字信息的广播开辟了新的航线。通过这条航线，数字广播技术将在未来信息社会中占据重要的地位。

网络广播电视。IPTV，即交互式网络电视，是一种利用宽带网的基础设施，以计算机（PC）或"普通电视机＋网络机顶盒"（TV＋IPSTB）为主要终端设备，向用户提供视频点播、Internet 访问、电子邮件、电视游戏等多种交互式数字媒体个性需求服务的崭新技术。互联网打破了时间和空间的界限，把电视信号传输到世界的各个角落。

手机电视。手机电视是指以手机为终端设备，传输电视内容的一项技术或应用。目前这项技术仍在不断更新换代之中。

事实上，借助卫星和互联网等技术手段，电视信号很容易跨越国界，实现全球传播。这在 1960 年代以前是很难想象的。此前，电视的跨国传播主要是靠双方互相寄送节目。1962 年 7 月，北美和欧洲国家之间利用"电星一号"通信卫星互相传送反映本地居民生活的电视节目，这是最早的越洋电视传播。1980年6月，美国亚特兰大市特纳广播公司创立的有线电视新闻网（CNN）开始通过卫星向邻近国家的电缆电视系统播送新闻，这标志着国际电视业的正式诞生。之后，通过卫星向国外观众传播电视节目日益成为国际信息传播领域一种最新的有效传播手段。进入1990年代，世界各国开办国际卫星电视形成热潮。美国、澳大利亚、新西兰、印度、印度尼西亚、新加坡、土耳其、菲律宾、文莱、突尼斯等国都开办了国际卫星电视。目前，世界上已有几十个国家开办了官方、半官方的国际电视台，商业性的国际电视台更有上百个之多。

目前，世界著名的电视机构主要有：

（1）美国三大商业广播电视公司。

一是全国广播公司（National Broadcasting Company，NBC），总部设在纽约，是美国历史最为悠久的商业广播电视公司，原为美国无线电公司（RCA）子公司。1926年11月15日从纽约通过25家附属广播电台向全国广播，成为美国第一个全国性广播网。1927年1月1日，蓝色广播网的6座广播电台开始播音，原来已有的25座广播电台组成红色广播网。1928年7月20日始建W2XBS试验电视台，1931年10月30日试播，1939年4月30日正式播出电视节目。在美国电视史上，NBC第一次播出拳击比赛、棒球比赛、时装表演、电影、音乐剧等。1940年1月12日，与纽约WNBT（现为WN－BC）和斯奈克塔德WRGB电视台进行电视联播。1941年2月20日首次试验彩色电视。1943年10月14日，根据联邦通信委员会的决定，将蓝色广播网售出。1965年，NBC最先推出了彩色电视节目。1989年首次进行美国制式的高清晰电视ACTV的试验。1996年，NBC与微软联手合办MSNBC频道，通过互联网向世界各地辐射信息。1998年，NBC和道琼斯公司联合开办CNBC频道，播送商业新闻和实时金融信息，并在欧洲和亚洲设立了分支机构。NBC以新闻和娱乐性节目为主。

二是哥伦比亚广播公司（Columbia Broadcasting System，CBS），创办于1927年2月18日。1931年7月21日在纽约建W2XAB电视台，开始试播电视。其主打节目为新闻和娱乐。

三是美国广播公司（American Broadcasting Company，ABC）。1941年春，联邦通信委员会决定，全国广播公司不得同时拥有红色广播网和蓝色广播网。1943年10月，爱德华·诺布尔（Edward Noble）买下蓝色广播网，1945年6月

15 日，正式使用"美国广播公司"这一名称。1948 年 4 月 19 日，ABC 播出第一个电视节目《在角落里》。1959 年，ABC 取得全美足球大赛、棒球大赛、拳击大赛等多项体育比赛的报道权。1961 年推出《体育的疯狂世界》和《美国体育》节目，以体育报道与另两家电视网展开竞争。1977 年播映了电视系列片《根》，连续 8 个晚上播放 12 个小时，轰动一时，观众达 1.3 亿，创造了美国电视史上收视率的最高纪录。70 年代后期，ABC 的收视率连续几年占三大广播公司的首位。1995 年，该公司被美国迪士尼公司收购。2004 年，ABC 播放的《绝望主妇》、《迷失》等剧目均成为当年黄金时段收视率最高的电视剧之一。

（2）美国有线电视新闻网（Cable News Netword，CNN）。

CNN 被认为是全球第一个全天候的新闻频道，由特德·特纳（Ted Turner）于 1980 年创办，总部设在美国佐治亚州首府亚特兰大市，目前为时代华纳所有。1981 年，CNN 率先在电视上报道美国总统里根遇刺事件，引起轰动。1991 年，在海湾战争中，CNN 的国际知名度得到提升，其关于战争的现场报道吸引了全世界的目光。2001 年，CNN 成为全球第一个报道美国"9·11"袭击事件的新闻媒体。CNN 的崛起在电视领域引发了一场革命，对电视媒介、电视新闻、电视理论等均产生重要影响，其新闻操作模式被全世界许多电视机构效仿。有学者认为，CNN 重新界定了新闻的概念。新闻在过去是指已经发生的事情，而 CNN 则把新闻变成了正在发生的事情的报道。目前，全世界 200 多个国家和地区大约 10 亿人都可以收看到 CNN。

（3）英国广播公司（BBC）。

英国广播公司是英国最大的新闻广播机构，也是世界最大的新闻广播机构之一。1991 年 10 月，BBC 开始以"BBC World Service Television"的名称向亚洲及中东播出电视节目。1992 年 12 月，这个频道的覆盖范围扩展到了非洲，1995 年 1 月，进一步覆盖了欧洲地区。2001 年，BBC World 完成全球覆盖。BBC World 提供高品质的新闻节目，同时经常播放一些在英国国内广受好评的纪录片等。2009 年 1 月 14 日，BBC 开播波斯语电视频道，收视范围包括伊朗、阿富汗和塔吉克斯坦等地。

（4）半岛电视台（Al Jezeera）。

半岛电视台由卡塔尔政府于 1996 年创立，是一家位于卡塔尔首都多哈的阿拉伯语电视媒体。由于地处阿拉伯世界，半岛电视台在新闻报道方面有着许多不同于西方的视角。比如在"9·11"事件后，它多次率先播放本·拉登和其他基地组织领导人的录像声明，一时声名鹊起，引起世界关注。除新闻频道外，半岛电视台还开设有体育频道、生活频道、儿童频道、英语频道、国际频道等。世界各地的观众都可以收看到半岛电视台的阿拉伯语频道。

（5）欧洲新闻电视台（Euronews）。

欧洲新闻电视台成立于 1993 年，由 19 个欧洲公共部门电视频道共同所有，总部设在法国城市里昂，经费来源主要是广告收入和用户付费。该台用英语、法语、德语、意大利语、葡萄牙语、西班牙语和俄语 7 种语言播报新闻。在欧洲，每天有 800 万观众收看该台的节目。

（6）福克斯广播公司（FOX）。

FOX 是 1986 年 10 月在美国新创办的商业电视网，1987 年 4 月开始播出广播网联播节目。该公司是由世界传媒巨头鲁伯特·默多克所拥有。现已开办福克斯新闻频道（FOX News），通过有线系统传播，目前该频道已是美国第一大新闻频道。

（7）日本广播协会（NHK）。

日本广播协会又称日本放送协会，是日本最大的广播电视机构，也是日本唯一的公共广播电视台，创办于 1925 年，1935 年 6 月 1 日开始以"日本广播电台"的名义对国外播音。"二战"结束后，1953 年再度开通国际广播。目前，NHK World 整合 NHK 在日本国内的五个电视频道的精选节目，向全球五大洲的 170 多个国家及地区同步提供节目信号。

（8）美国音乐电视频道（MTV）。

MTV 是维亚康母公司（Viacom Inc.）旗下成员，创立于 1981 年，现已从美国本土延伸到世界各地，包括拉丁美洲、亚洲、欧洲和澳大利亚等地，一跃成为全球最大的电视网络，覆盖了世界 166 个国家和地区的近 4 亿家庭用户。

（9）探索频道（DCI，Discovery）。

DCI 是私人经营的多元化传媒公司，总部位于美国马里兰贝塞斯达。DCI 是世界最大的纪录片生产公司，旗下有四个子公司：Discovery 美国传播网、Discovery 国际传播网、Discovery 国际企业和 Discovery 主题活动。

（10）卢森堡广播公司（CLT）。

CLT 是欧洲最大的商业广播电视机构。1931 年 5 月成立，1932 年开始正式用英语和法语广播。第二次世界大战期间停办。1954 年 7 月，取得电视广播权后改为现名。1955 年 5 月，正式用法语播出电视节目。1984 年 1 月，开办对德语区广播的电视节目，名为"卢森堡新频道"（RTL – Plus）。CLT 主要由法国和比利时出资，两国共占全部股份的 85%。公司主要财政来源是广播电视的广告收入，同时拥有节目制作、广告销售等子公司，是一个巨大的多种媒介企业。

此外，世界著名的电视机构还有世界电视网、英国空中电视台、英国世界电视台、法兰西国际电视台、德国之声电视台、澳大利亚广播公司国际电视台、亚洲经济新闻台以及中国中央电视台等。

正如政治、经济发展的不平衡一样，世界广播电视事业也存在着严重的不平衡、不平等现象：世界主要的广播电视机构都分布在美英等发达国家，广播电视节目也往往是从这些国家传播开来，或受到这些国家的直接影响。"决定着美国人能看到和听到周围世界发生了什么的大权，掌握在 ABC、CBS、NBC、FOX 和 CNN 这五大广播网的手里"；而决定世界人民能看到和听到周围世界发生了什么的大权，也掌握在极少数的世界性通讯社和广播电视机构手中。世界的注意力就这样被西方传媒巨头引向了它们希望的地方。于是，少数西方强势媒体的声音就成了国际舆论的基调，而广大发展中国家媒体的声音则被湮没、被压制、被忽略。

第二节　世界广播电视机构的体制

一、世界广播电视体制的变革发展

同任何新生事物一样，在较早研发和试验电台广播的国家，广播事业大都经历过一个短暂的自由创办时期。不过，当这一新兴事物开始引起社会关注后，政府对它的管制问题便随之产生。如美国早期的电台广播试验原本是没有任何限制的，但由于电波频率相互干扰，于是政府在 1912 年颁布《1912 年广播法》（Radio Act of 1912），规定商务部和劳工部有权控制无线电频率的使用。该法规定商务和劳工部无权拒绝公民的申请，因为当时认为无线电波频率是足够用的，由此导致 1920 年代广播电台数量的过度增长。1927 年，修改后的广播法阐述了将私人广播机构视为公共受托人的理念：在目前的科学发展水平下，对广播电台的数量必须有所限制，它建议只向其运营能给公众带来福祉，或者为公共利益所必需，或者将对该法发展有所裨益的广播电台颁发许可……如果这写入法律之中，广播业主的优越地位将并非是自利的权利。这取决于要以确保公共利益为依归。1934 年，美国政府将《1927 年广播法》（Radio Act of 1927）修改为《1934 年传播法》（Communications Act of 1934）。依据该法，联邦广播委员会（FRC）改组为联邦传播委员会（FCC），管理传播服务，即管理广播电视和电信两大部分。

在这一机构的监管下，美国广播电视业始终坚持以私有商营为主导体制，也就是广播电台和电视台为私人拥有，私人经营，但须在政府统一规管下，遵循一定的指导原则。美国著名的广播电视机构如 CBS、NBC、ABC 以及 FOX、CNN 等均系私营。1967 年，经国会批准，依据美国联邦政府的公共电视法案，美国成立了由 354 个加盟电视台组成的非营利机构——公共电视网（PBS）。之后还成立了部分依靠国家津贴及福利机构、私人团体、大公司或学校资助的公共电视台（教育台）和国家、州政府、军队或宗教团体经办的非营利性广播电台或电视台。但它们在整个广播电视行业中所占的份额不大，无论从规模还是影响看，都不过是私营台的补充。因而在总体上，美国的广播电视仍属于私有商营型体制。

英国走的是另外一条道路。1922 年，由 6 家大电器制造商和数家小电器公司联合组建的英国广播公司（BBC）经由邮电大臣授权成立。公司草创时的初衷是建立一个覆盖全国的广播传输网络，以便为今后的全国广播提供便利。为了使广播免于受商业机构和邮电部门的控制，建立一个全国性、社会性、宗教性和民主性的节目体系，使广播服务"超越利润和娱乐"的狭窄视野，1926 年底，商营 BBC 改组成为公营 BBC，并首次获得十年的皇家特许经营权，于 1927 年开始广播。根据当年的《皇家宪章》规定，BBC 是特许经营广播电视的公共服务机构，属于国家所有。作为公共广播机构，BBC 禁止播放商业广告和付费节目，其经费来源主要是观众交纳的电视机执照费。《皇家宪章》在法律上保障了 BBC 作为媒介的相对独立性，又确保 BBC 在经济上免受商业利益直接左右。其后，BBC 垄断英国广播业超过四分之一世纪。

这种体制优势很快得到西欧各国的普遍认同，公共体制进而一度在西欧的广播电视体制模式中占据垄断地位。

世界上第一个社会主义国家苏联，实行的是国有国营体制的广播电视，即广播电视为国家所有，由国家经营，分中央、加盟共和国和地方三级。每一级广播电台和电视台都接受同级广播电视部门的领导，同时也接受同级当地政府的领导。在苏联之后建立的东欧社会主义国家以及"二战"后新独立的发展中国家大都选择了这一体制模式。

从 20 世纪 50 年代开始，一些过去实行单一体制的国家纷纷改变政策，开始实行公私营并行的双轨制，如日本、英国、德国和西欧的许多国家。日本国会于 1950 年颁布《广播法》、《电波法》和《电波监理委员会设立法》（统称"电波三法"），允许商营广播电视机构的合法存在。之后，日本开始实行公商并营的广播电视体制。而在最早也最成功地实践了公营体制的英国，1954 年开始引进私营电视，1973 年又开始试行商业广播，由此开始了"公商并营"的双轨制时期。法国于 1982 年通过新的《视听通信法》，允许私人广播电视业存在，开始把一部分广播电视机构转让给私人资本经营。正如在经济领域的私有化进程一样，法国自此进入私营电台和国营电台并存的双轨制时期。据有关资料显示，20 世纪 70 年代中期，西欧各国公共电视市场占有率基本上为 100%。但 20 年后，这一比例变为德国是 69%，意大利是 46%，法国是 33%，荷兰是 58%。

许多发展中国家从 20 世纪 80 年代以来逐渐放弃了单一的国有国营体制，允许创办私营的广播电视机构，如印度等。

二、当今世界主要的广播电视体制类型及其特点

从国家层面看，当今世界的广播电视体制大致可分为三类：一是以美国为代表的以私有制为主体的商营体制；二是以西欧各国为代表的公私兼顾的双轨制运作体制；三是以中国为代表的国有的有限商业运作体制。

1. 以美国为代表，以私有制为主体的商业化运作体制

美国的广播电视事业向民间开放，允许民间自由经营、自由转让。广播电视机构的言论自由受到美国法律保护，只对法律负责，而不对政府负责。虽然历届美国总统和政府官员都把电视当作影响舆论的讲坛，但他们只能通过举行记者招待会和发表讲话向国内外公众阐述自己的政见和政府政策，而无权向电视台发出指令或对节目进行干预。在这一体制架构下，联邦通信委员会（FCC）

作为美国广播电视制度的最高设计管理机构，其职权范围包括电台和电视台的分类，频率的确定，办台申请之核准以及执照的颁发与更换，督促各电台和电视台依据传播法的规定，服从公众利益之精神等。但它不能干涉电台和电视台的具体业务，对于广播电视节目不得检查，不得指示电台和电视台取消或播放节目。由于电台和电视台的经费来源主要是广告，广告客户和代理商在美国的广播电视领域具有相当的发言权，甚至能直接影响电视台的经营业务。

为了获得更大的利润，私营的广播电视机构必须为抢夺市场而努力。这就需要他们不断改进节目内容，扩大经营规模，并寻求灵活多变的适应社会变化的媒介管理方式。竞争的结果，一方面使电台和电视台的节目内容丰富，时间增加，时效提高，广播电视传播的技术不断更新，也锻炼了一批优秀的高水平节目主持人、评论员和新闻报道员；另一方面，这种竞争也带来很多弊端，为了提高收视率和在激烈的竞争中击败对手，各大媒体都特别重视新闻的刺激性和戏剧性，对一些有"市场价值"的新闻进行详细报道，大加渲染。如1991年洛杉矶市发生4名白人警察殴打黑人青年罗德尼·金的案件，本是由于酒醉并超速驾车的金拒捕并攻击警察而引起的，但在之后长达一年多的时间里，ABC、NBC和CBS这三大电视新闻网和有线电视新闻网（CNN）却反复不断地只播映4名警察野蛮殴打罗德尼·金的录像画面，而剪裁了涉案嫌疑人攻击警察的镜头。新闻媒体用偏离事实真相的"司法新闻"误导民众，在法院作出判决之前，已经用被删剪的电视画面预先提供了警察有罪的证据，致使绝大多数民众在法庭审判前就已认定涉案警察恶贯满盈，罪责难逃，从而影响了案件的审理和判决。而娱乐节目或谈话节目故意制造冲突，乃至频频挑战人伦底线等低俗现象在电视中的泛滥，也受到了舆论的普遍谴责。更为严重的是，经过激烈的市场竞争，必然会产生广播电视的垄断，进而导致舆论被操纵。

美国商营广播体制的弊端已广为人知。因而，在世界范围内，以这种广播体制占主导地位的国家和地区较少。

2. 以西欧、日本为代表的公私兼顾的双轨制运作体制

在保留、保护原有的公营（国营）广播电视机构的同时，引进商营的广播电视机构与之竞争，是当前许多西方国家实施的广播电视体制模式。这种体制的理论前提是，虽然广播电视能以商业方式经营，但为了提高国民文化水平、服务民主政治与提供高尚娱乐，又主张广播电视事业应以公营为主、以商营为

辅。公营台以视听费为主要收入来源，私营台则以广告为主要收入来源。

从理论上讲，实行公商并营，不仅可享有商业广播电视的好处，还能发挥公营广播电视的教育功能；不仅有助于保持国家政治上的多元化，维护西方的民主制度，还可以从不同渠道获得收益，避免在有限的广告市场上恶性竞争。保留公营台，对维护本民族文化传统，削弱商业文化的长驱直入，也具有重要作用。但实践证明，这样的制度设计难以尽如人意。以电视为例，由于收看电视的排他性，每个人不能同时收看两家电视台的节目。而把教育性节目与娱乐性节目放在一个平台上竞争，谁更吸引观众是不言而喻的。这使得公营电视很难维持广大的观众群，难以发挥公营电视的主导作用。与之相反，商业电视台由于其娱乐节目迎合观众的兴趣，反而能维持很高的收视率。因此，在实行双轨制的国家，竞争的结果往往都是公营台渐处下风。

3. 以中国为代表的国有国营体制

国有国营型电视体制主要分为三种情况：第一种是中国式的社会主义国有模式。在中国，电台和电视台均为国有国营，其经费来源过去长期只有政府拨款一个渠道，改革开放后才开始事业单位企业化运作，电台和电视台有了盈利的任务和途径。在职能上，各级电台和电视台一方面是党和政府的宣传机构，承担着宣传政府重大理论、方针和政策的职责，是党和政府的耳目喉舌；另一方面还要尽量满足观众对信息和娱乐等的需求，满足人民日益增长的精神需求。为了确保电台和电视台与党和政府的一致性，党和政府通过多种途径进行集中管理。电台和电视台的节目内容须接受同级党委的审查，重大问题的报道和评论要向同级党委事前请示、事后报告。电台和电视台的台长及其他主要干部由同级党委或政府任免、考评及培训，党委和政府经常向电台及电视台发布宣传指令，以规范统一宣传的口径。第二种是老挝、斯里兰卡等一些发展中国家的国营模式。由于这些国家独立晚，国内政治、经济和社会民族问题亟待解决，政局的稳定压倒一切，执政者自然将广播电视作为宣传工具而牢牢把持在手中。第三种是法国、意大利、希腊等西方国家的国有模式。在这一模式下，广播电视机构被国家拥有并控制，由国家主管部门分工负责或经营。

当然，国有国营的广播电视体制也有其利和弊。优势体现在节目的品位高、严肃以及很少或根本没有刺激性内容；而广播电视在公共教育、文化普及等方面的社会作用能得到最大限度的发挥，这是其他类型的电台和电视台难以望其项背的。弊端则体现在其不能按市场规律运作。因此，虽然各广播电台和电视台之间也有竞争，也有"优胜劣汰"，但迄今只有政府行政控制下的合并、扩建或重组，未出现"优胜劣汰"或"优胜劣并"的结果。

第三节　世界广播电视体制的发展趋势

20 世纪 90 年代起，先进的信息通信技术和经济全球化的浪潮使广播电视产业发生了全方位的深刻变革，在市场、内容、管理和经营等方面呈现出新的态势。

一、广播电视的数字化

1. 数字广播：覆盖范围逐步增加，效益一路攀升

当前，全世界有 3 亿多人口可收听到近 600 座数字广播电台。据世界数字广播论坛组织对部分国家的调查，这些国家数字广播的覆盖情况如下：

美国 XM 电台和塞里厄斯电台是世界上最先正式开播数字卫星广播的电台，它们分别在 2001 年 11 月和 2002 年 2 月开始广播，现已分别向全美播出 120 多套数字卫星广播节目，并已在国内市场普遍销售接收机，价格从 150 美元到 400 美元不等，节目每月订费约 10 美元。

2. 数字电视：视频传输的市场新秀

根据英国市场研究公司 Digital TV Research（数字电视研究）2012 年发表的研究报告，2016 年全球配备数字电视的家庭数量将比 2010 年增长一倍，全球有 30 多个国家将完全普及数字电视机。

报告称，2016 年全球数字电视机家庭数量将达到 11.9 亿个，覆盖 80% 的家庭。相比之下，2010 年全球数字电视机的普及率是 42.5%。这个预测是以该公司对 73 个国家的预测为基础的。到 2016 年，全球将有 33 个国家完全普及数字电视机。而在 2010 年 12 月，只有芬兰一个国家完全普及了数字电视机。亚洲国家是数字电视市场增长速度最快的。在即将采用数字电视的 6.13 亿家庭

中，亚太地区将占 3. 88 亿。另外，中国在 2010 年已成为全球数字电视家庭用户最多的国家。到 2016 年，中国数字电视家庭数量将占全世界的四分之一，其次是美国和印度。

二、产业经济新的增长点

产业领域中新技术迅猛发展，可以成功实现压缩频道的占用空间，并提供更多的内容输出终端，在市场压力和技术拉力的条件下，广播电视产业新经济增长点不断涌现，主要表现在以下三个方面。

1. 宽带电视

尽管广播电视的数字化前景诱人，但在由模拟向数字的全面转换中仍有许多问题，各国政府和电视业界都在努力突破瓶颈。现在一个明显的趋势是发展宽带电视（Broad Band TV）。如在日本，商业地面电视网已在进行部分节目的宽带传输，日本广播协会也在进行宽带传输试验，很多有线电视经营商提供宽带电话业务，使有线电视家庭在近 5 年里几乎增加了 2 倍。截至 2003 年 3 月，有线电视订户已达 1 510 万，比前一年提高了 16.5%，占全部电视家庭的 31.2%。在 528 个有线电视经营商中，有 301 个提供宽带服务，截至 2003 年 6 月底，其订户总计为 218.3 万户。据日本公布的数字，2003 年 5 月，日本宽带使用者达到了 1 048.8 万户，占全国家庭总数的 22.3%。有关部门认为，伴随着移动平台和无线平台的迅速发展，宽带将对内容提供商产生巨大吸引力。韩国、新加坡等国也都在努力开拓这一市场。

2. 个性电视

个性电视即 Personal TV，它的终端产品是"个性录像机"，又称数字录像机（Digital Video Recorder，DVR），在数字电视运营商的全力推动下，个性电视正在迅速地进入家庭。

3. 移动电视

移动电视（全称为"移动式数字地面无线电视"，DVB – M），是利用移动通信接收器具（手机等）使用户在移动状态下接收电视节目的一种手段。移动通信可适应人们日益增长的、在移动状态下互相沟通和获取信息的需求，近年来蓬勃发展，并有广阔的发展前景。

在这个领域具备领军技术的国家是日本和韩国。日本运营商 NTT DoCoMo 目前已经拥有 6 000 万订阅用户使用其成功运作的 I - MODE 服务，400 万日本移动用户正在订阅由迪士尼公司提供的服务内容，每人每月支出费用在 100 日元至 300 日元之间。而在欧洲和美国，已经有许多移动内容服务商通过以文本为基础的服务获得收入。

三、产业重组的新阶段

世界传媒的跨国、跨行业并购在 20 世纪 90 年代形成高潮。大规模的媒介集团兼并，使新闻资源和其他信息资源得到最大限度的、充分而有效的利用，提高了效益，同时也导致传播业进入更大规模的垄断。目前，西方各国的新闻传播业垄断大多仍呈上升趋势，美国广播业在 1997 年主要市场的 80% 都已被大公司兼并。目前，澳大利亚甚至有超过 95%，加拿大也有近 80% 的传媒市场为少数大传媒集团垄断。

进入新世纪后，这股势头逐步进入了深入整合阶段。超大规模传媒集团的产生导致垄断经营的风险不断增大，主要表现为扩张风险、结构风险和资金链断裂的财务风险。这三种风险的任何一种都足以使一个并购公司在市场运营中付出巨大代价，并因此可能需要更大的磨合成本。最能说明这种趋势的案例，是 2002 年世界两大传媒集团——美国在线—时代华纳集团和法国维旺迪集团都在成功并购后，陷入市场泥淖中。美国在线与时代华纳公司的兼并被称为"世纪并购"。然而，到 2002 年，公司市值竟由合并初的 2 900 亿美元缩水至 850 亿美元，缩水幅度高达 71%，并创下了美国历史上季度亏损的最高纪录。此后，美国在线—时代华纳集团不得不开始在资产和人事上进行大调整。2003 年，该集团全面调整管理层和业务结构，并再次更名为时代华纳公司。

四、内容发展上的四种趋势

伴随新传播技术的突飞猛进、传播方式的巨大变化和受众选择的日益多样，广播电视内容产业也呈现出如下发展趋势：

1. 节目输出与开发的多元化
拥有多种输出终端的大媒介集团日渐增多，立体媒体播出网正逐步完善。

因此，同一节目的传播形态可能有多种样式：广播网、电视网和互联网同步播出；模拟频道和数字频道可以前后播出；同时也构成了付费频道和点播节目的庞大内容储备资源。这样一来，既能够极大地拓宽受众范围，也可以最大限度地利用节目资源。

2. 本土化与国际化

本土化和国际化已经成为媒介集团进军国际媒介市场的两种趋势。目前，这种本土化与国际化相结合的态势大致表现为：一是将频道进行多种组合，向不同国家和地区打包发送。如新闻集团所属电视集团向亚洲地区约输送 30 个频道，根据不同市场的不同特色和需求，分别打包传送。有些频道还要根据传送的不同地区制作不同版本的节目，或增加本土性内容。二是专门针对不同地区办本土化的电视频道，如 MTV 办有面向巴西、欧洲、加拿大、中国大陆及台湾和香港、法国、德国、荷兰、印度、意大利、日本、韩国、拉丁美洲、北欧、波兰、罗马尼亚、俄罗斯、东南亚、西班牙、英国等不同的本土化频道。

3. 信息化与娱乐化

进入新世纪信息时代，人类比以往任何时候都渴望了解自己周围和国际上的各方面信息。同时，伴随新世纪里人们承受的政治、经济、社会、生活等各方面压力的加大，人们希望从广播电视这种大众媒介中寻求放松、娱乐的心理也逐渐加强。为满足受众的这一需求，从而获得经济利益，广播电视节目近年来普遍趋向娱乐化。英国广播公司 2011—2012 年度在线平台的受众对电视剧和娱乐节目、新媒体以及新闻三大类节目的点击情况统计表明，虽然这三类节目的点击率总体上都呈上升趋势，但娱乐类节目的点击率上升趋势更为明显。

4. 参与性与互动性

广播电视是大众传媒中最具代表性的媒介之一，其参与性与互动性在新的技术手段支持下越来越清晰。特别是自 20 世纪 90 年代中期以来，点播付费电视、计次付费电视、数字广播电视、网络广播电视等新传播方式和传播技术进一步开掘和丰富了受众参与的渠道与形式。具体表现在益智类娱乐节目、谈话类娱乐节目和游戏类娱乐节目等的兴起。如 2001 年至 2012 年间畅销全球 72 个国家、在美国每集观众达 1 660 万的"真人秀"节目《恐惧因素》，就是在 3 天内以各种令人恐惧的事情让 6 个参与节目者经受体力和毅力的考验，最后获胜者将赢得 5 万美元。荷兰埃德蒙国际制作公司新的谈话节目《你所需要的只是爱》，由主持人引导嘉宾说出自己的婚姻、内心的隐秘感情，袒露自己的困惑。该节目以情动人，在亚洲、非洲、欧洲、南北美洲都吸引了很多观众。德国电视二台的《风险》是典型的益智竞赛节目。该节目以富有知识和趣味的抢答题目，与现场观众的互动，紧张热烈且活泼有序的气氛，具有诱惑力的奖金和健康的格调见长，成为德国高收视率的节目之一。

五、体制改革的力度加大

新通信技术的迅速普及推动了信息传播全球化的大潮，导致新的传播格局、传播秩序正在形成。面对世界广播电视业的大变革、大变化和大发展，各国政府都在调整广播电视管理体制与机构，加强政策法规调整和建设的力度。

1. 政府管理：宏观调控和协调作用

当前，广播电视领域存在越来越多的跨行业经营和多媒体化趋势，在原有的法律框架下，不同的媒体由不同的法律规制、不同的机构分散管理的体制已经越来越不适应当今国际传媒业迅猛发展的需要。因此，不少国家的政府对相应的管理机构进行整合与调整，以加强广播电视、电信等相关产业间的有序竞争和协调发展。

2. 政策法规：宽严并举

各国政府的广播电视政策法规既要使本国广播电视业在竞争日益激烈的国际市场上顺利发展，又要保证本国与外来媒体的有序发展，因而广播电视管理体制管制的放宽与加强并举，就成为近年来各国政策法规调整、建设的一个共同特点与趋势。

所谓"严"，表现在加强全面监管、市场和所有权的监管、竞争及其环境的监管以及对内容和广告的监管等方面，一般通过国家颁布法令和政策来体现。在放宽管制方面，世界各国积极而谨慎地对外实行"天空开放"政策，对广播电视、电信等相关行业逐步放宽壁垒限制，进一步对民营商业性广播电视台实行松禁政策。例如，英国政府于 2000 年 12 月宣布将修改对商业广播电视的有关法规，以扫清商业广播电视在"投资和扩张方面的障碍"；泰国也通过新的频率分配法，统一管理广播电视与电信频率；印度制定新政策，对国内媒体放宽了卫星电视上行限制；伊朗、埃及、约旦、韩国、印度、泰国、马来西亚、孟加拉、尼泊尔、印度尼西亚等发展中国家逐步向私营商业广播电视开放绿灯，放宽限制。

参考文献

［1］郭镇之. 中外广播电视史（第 2 版）. 上海：复旦大学出版社，2008.

［2］毕一鸣. 世界广播电视发展史：视听传媒的历史变迁. 北京：中国广播电视出版社，2010.

［3］张彩. 世界广播发展研究. 北京：中国传媒大学出版社，2007.

第五章　广播电视的特性与社会功能

作为主要的信息传播工具，广播、电视、报纸具有沟通信息、传播知识、宣传教育、提供娱乐等作用，这决定了三者存在着某些共性：面向大众，迅速而及时地反映现实的变动，提供真实的可供人们参考的信息，作为党和政府联系群众的重要工具而具有鲜明的阶级性。但除了共性外，广播、电视与报纸由于传播手段和传播媒介的不同而具有自己鲜明的特性，认识这些特性是我们更好地运用这些新闻传播工具的前提。

第一节　声音广播的特点

《广播电视简明辞典》是如此定义广播的：通过无线电波或导线定时向广大地区传播声音、图像节目的大众传播媒介。只播送声音的，称为"声音广播"，通常简称广播。播出图像和声音的叫"电视广播"，通常简称电视。[①] 我们平常所说的广播特指声音广播。列宁说："无线电广播是'不要纸张'没有距离的报纸。"[②] 这句话既指出了广播同报纸的性质相同的一面，又概括了广播的特性。广播是通过电波直接把节目送到听众耳边，用电波传送节目，就大大地缩短了接收的时间和距离；用声音传送信息，只需一个像收音机的接收工具，不用纸张。所以，声音广播有以下几个特性。

一、传播迅速，时效性强

广播利用电磁波传送节目这一因素决定了广播在信息传播中具有报纸等印

---

① 广播电视简明辞典. 北京：中国广播电视出版社，1989. 17.
② 王珏. 新闻广播电视概论. 北京：北京广播学院出版社，1996. 130. 转引自《列宁选集》。

刷工具无法比拟的先天优势——信息传播超越了时间的限制。无线电波传播速度达每秒钟 30 万公里，能绕地球走七周半，这意味着地球上任何一个地方发出的信号几乎在其他任何一个地方都能同时接收到。利用传播快速性这一优势，广播可以将一些重大事件或突发性新闻及时地传播给听众。这种传播的迅速性，最为显著的表现有以下几个方面：

1. 广播能把刚刚发生和正在发生的新闻事实直接告诉听众

报纸是定期出版物。绝大多数报纸每天只出版一次，当天发生的重要事件，第二天才能见报。即使出版了，加上发行环节，就是在大城市也要几个小时后才能看到报纸。对于报纸的读者来说，其所了解的"新闻"永远是"过去式的"，是已经发生的"旧闻"。而广播则全天广播，随时"出版"。一般的综合性广播电台至少每小时就播报一次新闻，遇到重大的突发性事件，电台还可以停下正常播出的节目，随时插播。利用电波传播信号的迅速性及全天播出和随时插播的优势，广播可以将一些重大事件或突发性新闻迅速而及时地传播给听众，听众能及时地了解到刚刚发生的以及正在发生的新闻事件。这种优势，是报纸、杂志，甚至是以获取信息速度快而著称的通讯社都可望而不可即的。所以，每当有大事、突发性事件发生，人们都愿意通过广播发布消息，受众也习惯从广播中得知信息。如美国里根总统遇刺事件：1981 年 3 月 30 日下午 2 点 28 分左右美国总统里根遇刺，事件发生后仅两分钟，美国广播公司（ABC）电台就播出了驻白宫记者萨姆·唐纳德的报道。2 点 31 分，合众国际社也发布了这条新闻，但它只是把这条消息发到各新闻机构，未能直接传递给受众。对 2003 年伊拉克战争爆发的报道也是如此。2003 年 3 月 20 日 10 点 35 分伊拉克战争爆发，10 点 40 分 30 秒中央人民广播电台率先播发了伊拉克战争的消息。大约一分钟后，CCTV-4 播发消息；大约三分钟后，新华社发布这条消息；稍后，CCTV-1 播发消息。通过以上两个例子可以看出，在获得消息的速度上，通讯社由于强大的新闻采编网络而具有巨大的优势，但它不能把消息直接传递给受众，它需要其他媒体的转载或转播，从而使新闻的时效性大打折扣。

2. 广播能让受众同步知晓事情的发生和发展

广播传播信息的快速性不仅体现在迅速告知听众已经发生的事件上，更体现在它能把听众带进现场，使听众同步知晓事情的发生、发展。现场直播就是一种能充分体现广播媒介传播优势的播出方式。这种播出方式的优势在于在新闻事件或其他现场活动进行的同时，把现场的声音、图像、播音员或记者在现场的报道、解说，转变为电信号直接发射出去。由于电信号几乎可以忽略不计的时间差，使得新闻事件和受众的时空距离几近于零，受众就如亲身经历事情的发生、发展，这极大地满足了受众的知情权。现场直播省略了节目制作和播出的许多环节，使信息在传播过程中最大限度地减少了损耗，也使新闻以原生态的面貌呈现在受众面前，极大地增强了信息的真实性，也就是这种真实性使受众产生强烈的心理认同。此外，现场直播还具有独特的魅力——不可预见性，也就是说，现场播报的整个过程都是充满悬念的，结果是不能预知的。如中央人民广播电台对 2008 年奥运举办权揭晓仪式的现场直播，对柯受良驾车飞越黄河壶口瀑布的直播等，对事件最终结果的关注紧紧地抓住了听众的心。广播通过直播报道节目来展现自己独特的魅力。

　　传播新闻迅速、及时是广播的一大优势，也是它安身立命的根本所在。"快"是新闻的生命，报道不及时就会减弱新闻的新意，新闻的价值也会大打折扣。在信息通信技术日益发达的今天，新闻的"新"，不再是以天、小时计算，而是以分、秒来算，特别是在一些关系到人们切身利益和安危的重大事件发生的时候，如战争、灾害、公共危机事件等发生时，"快"更重要。最新的媒体信息都会有可能成为人们判断形势、作出决策的依据。反过来，在这种情形下，哪家媒体能迅速播报信息，哪家媒体就能赢得受众，从而更好地确立自己的影响力以及市场地位。所以，在第一时间、第一现场传递新闻成了为各种媒体服务的新闻工作者追求的目标。而广播具有传播信息快捷的优势，在各种媒体的激烈竞争中仍有一席之地。

二、传播广泛，覆盖面广

　　广播利用声波作用于人的听觉器官借以传播信息的传播手段使得广播传播较之于报纸具有传播广泛、覆盖面广的特点，这可以从以下两个方面加以理解。

1. 传播区域广泛

　　广播通过电波传送信息，不仅可以超越时间的限制，还可以跨越空间的阻隔。无线电波能翻山越岭、上天入地，将广播节目传送到遥远的地方，利用卫星甚至能够向全世界播送节目。比如，1979 年邓小平访问美国，卡特总统在白宫南草坪举行欢迎仪式，"美国之音"对此作了现场报道，我国的听众在同一时间也收听到了这一新闻。这种大面积覆盖是其他传统媒介难以企及的。此外，广播还不受天气、环境影响，不受国界、政治区域的限制（有线广播除外），能够迅速、及时地把最新信息传递到地球的各个角落。广播的这种优势在进行宣传和重大灾害性事件的报道上尤为突出。比如"二战"中各个国家的领导人非常重视广播的宣传作用。如法国的戴高乐将军，由于很好地利用了英国的BBC进行宣传而成功领导了"自由法国"抵抗运动。当时，法国每天可以利用BBC广播两次，每次五分钟。1940年6月18日和19日，戴高乐两次通过BBC呼吁法国人民起来抵抗。就在这两次广播讲话后的一个星期内，数百人集合到"自由法国"的旗帜之下。此后，每天都有法国青年志愿者来到英国，法国抵抗运动顺利开展起来。2008年发生的两起突发性事件也显示了广播这一优势。2008年初，我国南方各省发生大范围雨雪冰冻灾害，南方地区基础设施遭到极大破坏，电视、网络媒体因停电无法使用，中央人民广播电台每天不间断的直播，成了政府向公众发布抗灾救灾信息的主要渠道，电波成了连接政府、救援部门、各界爱心人士和灾区人民的纽带。同样的事情也发生在"5·12"汶川大地震中。地震发生后，当地的电力、通信、道路等全部中断，当地老百姓既看不到电视，也看不到报纸、上不了网络。中央人民广播电台充分发挥广播电台传递快捷、覆盖面广的特点和优势，在第一时间作出反应，全面关注各地灾情，及时播出中央救灾措施的相关信息，既鼓舞了受灾民众，也为抗震救灾工作提供了强有力的信息支持和舆论保证。

2. 传播对象众多

广播的覆盖面广，所以其传播对象众多。2008年12月16日国家广电总局副局长胡占凡在于北京举行的"2008广播发展论坛"上说，目前，我国共开办广播节目2 452套，广播人口综合覆盖率达到95.43%，是世界上覆盖人口最多的广播。全国收音机拥有量超过5亿台，听众人数超过12亿。从传播手段来看，报纸依靠的主要是文字和图片，这要求传播对象必须具备一定的文化水平，文盲、半文盲一般是无法读报或者很难读懂报纸的。而广播依靠的是声音，只要听觉正常的人都可以成为广播的受众，所以广播的忠实听众既有年逾古稀的老者，也有牙牙学语的儿童；既有满腹经纶的学者，也有只字不识的文盲。此外，收听方便也是广播传播对象众多的一大原因。广播的接收工具简单，半导体收音机可以随身携带，就是由于这种方便性，广播时刻都在影响着数以亿计的听众。广播的内容广泛，不仅有新闻节目，而且有教育性节目、文艺性节目、服务性节目等，能够满足多层次听众的需要，这也是它传播对象多而广的一大原因。

三、传播生动，感染力强

众所周知，广播是用声音来表达内容的，主要包括人的声音、音响和音乐。报纸、杂志等印刷刊物要表现优美动听的音乐、欢歌笑语的现场、紧张激烈的战斗场面等，只能通过文字，而再好的描述，读者也只能体会和想象，缺乏真实感。广播把真实的声音传递给听众，让人感到真实，产生身临其境的感觉，达到以"声"动人的效果。此外，广播中语言蕴含的内容要比文字丰富得多。英国作家萧伯纳说过，有 50 种说"是"的方法，有 500 种说"不是"的方法，而只有一种写这个词的方法。这意味着，说出的话比单纯的文字附加了更多的信息量，最突出的就是情感的表达。播音员或演讲者用声音播读讲稿，他们的语言往往会带上某种感情色彩，这时的广播稿就不再是纸上的文字，而是活生生的语言，再加上音响和音乐，便给人提供了　个真实感人的"声音世界"，听众的情绪和感情被调动起来，真正可达到以"情"感人的效果。最著名的例子就是罗斯福总统利用广播进行的"炉边谈话"。"炉边谈话"是罗斯福当选总统后一种联系群众的广播方式。1933 年 3 月 12 日即罗斯福就职总统后的第 8天，他在总统府楼下外宾接待室的壁炉前接受美国广播公司、哥伦比亚广播公司和共同广播公司的录音采访，工作人员在壁炉旁装置扩音器。罗斯福希望这次讲话亲切些，免去官场那一套排场，就像坐在自己的家里，双方随意交谈。哥伦比亚广播公司华盛顿办事处经理哈里·布彻说：既然如此，那就叫"炉边谈话"吧。于是就以此定名。罗斯福在其 12 年总统任期内，一共做了 30 次炉边谈话。每次的谈话都因其声调亲切真诚、话语质朴实用且像朋友之间聊天似的亲切而产生了巨大的感染力和鼓动性。如 1933 年 3 月 12 日对全国 6 000 万人发表的第一次"炉边谈话"，向全国人民就银行暂停营业的问题进行了耐心的解释、劝告和教育。他说："我要指出一个简单的事实，你们把钱存进银行，银行并不是把它锁在保险库里了事，而是用来通过各种不同的信贷方式进行投资的，比如买公债、做押款。换句话说，银行让你们的钱发挥作用，好使整个机构转动起来……我可以向大家保证，把钱放在经过整顿、重新开业的银行里，要比放在褥子下面更安全。"这种亲切简短的谈话方式赢得了人们的认可。

四、直接交流，双向沟通

报纸杂志等传统媒体以书面文字作为传播手段，它往往用标题的大小、字体的粗细、内容的选择及不同的排列组合来体现传播主体的立场、对新闻事实的态度，传播主体总是隐身在书面文字背后而并不直接与接受主体见面。而广播则是通过有声语言传播，不管从采写、编排到播出经过多少人操作，最终还是要集于一身——播音员。传播主体和接受主体之间借助电波"直接"交流，受众从播音员用词的选择、语气和语调的表达、音乐和音响的运用直接感知传播主体的立场、态度，在感觉上拉近了距离，在交流上比书面文字更具直接性。

就是由于广播这种交流的直接性，使受众和传播主体进行及时的沟通成为可能。快节奏的现代生活、紧张激烈的职场竞争，沉重生活压力下的现代人需要一个摆脱烦恼、投诉问题、倾诉心声、排解疑虑的平台，可以进行直接交流的广播热线正为人们提供了这样的沟通渠道，如"热线点歌"、"热线问答"、"热线服务"等，这些节目在广播主持人和听众之间营造了亲切、融洽的交流气氛，增强了广播节目的魅力。此外，广播传播的"匿名性"特点，可以让听众敞开心扉，自如地和主持人、专家、名人对话，广播把人际交往大众化。及时交流、双向沟通的功能增强了广播的竞争优势。如在媒体竞争非常激烈的香港，广播始终保持着它特有的魅力，其在影响力、受众人数和经营效益上均大大高于报刊和电视。其原因很大程度上在于广播营造的这种生动、亲切、便于交流的氛围让人产生一种"随时打个电话给电台的冲动"[1]。

五、广播的不足

广播虽然有上述一些独特的优势，但与历史悠久的信息传播工具——报纸相比，也存在明显的不足之处。

1. 一瞬即逝，保留性差

报纸的传播手段主要是文字，文字是对语言的记录。所以，报纸是一种纸

---

[1] 桂园. 香港广播的三大特性. 广播电视学刊，1992（2）.

质载体，而就是这种物质载体使得它具有便于长期保留、随时查证的特性。因而，报纸既是对现实生活的记录，也是后人研究今时历史的宝贵资料。俗话说的"白纸黑字"、"报纸是历史的教科书"就是这个意思。报纸从业人员的历史使命感和报纸本身的权威性很大一部分也源于此。

广播使用电波把声音直接传送到远方，但声音符号看不见、摸不着，很难及时保存，一听而过，无法查证。听众必须跟上播出的速度，稍不留神，声音就会一闪而过，这就使得听众没有多余的思考时间，更不用说记忆了，从而导致广播的信息保留性差，将来要查找、核实起来就很难。为了弥补这种不足，广播做出各种努力：新闻比报纸更要精选事实、重要新闻从不同角度加以播报、重要节目安排重播、重要资料加以录音等。

2. 排他性强，选择性差

广播依靠声音传播，而声音是线性的，即时间流程的不可逆转性和空间界面的不可交替性。这也就是说，首先，一个听众在一段时间里只能收听一个电台一个频率的节目。在同一时间里其他电台、频率播出的节目就被统统排斥在外。其次，只能按节目的排列顺序收听，不能提前，也不能推后。而报纸把所刊登的全部内容都展现在读者面前，读者可以根据自己的需要和兴趣自由选择阅读的内容，自由地支配自己的时间。但广播工作者在长期的实践中摸索到的一些措施可以适当地弥补广播这种缺陷：出版节目报、做好节目预告和介绍工作等。

3. 反映的表面性

广播的优势是声音能够生动形象地反映人和物的外貌、外观，但人物的内心活动和事物的内在规律是声音很难表达出来的，许多信息的背景资料、事件的深入分析，广播一时也难以播报。报纸以文字符号传播信息并且以版面的形式呈现，这样不仅便于对新闻事件进行深入分析，还可以同时提供该新闻事件的背景资料和相关历史知识，说明事件的来龙去脉，预测新闻事件的发展趋势，从而使读者对重要的事件有全面、深刻的了解。所以，广播听众往往存在这样一个现象：在听了广播的信息后，第二天还要急切地去读报纸，以便了解更多的背景新闻。

第二节　电视广播的特点

通过无线电波向观众同时传播声音和图像的大众媒介，简称电视。电视与广播都是依靠电波传送节目，但细究起来，它们之间的差异还是非常明显的。如果依麦克卢汉"媒介是人体的延伸"来看，广播无疑是人类耳朵的延伸，而电视则是人类耳朵和眼睛的延伸，因此有人说广播是电视之母，电视是广播的延伸和发展。电视除了具有广播传播及时迅速、传播范围广等优势外，还有画面这一表达手段，具有比广播更为丰富的表现力。

一、声画兼备的形象性

电视与广播相比最明显的区别就是：广播只有声音语言，而电视具有声音和画面兼备的形象性。广播只能诉诸人的听觉，观众对现场的感知还是间接的，需要把声音符号转化成一种想象的直观形象。电视是利用两个语言通道传播信息的，一是声音语言，二是图像语言。电视声画并茂、形声兼备，这种双重信息的传播所带给观众的形象性远非广播所能比拟。声音语言作用于耳朵，图像语言作用于眼睛，通过音像符号直接诉诸感觉，无须在视觉中再作符号的"解码"还原，这种传播类似于直接的"复印"，使观众一目了然。而且图像信息的表现力，有时用语言是难以描述的，观众对新闻事件现场的气氛和细节具有更大的兴趣，只有直观的形象才能使其得到满足。可以说，人们从广播中听到四川汶川发生 7.8 级地震的消息，同从电视看到灾区废墟的满目疮痍的现场情景是完全不同的。对 2008 年奥运会开幕式那幅美轮美奂、气韵流动的"中国画卷"徐徐拉开所展现出来的现代与古典结合的震撼魅力的语言转述，无论如何也比不上让人们亲眼目睹这一旷世奇观。所以，电视凭借双重信息传播的特点，与报纸、广播划清了界限并赢得了独特的优势。

二、即时传播的现场性

即时，是从传播的时效性上来看的特性；现场，是从传播的真实性上来看的特性。① 仅从即时或现场的单个特点来看，不独电视所特有，仅说即时，传播信号单一的广播由于节目制作过程相较于电视更为简单，在信息传播的时效性上更胜一筹。从广义的现场概念看，电影也具有再现物质现实的能力，它能将故事发生的现场艺术地再现于银幕。但不论是广播还是电影都不能兼有这两种特性，即现场的即时传播，或即时的现场传播。广播能即时传播，但听众无法直接看到现场；电影能再现现场，但它不是即时的，而是需要经过先期较长时间的摄制才能完成的。电视的现场直播却可以及时地、全面地提供现场信息，甚至是个别在现场看不清楚的事物（如体育竞赛中高速运动的动作），电视画面也可以采用特写、慢镜头、定格、回放等方式让观众看得清清楚楚。电视这种即时的现场传播，真正做到了把事件变动的现场"搬进"各家各户，也可以把观众"带进"现场。这种耳闻目睹所产生的影响力、渗透力和感染力绝非报纸、广播所能比拟。

三、表现内容的丰富性

电视的综合性比广播更强，它是声音、图像和文字的综合，是以"开放的框架，兼容各方面的内容"②。它吸收了报纸、广播、电影、戏剧、美术、音乐、教育等多种艺术的成就和经验，内容丰富，形式多样。内容方面：新闻节目、知识类节目、服务类节目、教育类节目、文艺娱乐节目以及与电影融合成影视艺术的电视剧节目占据着人们生活的时间和空间，成为现代人丰富精神、娱乐身心、缓解压力的有力工具。形式方面：电视可以兼容多种传播媒介，如电视综艺性节目既吸收音乐、舞蹈、杂技、朗诵、小品等文艺形式，还采取演播室内与外景穿插的方式，现场演播和电影、录像相配合的方式，使观众赏心悦目之余，还丰富了其感官体验。

四、电视的不足之处

电视当然也存在缺陷，具体表现为：

---

① 石长顺. 论电视传播的特性. 当代传播, 2000 (1).
② 陈莉. 广播电视概论. 南京：南京师范大学出版社, 2004. 88.

1. 转瞬即逝，不留痕迹

作为电子传媒，与广播一样，电视的声音、图像传得快，消失得也快。由于录像机的出现，当时没看到的节目虽然能够补上，但在画面具体的叙述中，画面和语言的线性流动使得电视信息传播受到限制，使观众来不及反复研究和回味。

2. 依时而看，不可选择

电视节目是按时间顺序来排列组合的，观众不能自由地选择看节目的时间，也不能选择节目的内容。因此，为了收看某个期待的节目，会浪费大量等待的时间。虽然节目预告可以对此有所改善，但这种节目的固定性还是会给观众带来不便。

3. 内容较浅

电视屏幕的限制性，使得单位时间内传递的信息量受到限制，再加上新闻求"快"的特征，电视对事件的报道难以深入展开。所以，观众对电视新闻停留在"是什么"的层面，而对新闻的"为什么"更多地求助于报纸。

4. 语言简单

电视的直观性一方面给了我们真实的现场感，大大提高了信息的真实性；另一方面使得观众对事物的了解更多依赖于对画面的观看。电视中的语言变成了画面的辅助性工具，要求尽量简单易懂。对画面的过度依赖，使得语言的逻辑性、复杂性缺乏足够的表现空间，因此大大削弱了观众再创造形象的积极性，从而不利于观众，特别是儿童观众想象力的锻炼，这也将不利于观众培养较强的理性思维（而这恰是一个民族振兴所不可或缺的）。正如人文学者陈丹青所说，在空前便利的电子传媒时代，我们比任何时候都聪明，也比任何时候都轻飘。这表达了对电视的反思和深沉的忧虑。

第三节　广播电视的社会功能

随着科学技术的进步，广播电视迅速普及，它就像一张无形的网，无处不在、无孔不入地渗透到人们的生活之中，影响社会生活的方方面面，发挥着巨大的社会作用。广播电视传播的广泛性和影响的深远性，引起了传播和社会学界的重视。一系列的研究成果表明：凭借传播技术和传播手段的优越性，广播电视的各类节目各尽其能地承担着传播信息、监测环境、普及教育、服务社会以及娱乐身心的社会职能。

一、传播新闻的功能

广播电视是为适应人们迅速传播新闻的需要而产生的，从它诞生之日起，就被人们用来传播新闻。至今，新闻传播仍然是广播电视的主要社会功能。

人们在社会生活中为适应、了解和改造世界，必须不断地从外界获得最新的信息。广播电视凭借传播信息迅速及时给广大受众提供了一扇及时了解外部世界变化的窗口，从而调整自己的行动以适应外部世界的变化，以便更好地、有效地适应生活，这是人类的本能需求，也是广播电视等媒介产生、发展的最根本原因。特别是在当代社会，人们出于生存和生活的需要，对新闻信息的数量和时效提出了更高的要求，使得新闻节目成为广播电视众多节目中的重头戏。有资料显示，在世界各国中，大多数广播电台、电视台的新闻节目占其全部播出时间的1/4以上。在我国，各电台、电视台新闻节目比例的上升也体现了这种需求。如中央电视台第一套节目1993年每天播出新闻节目12次，1996年增加到16次，2002年则每天播报19次，且不断增加滚动新闻播出的次数，极大地满足了受众的信息需求。因此，可以这样说，新闻节目是广播电视节目的主体，是支撑广播电视的骨干。在新闻传播中，传达政令是一项重要内容。这是上情下达的要求，要把党和政府的路线、政策和工作方针传达给群众，把群众的意见、舆论反馈给有关政府部门。

传播新闻不仅满足了受众的信息需求，也为广播电视自身赢得了声誉，是衡量一个电台或电视台水平的主要标志，是检验一个媒体公信力的试金石。

对重大事件迅速作出反应并及时传达给受众，对重大事件进行现场直播，使人们能在第一时间身临其境地获取最新的新闻信息，这是一个媒体实力的有力证明，也是体现电台、电视台水平的一大标志。广播电视的快速性、形象生动性，使其在新闻传播上具有巨大优势。从我们所熟知的一些重大新闻事件的获知渠道上即可看出端倪：1941年6月22日德国突袭苏联，1987年5月6日大兴安岭发生特大火灾，2003 年 3 月 20 日 10 点 35 分伊拉克战争爆发等，人们都是从广播中率先得到信息。1997 年 7 月 1 日香港回归时两岸人民的欢欣鼓舞，2008 年 5 月 12 日汶川地震后的满城废墟、满目疮痍，2009 年 10 月 1 日国庆阅兵仪式的雄壮庄严等等，是广播电视使得人们如身临其境。通过对这些新闻的现场直播，广播电视不仅履行了自己的职责，同时也为自己赢得了声誉，增强了公信力。

二、舆论导向的功能

"舆论"就是公众意见或态度，复杂一点说，"是在特定的时间空间里，公众对于特定的社会公共事务公开表达的基本一致的意见或态度"[①]。由于舆论的公开性、公共性和广泛性，广播电视一诞生就和它结下了不解之缘。舆论常常借助新闻媒体这个舞台展示力量，新闻媒体也往往由于及时地反映舆论、恰当地引导舆论而增强了力量。广播电视的舆论导向功能主要体现在引发舆论、反映舆论、引导舆论等方面。

舆论要形成，必须存在特定的社会公共事务指向。在现实生活中，我们对有关公共事务方面的消息的了解主要来自新闻媒介。传播学中的"议程设置"理论告诉我们：新闻媒介报道外界的信息并不是"有闻必录"，而是经过仔细选择和过滤，并且运用各种传播技巧凸显媒介认为重要的信息，使其成为公众关注的焦点，进而引发社会公众的意见、态度，也就是舆论。越来越多传播范例的研究表明："新闻媒介也许不能从根本上决定人们如何思考和判断，但至少它能在很大程度上决定人思考什么、关心什么。"[②] 引发舆论是新闻媒介发挥舆论导向的一个重要手段。

舆论要形成，除了一个特定指向——社会公共事务外，还必须要有一个公开表达的平台。因为个人意见只有公开表达，并且进行大范围内的社会讨论才能形成一致意见，也只有这种一致的意见才能作用于社会。广播电视作为一种重要的新闻媒介，凭借传播区域广泛、传播对象众多、双向沟通、及时交流的优势，成为公众公开表达意见的首选。而广播电视作为一种信息的媒介也理应

① 李良荣. 新闻学概论（第三版）. 上海：复旦大学出版社，2006.50.
② 李良荣. 新闻学概论（第三版）. 上海：复旦大学出版社，2006.56.

充当这种"传声筒"的角色，通过反映公共意见的舆论表达作用，"从单纯的表达渠道，晋升为公众代言人、民意代表的地位"。①

广播电视等新闻媒介由于广泛的社会性、强烈的渗透性和感染力，决定了人们绝不仅仅是把它们当作舆论形成的材料提供者和意见反映者那么简单。早在报纸诞生之初，人们对它的舆论导向功能就有了充分的认识。伴随新闻媒介的发展，各国各党派的政治力量、各种社会团体从自身的立场出发，利用广播电视宣传自己的政治主张、经济政策和思想文化，产生种种意识形态的竞争。事实证明，积极的舆论引导才是新闻媒介发挥舆论导向功能的应有之义。新闻媒介通过提供源源不断的信息给我们营造一个"真实的"媒介现实，在这个现实中实现着对人们潜移默化的影响，引导人们思考什么、怎么思考。此外，新闻媒介也可通过报道中隐含的意见倾向（新闻稿件事实的选择、词语的选择、文章蕴含的感情基调、播报员或主持人的感情等）或评论员直接的点评来表达意见进行舆论引导。这种引导不仅体现在新闻节目中，在教育、娱乐、服务类节目中也有这种导向作用。

在充分认识广播电视的舆论导向功能的同时，我们要积极地利用这种舆论导向作用，为舆论表达营造一个尊重事实、充满理性声音的氛围，从而充分发挥公众舆论积极正面的作用。而这一点不论是对面临巨大变迁的中国社会还是对需要事实真相、需要理性声音的中国公民来说，都至关重要。

三、传播知识的功能

广播电视具有教育的功能，是非常有效的社会教育工具之一。新闻传播事业虽不属教育行业，新闻媒介也不是教科书，但广播电视被誉为"空中大讲堂"、"没有围墙的学校"。广播电视在传播知识、开阔眼界方面发挥着重要作用。作为传播学创始人之一的施拉姆就认为，所有的电视都是教育的电视，唯一的差别是它在教什么。广播电视主要通过传播以下几个方面的知识借以发挥社会教育的功能：一是通过各类节目的播出，对受众产生思想道德、心理素质方面潜移默化的影响；二是提供受众所需的知识，这种知识有别于教材书本知识，而是和人们当前生活、生产、工作密切相关，可以促进社会生产或满足人

---

① 李良荣. 新闻学概论（第三版）. 上海：复旦大学出版社，2006. 50.

们日常生活的需要；三是传播文化知识，通过对天文地理、古今中外知识的介绍，既开阔了受众的眼界，提高了受众的文化素养，又传承了文化，加强了文化交流；四是教学，进行系统性教育，如通过开办各种传授系统专业知识的正规的广播学校和电视大学为社会培养专业人才。各种类型的广播电视中专、大学已成为我国一项十分重要的教育方式。实践证明，广播电视为发展文化教育事业、培养人才作出了巨大的贡献。

四、娱乐功能

娱乐功能是广播电视文艺性节目的主要功能。现代社会的人们由于工作效率不断提高、生活节奏不断加快而增强了对娱乐的需求。广播电视由于收听/看的方便性及收听/看环境（家庭）的轻松愉悦性成为多数人的选择。广播电视通过传播各种奇闻逸事、风土人情、文化娱乐等趣味性节目，一方面丰富了人们的业余文化生活，使人们在学习、工作之余得到消遣，愉悦身心；另一方面，这些健康有益的内容，陶冶了受众的情绪，提高了人们的欣赏水平。各种受众调查表明：广播的音乐节目、曲艺节目（如相声）、广播剧以及电视的电视剧、综艺节目由于极大地满足了受众的娱乐需求而在受众所喜欢的节目排行榜中名列前茅，而电视剧被证实是最受观众欢迎的节目形式。

五、服务功能

广播电视可以为社会提供各种各样的服务。广播电视研究者对这种广泛服务性作过如下区分：广义上讲，广播电视的所有节目都是为受众服务的，都属于社会服务的范畴；狭义上的服务功能则指实用的、能直接帮助受众解决工作、思想和日常生活中实际问题的节目，如市场信息、天气预报、整点报时、广告、生活指南、旅游指南、法律咨询、投诉等。中央电视台的生活服务类节目《家有妙招》、南方电视台《记者跑腿》等节目都体现了广播电视的服务功能。受众的广泛性及复杂性要求广播电视的服务范围延伸到社会和生活的方方面面。广播电视从业人员要秉着全心全意为人们服务的职业操守，在充分了解广播电视特性和把握市场需求的基础上，更好地发挥广播电视的服务功能。

从以上的分析中我们可以看到广播电视技术给整个社会和个人生活带来的巨大改变：它使人类跨越时间和空间的限制，使信息瞬间即可传遍世界的每个角落，实现人类天涯咫尺的梦想；它打破了地理环境对知识交流沟通的阻碍，使世界各地的人们畅享文化盛宴，圆了人们"秀才不出门，尽知天下事"的心愿；它在带来信息、知识的同时给了我们无尽的欢乐、无微不至的关怀（服务）。但是，广播电视（主要是电视）也是一把双刃剑，对于它的负面影响，中外学者做了大量的研究，现把一些比较典型的观点归纳如下：

1. 电视使人际交往减少

电视的出现使"地球村"成为可能，表面上加强了个人与外界的联系，实际上由于人们把大量时间用于观看电视（有数据显示，在美国和日本，每人每天看电视时间平均 6 小时以上，在我国，这一数字为 4 小时）而疏远了与身边人的交流，使得人际关系日益冷淡。而且由于长时间端坐于电视机前，观众的身体健康或多或少会受到损害。

2. 电视具有"麻醉作用"

美国出现的"电视人"，日本提出的"容器人"等概念，就是对电视"麻醉作用"的反思：由于经常聚神于电视节目，导致自我封闭，对现实漠不关心，甚至难以展开思辨性思考，造成思维退化。

3. 某些节目造成了社会污染

一些不健康的文娱节目、广告，特别是黄色新闻和色情暴力片给未成年人带来不良影响，电视中的色情和暴力如同"挡不住的强盗"，防不胜防。

4. 电视使大众审美庸俗化

广播电视的广泛性、大众化使得它诉诸最低标准，节日整体趋向平俗，有意模糊大众情趣和精英高雅的界限，从而影响受众审美水平的提高和创造性思维的锻炼。

5. 表达内容浮浅

电视的直观形象虽给人们带来视觉享受，极大地娱乐人们身心，但它求快、求新的特性也使得一切浅显简单、流于表面。"真理被淹没在无聊烦琐的世事中"，"我们的文化成为充满感官刺激、欲望和无规则游戏的庸俗文化"。①

---

① ［美］尼尔·波兹曼. 娱乐至死. 章艳等译. 南宁：广西大学出版社，2009.4.

参考文献

［1］陆晔，赵民. 当代广播电视概论. 上海：复旦大学出版社，2002.

［2］李良荣. 新闻学概论（第三版）. 上海：复旦大学出版社，2006.

［3］黄匡宇. 广播电视学概论（第二版）. 广州：暨南大学出版社，2005.

［4］蔡铭泽. 新闻传播学. 广州：暨南大学出版社，2003.

［5］王珏. 新闻广播电视概论. 北京：北京广播学院出版社，1996.

［6］叶子. 现代电视新闻学. 北京：中国广播电视出版社，2005.

［7］陈莉. 广播电视概论. 南京：南京师范大学出版社，2004.

［8］徐志祥. 广播电视概论. 武汉：武汉大学出版社，2000.

［9］［美］尼尔·波兹曼. 娱乐至死. 章艳等译. 南宁：广西大学出版社，2009.

第六章　广播电视的传播要素

信息的载体是符号，大众传播的过程不可避免地要涉及符号。不同的大众传播媒介拥有不同的符号系统，不同的传播符号又决定了各媒介不同的传播方式和传播特征。在大众传播媒体中，报纸、杂志和书籍等纸质媒介主要采用文字、图表和图片等静态符号系统来传播信息，这需要读者具有一定的文化水平，且文字符号具有抽象性的特点，使得其传播效果缺少了面对面口语传播的现场感和生动性。作为电子传播媒介，广播和电视采用了不同于纸质媒介的传播符号，广播媒介是完全依靠声音进行信息传播的，电视媒介是依靠声音和图像进行信息传播的。广播、电视既能形象直观地描述对象，又能进行抽象的分析和概括，同时它们也具有良好的亲和性和现场感，这都归功于声音和动态画面的传播特性。本章将详细介绍声音和画面这两种特殊的传播要素。

第一节　听觉元素——声音的多种特性

声音有多种特性。理解声音需要重视声音的物理属性和心理属性。掌握声音的物理属性，即了解声音作为一种客观存在的自然现象，其产生的自然机制是什么；理解声音的心理属性，即理解声音对人的心灵、精神层面产生的影响及其社会效应。

一、声音的物理属性

声音是由物体振动而产生的，物体振动会产生声波，声波通过介质传送到人耳，由此对耳膜形成刺激，人们就听到声音了。从物理特性的角度分析，声波有频率、振幅和波形三个重要属性。

人们一般用三个概念来衡量声音的品质，即音强、音高和音色，并以之代指人们对声音的主观感受。音强表示声音的强弱,音高表现的是声阶的高低,而音色则是我们在日常生活中最常使用的衡量声音品质的概念。在通常情况下,我们会把悦耳的声音描述为"音色好"。

从物理属性来看,声音的"可保存性"是比较差的。科学实验表明,进入人耳的信息在人的大脑里一般只能保存 6～10 秒;部分有价值的信息可以形成短时记忆,保持 20 分钟左右;经大脑再次选择,只有少量信息可以形成记忆。在录音技术发明以前,声音根本无法保存下来,而磁带录音的寿命也只有 10～20 年,直到数字技术发明之后,声音的永久保存才成为现实。

另外,声音传播的清晰度也是一个问题。一方面,声音在空气中消耗,或者受到噪音的干扰;另一方面,声音不如"看"那样一目了然,只是"听",因而意思容易混淆。人们常说"空口无凭,立字为据",就是针对声音符号含混和不足信的缺陷而言的。

二、声音的心理属性

了解声音的物理属性是从事广播电视技术工作的基础,而对广播电视节目录制者来说,声音的心理属性更为重要。也就是说,不同的声音在人耳听起来会引起不同的心理效果,对这些心理感应的期待形成了不同广播节目的收听心理。

声音的心理属性首先来自于现实生活中人们对各种声音的不同感知,即由听觉的生理反应带来的心理变化。人们对不同声音的生理感知是不一样的,轻柔的乐音让人心情舒缓、感情愉悦,激昂的乐音让人精神振奋、神清气爽。

其次,人们会将日常生活中的经验推广到相应的听觉体验中。比如雷电声,古代人会觉得这是一种神秘的力量在发怒,即便是现在,也会有人对这种巨大的声音感到害怕。如此,声音从自然现象变成了人们的生理反应,这种生理反应又激发了一定的心理特征。在广播中出现雷声,就带有恐惧和发怒等情绪,听众也会自然地接受这种暗示。人的知觉因素的加入,使得各种声音具有了喜怒哀乐的意味。

再次,不同音质的声音还能激发人们不同的联想和思维,从而使广播所引发的心理活动更为深刻。这涉及心理学的一个重要流派——完形心理学理论。

人的感觉具有一种"完形和联想"的功能,这已经被完形心理学证实了。

按照这一理论，当人的感知器官接触到某一信息的时候，会调动自身联想的能力将信息完整化、全息化。这是因为我们内心对于任何事物都有一个观念上的"形"，也就是完形心理学所谓的"格式塔"（"格式塔"是德文"Gestalt"的译音）。因为人在成长过程中，会渐渐对周遭世界的各种事物形成统一的认识观念，这个观念是由一系列的细节认知构成的。比如认知一只猫，是通过对"身上有毛、爪子尖锐、会抓老鼠、会'喵喵'地叫"等细节的认知来完成的。这种认知可能是通过一只真实的猫，也可能是通过一张猫的照片，或者是通过别人的描述来完成的。总之，在脑海里形成了一个关于"猫"的完整印象，这就是所谓的"格式塔"。而"完形"是一个与"认知"（学习）相反的过程，是人们知道了"猫"是个什么样的动物（头脑中猫的"形"已经形成以后），再看到了"皮毛、抓老鼠的动物、一只尖利的爪子"这些视觉因素或者听到了"'喵喵'叫的声音"这样的听觉因素之后，在脑海里组织完形成一只猫的形象——"有这样的特质，它可能是一只猫"。

回到我们对声音的理解。声音是人们借以"完形"的重要元素之一，因为在日常生活的认知过程中，声音已经成为认知事物不可或缺的媒介。同样，我们也能通过"声音"完形（还原）出相应事物的形象。人对声音的联想一般有如下两个方向：

第一，通过声音联想声源的形象。我们常有这样的体验，听到某一个声音，会下意识地去寻找这个声音的发声体，即声源。这是人们的一种习惯，听其声，见其形，才是对世界的完整体验。如果见不到声源的形象，人就会根据声音的品质想象声源的形象是什么。比如很多人听广播会有这样的体验，听到某一个节目主持人的声音非常好听，就会自然地联想他（她）是什么样子，而且这种联想一定是正面的联想，会把他（她）联想为一个英俊（漂亮）的人。因为声音的悦耳已经为"联想行为"指定了"正面"的方向。这就是"完形"的作用，美丽的声音和美丽的形象一定是联系在一起的。

第二，通过声音联想、完形声音的环境。一首老歌会让人徒然回忆起过去的时光，沉浸在一种自己曾经熟悉的生活氛围中。这就是声音调动人们联想的结果，这种联想是对与声源相关的某种环境的联想。这同样是"完形"的作用，是对一种生活环境的完形，声音也是构成这种环境的一部分。

三、声音的社会属性

声音和社会变迁紧密联系在一起，具有政治、经济和文化的属性。

1. 声音的政治属性

加拿大传播学者麦克卢汉曾说，20 世纪 30 年代是人类社会的"广播时代"，就是因为很多重要的声音通过广播、唱片等媒介传播出来，并对人类社会产生了重大影响。罗斯福的"炉边谈话"不仅引导美国人民走出经济大萧条的恐惧，而且还激励起人们反抗法西斯的勇气。当听到"中华人民共和国中央人民政府今天成立了"的湖南话时，绝大多数中国人都知道这是毛泽东向世界宣布中国人民当家做主的新时代的来临；听到"I have a dream..."就能联想到美国黑人人权运动那残酷而悲壮的历程。自广播诞生以来，声音凭借着这种电子传媒，起到了巨大的社会动员作用，声音和政治、历史联系在了一起。

2. 声音的经济属性

声音可以成为商品进入市场领域换取相应的利润，典型的例子就是流行音乐产业的运作。广播电台播送音乐也能获得良好的收益。不同类型的音乐在广播系统中的商业价值是不一样的。美国学者按照美国流行音乐的标准划分了五类可以赚钱的音乐，它们可以组成一个系统在广播的不同时段给予组合播出，分别吸引自己的目标听众，带来利润各异的营销效果，这种搭配被称为"热门的音乐系统"。

除了流行音乐以外，声音的商业属性还以多种方式表现出来。比如，广播电台知名节目主持人的声音也具有良好的市场价值。广播节目主持人依靠声音建构自己的形象，听众喜欢一个节目主持人，一定程度上是喜欢他（她）的声音。因为有这种声音，他（她）主持的节目才有可能拥有高收听率，因此他们说话的声音也成为高收听率的保证。再比如，在广播、影视作品的制作拍摄过程中，制作人经常会喜欢找所谓的"名嘴"即明星来配音，因为"明星"的声音也是其流行价值的一部分，可以引起社会公众很高的注意力，也就意味着具有很高的商业价值。

3. 声音的文化属性

每个时代都有自己代表性的声音，这些声音不仅成为一定时期社会文化的一部分，而且其本身也是塑造文化的一种重要力量。

20 世纪 70 年代末至 80 年代初，中国内地的收音机开始普及。广播声音开始影响人们的精神生活，起到重要的传承功能。其中，最重要的是评书和相声，这两种声音艺术成为当时最流行的文化类别。

1979 年，中央人民广播电台开始播出由著名播音员曹灿、纪维时等人演播的姚雪垠的长篇小说《李自成》，同时播出的还有已故评书演员杨田荣演播的新编评书《李自成》。这两部作品由许多电台交互播出，形成长篇小说广播的轰动效应，通过广播听故事成为一种新的时尚。作为一种民间文化，评书的主要功能在于运用语言艺术叙述中国英雄的形象和功绩，打动听者，产生认同感。我们可以将评书看成是中国英雄的史诗，千家万户的收音机就像一个故事传奇和人生智慧的"吟游诗人"。在当时的文化环境中，它能够唤起中国人的民族自豪感，播散了中国传统文化的内涵。

相声也一样。粉碎"四人帮"以后，中国曲艺界开始复兴。和评书不同的是，相声艺术是通过讽刺等手段让人发笑。这种艺术在 20 世纪 70 年代末担负起了一个重要的社会职能——在日常生活的细节中用"笑声"批判和抨击"四人帮"造成的种种荒诞的社会现象。

最具大众文化特性的声音还是流行音乐。流行音乐和现代都市人的身份认同有着直接的联系。每一个时代都有独特的流行音乐、歌曲和歌手，而广播是传播流行音乐最重要的载体之一。比如，在流行音乐发展史上，我国台湾著名歌手邓丽君是一个不容忽略的名字，因为她的歌声参与塑造了一个时代的人的听觉"情感结构"。对于 20 世纪 80 年代初的中国大陆人来说，邓丽君的歌声是"人性的复苏"的文化标志。

第二节　声音的三要素：语言、音乐、音响

广播电视都传播声音，对视听媒介而言，各种声音及声音的不同组合方式，被分成三大主要类别，即语言、音乐和音响。

一、语言

1. 广播中的人声语言的作用

在广播节目中，传播符号全都音响化了，而人声语言在广播媒体传播符号系统中处于核心地位，具有左右全局的功能。人声语言在广播中发挥着不可替代的作用，总结起来有以下几点。

（1）传递信息、提炼主题。

这是人声语言最主要的任务。广播中的新闻、教育、服务等节目，需要传递大量的信息，但这些信息不能依靠缺乏具体意义的音乐、音响来表达，而需要人声语言。可以说，一档节目的主题往往是通过人声语言来提炼和传达的。

（2）营造过渡。

一个节目的段落之间，或者不同的栏目、节目之间，可以用主持人或播音员的人声语言来进行连接、过渡。这样就不会因为内容的突然转变，造成听众理解上的断裂感，从而维护了广播节目的完整与和谐。例如，在一些直播节目的开始，主持人会反复告知台名、频率和节目的标题，以此来提醒听众，把注意力从上一档节目转移到正在播出的节目中来。

（3）表达情绪、渲染气氛。

广播节目可以用特定的语气、语调来表达各种情绪、渲染特殊的气氛，让听众在其中产生恰如其分的联想。例如，急切的呼救声可以表达人物紧张、害怕的情绪，而欢声笑语则可以渲染欢乐的气氛。

（4）塑造空间。

广播的有声语言在客观物质世界中只体现为时间的向度，声音的符号是瞬间消失的。但这不等于说广播的有声语言没有空间感，它的空间性存在于表达主题的言语和听众由此产生的联想和想象中。也就是说，声音在消逝的一刹那就在听众的头脑中留下映像或印象，听众在想象世界中"加工"语言、还原情境，使广播中的有声语言具有塑造空间的功能。有声语言表达主体的创造性和听众联想与想象的能力决定了有声语言的空间大小与色彩。

（5）张扬人物个性。

人物的不同性别、年龄、体态、风貌、职业、经历等，会形成个人独特的语言表达习惯，也就是个人在语言表达时惯用的组织方式和特有的表达手段。

因此，不同声音的造型是广播节目中区分不同人物的重要手段，在突出人物鲜明的性格色彩、张扬人物个性等方面十分重要。

一些深受欢迎的播音员、主持人正是利用其富于个性的语言赢得了观众的喜爱。不同的语言特点是观众识记主持人的表征，粗犷的、纤细的、柔和的、浑厚的、活泼的、稳重的，人声语言的不同特色在观众心目中塑造了无数个性鲜明的主持人形象。

2. 电视中的人声语言的类型

与广播完全依靠声音传播信息不同的是，电视节目中的人声语言与电视图像有机结合、密不可分，人声语言打破了电视图像只能表现具象事物的局限性，很多时候是用来补充、解释及说明图像未能表达完整的一些内容的，如抽象的概念、观念和理论，人物的内心思想，还有已经发生的事情或对未来的规划、展望等。下面将简单介绍电视中人声语言的类型与作用。

（1）解说。

解说是指播音员或主持人播讲节目内容的有声符号。解说是从客观叙述者的角度，直接用语言来交代、说明、介绍或评论的一种画外音表达方式。解说声音是在节目后期制作时加工配置的，一般是采编人员写出文字稿，由播音员、主持人或记者播讲出来。解说直接的交流对象是观众，在专题节目、纪录片中运用广泛。

在电视节目中，解说词一般用来传达图像和同期声没有或不能包含的其他信息内容。例如，交代新闻的五要素，深化主题思想、刻画人物形象与强化视觉效果，有时还可发挥语言转场的作用。电视解说词与电视画面之间具有密切的关系，解说词不要试图去描述可以用电视画面形象地再现的内容。要判断一篇解说词的质量，必须结合电视画面才行，一篇好的解说词单独读起来未必是篇完整通顺的好文章；同样，一篇完整通顺的好文章也未必是一篇好的电视解说词。

（2）人物同期声。

同期声是指在记录图像信号的同时记录下的声音信号。同期声在重放时与图像保持同步，经常用来表现人物的采访和人物的语言交流。用来表现人物采访和人物语言交流的同期声又可以称为人物同期声，以区别用来表现现场背景声音的同期声（后者又称为效果声）。

人物同期声是在前期采访时摄录下来的，是当事人在时间现场所说的语言，不可避免地带有现场的气氛和情绪，不仅内容是当事人有感而发的，而且当事人的语音、语调、语气都是我们在其他时间和地点里无法再现或模仿的。因此，现在大量的电视新闻节目都采用了现场采访的方式，让新闻当事人、目击者、知情人在事件发生、发展的过程中，在事件现场接受采访，亲口讲述自己的所见、所闻、所感，这样得来的人物同期声比用解说词加画面的表达方式要真实、感人得多。

（3）现场报道。

现场报道是电视记者在新闻事件发生的现场，以目击者或参与者身份面向电视观众所做的图像（含现场音响）报道。在现场报道中，记者需要在现场随着事件的发生、发展，边观察边叙述，报道与新闻事件保持同步。由于现场报道比口播新闻具有更强烈的现场感，使观众仿佛身临其境，因此电视观众越来越喜欢这种记者亲自在现场来讲述所发生的事情的形式。

现场报道一般用于事件性新闻题材，尤其是突发性新闻事件，现场记者和观众一起探知事件的发生、发展过程。现场报道中记者采用的是大量的即兴口语，不仅要求记者用最简略的语言干净利落地叙述新闻事件，很多时候还需要对事件的原委给予充分的报道，分析、预测事件的发展。由于事件现场的瞬息万变，因此要求现场记者语言叙述要简洁严谨、信息量大，分析评论要中肯、有见地。至于句式的工整、词语的优美等方面，比解说词之类事后配制的人声语言的要求略低一些。

（4）导语和串联词。

导语是在新闻播报之前由播音员、主持人说的介绍语，它的重要作用是吸引观众收看新闻。串联词是指上下新闻之间承上启下的简短议论、介绍，上面已播出的新闻的简要回顾、评介和下面播出的新闻的主旨，或新闻中心的简要提示。

串联词是使节目的各个组成部分连接成有机整体的语言形式，是节目的结构手段之一。它通过揭示节目要点、升华节目主题、解释节目内容的含义、激发受众联想等，把节目的各个局部联系起来，以增强节目的系统性和整体感。串联词要从节目内容出发，力求简明扼要，要既能承上启下，又富于吸引力和启发性。

3. 人声语言的特性

人声语言是广播电视诉诸受众听觉系统的主要转播手段，与印刷文字相比，用人声语言作为传播符号不仅显得更直接、更亲切，而且不受文化水平的限制。人声语言的特性有以下几个方面值得我们关注。

（1）直接性。

人声语言不需要通过其他的物质载体，可以直接经由人的发音器官发出。这一特性使得人声语言在沟通、交流方面显得自由、灵活，传播效率高，成为人类最基本、最重要也是最常用的传播方式。

（2）现时性。

人声语言的存在具有时间性，因此在用其进行传播交流时，只有在说话的当下才能够进行，具有现时性。现时性既是人声语言的优势，也是它的局限。它的优势在于，现时性使得人声语言在传播信息方面具有很高的时效性，应用人声语言作为传播符号的广播电视媒体可以做到记者的采访、报道和媒体传播同时同步进行，实现现场直播。其局限在于，现时性又使得人声语言存在的时间短，不能长久保留，转瞬即逝，随生随灭，不能挽回或改变。虽然现在有了录音设备使得人声语言也可以像文字、图片那样保存下来，但是要完整、真实地记录人声语言，对录音设备要求较高，而且回放时还须借助放音设备的帮助。

（3）主观性。

运用人声语言进行交际的过程有编码—发送—传递—接收—解码五个阶段，在编码和解码的过程中都会不可避免地受到传播者和接受者的主观影响。传播者在编码过程中会通过人声语言来表达自己对客观世界的主观看法，接受者在解码过程中会结合自己的经验、阅历、学识等来认识和理解传播者的语言。主观性使得人声语言在分析问题、表达观点、发表言论、抒发感情等传达人们主观意愿的时候得心应手，但是如果需要人声语言来描述客观世界中的某个具体形象时难免不够客观。例如，一位迷恋现代音乐的年轻歌迷和一位比较传统、保守的老年人，他们对于某位新潮时尚的摇滚歌星的外貌打扮的语言描述将会完全不一样，当然他们在收听同一段摇滚歌星的人物专访时，对这个专访的理解也会不同。

（4）感知性。

由于人声语言包含了人声直接、生动的表达，使语言超越了实用性和理解性的层面，而具有了感知性。人声语言表达中的声音物质基础——语音、声高、声色、共鸣、气息等对语调、语势、语流的影响是微妙而普遍的，在听感上有明显的差别，即使这种差别只可意会不可言传，在听众的心理上也会产生相应的感受和体验，听众可以通过这些来感知说话人的性格、特点以及说话时的情绪、状态、所处的氛围环境等。因此，对于新闻人物发表的某篇言论，报纸的读者只能了解其说话的内容，而广播电视的受众却能够同时感知对方在说这番话时的情绪，这种超越意义的感知性正是有声语言的魅力所在。

4. 广播电视中对人声语言的要求

报纸杂志依靠文字和图片传递信息，读者可以随意选择阅读时间、阅读内容，但广播电视节目是线性传播的，因此，受众必须在媒体安排的节目播出时间里按顺序收听、收看。为了得到最佳的传播效果，广播电视中的人声语言就应该达到以下几方面的要求。

（1）口语化。

广播电视的人声语言需要播来上口，听来顺耳，易懂易记。因此，广播电视的人声语言在词语方面，多用口头词语，少用书面用语，多用双音节词，不用生僻成语、典故，少用或不用专门术语；在句式上，多用口语中常用的短句子，少用或不用倒装句、长句；在语音安排上，要特别注意避免同音字的误听误解，并且选用的文字一般都音韵响亮、朗朗上口、平仄相间等。

（2）规范化。

广播电视作为广泛的大众传播工具，受众参与面广，容量大、功能全，接收方便，社会影响大。人们在收听、收看广播电视节目时总是有意无意地学习节目当中的语言，因此，广播电视语言在全社会都具有示范性和引导性。对于语言本身的学习和运用，广播电视可谓是空中的语言学校，在人们不知不觉中，语言潜移默化地发挥了示范、引导、提倡和熏陶作用。归纳起来，广播电视人声语言的规范化包括以下三个方面具体的要求。

一是语言规范。由于汉语语言、文字丰富多样，为了保证传播的清晰性、准确性，广播电视人声语言要采用规范的普通话语音，避免语言中的方言痕迹，避免语音的错读和误读。

二是词汇规范。广播电台的传播对象是全社会，因此，广播用语、用词需要考虑共性，尽量使用大家都听得清、听得懂的规范性词汇，少用方言土语，少用只有内行人才懂的专业名词、行话，慎用不常用的简称，不用外文，少用那些尚未被普遍接受的外来新词、网络用语。

三是语法规范。要运用人声语言准确地表情达意，必须使用合乎汉语语法规则的句子。大众口语中的一些不足，如语言啰嗦、句子成分缺失、用词不够准确、词语搭配不当、句子表意不清等，在广播电视节目中是一定要避免的。

（3）优美化。

人声语言本身，完全能够给听众以美的感受。广播电视在以人声语言为载体传达信息的同时，还要让受众在和谐悦耳的语音中感知和联想，从而使其获得丰富的审美感受。因此，广播电视的人声语言不仅要选用语音清楚响亮的字词，并且语音语调还要寓于韵律和节奏，听起来优美和谐，要用抑扬顿挫的声调、整齐匀称的音节、长短相间的句式，表达出人声语言的整齐美、抑扬美和回环美。

二、音乐

与人声语言符号的抽象概括性相比，音乐和音响的表意形象而生动。音乐、音响常常是画面和人声语言的补充，是语意的延伸、人物感情的深化，也是感染受众的力量所在。

音乐指的是有旋律、节拍、节奏、调式、和声、速度、力度、音色、音域、音区、织体、曲式的，经作曲家依照一定规律创作出来，由演奏家、演唱家表演完成的作品；音响则是只有速度、力度和音色，没有旋律、节拍、节奏、和声、调式和曲式，它包括自然界发出的风声、雨声、雷声、山呼、海啸、地震声等一切物体运动摩擦碰撞发出的声音。因此，音乐是写意的，音响是写实的。

广播电视中不仅有专门的音乐节目来提供音乐审美信息供受众欣赏，另外还存在着大量的节目音乐和实况音乐。

1. 节目音乐的作用

节目音乐是指在节目后期制作时配置的音乐，节目音乐主要发挥如下作用：

（1）作为背景音乐，强化情感，烘托气氛。

音乐是感情的语言，在节目中它可以作为背景音乐，通过营造音乐情感空间，配合画面、语言和音响来引导、强化受众对节目内容的理解和情感反应，以提高传播效果。特别是当需要一定的时间给受众体味、思考时，可以用音乐对受众的思绪进行暗示或引导。

新闻节目以传播信息为目的，形式上尽可能客观公正，音乐的运用一般比较谨慎。消息类新闻节目中除实况音响中存在的实况音乐外，一般不使用音乐来辅助信息传达。只是在广义的新闻类节目中，有时采用音乐来渲染气氛、抒发感情与提高传播效果。在文艺等其他类型的节目中，节目音乐的运用则是比较广泛的。

（2）作为编辑手段，整合节目，创造蒙太奇效果。

从节目编辑的角度来看，节目配乐能够提高受众注意力，还可以掩饰其他表达要素中存在的缺陷，例如，可以用音乐的连贯性、呼应性来提高节目各要素间的整体性，掩盖画面编辑不流畅的缺陷。电视中欣赏性的节目，如服饰展、花展等，或者重大事件的精彩回顾节目，经常会用一段连贯的音乐把不同时空条件下拍摄的画面串联在一起。

节目配乐与节目的其他构成要素组合，还可以构成各种蒙太奇，例如，庄严的乐曲与委顿的人物形象同时出现，会产生滑稽的对比效果。

（3）作为节目的声音标志。

广播电视的传播，不会像电影那样仪式性地被受众收看，而是在受众个体分散的自由环境中进行的，受众经常处于伴随状态，边做其他事情，边收听、收看节目。因此，大多数电台、电视台及其各固定节目都设定了自己的标识，以吸引受众的注意，标识的声音部分，一般都选用音乐或音乐加人声语言。

充当广播电台和广播节目音乐标识的音乐，称为开始曲。电视的音乐标识一般是与画面结合在一起的，称为片头。

（4）作为节目的间隔或过渡。

不同的广播节目之间或者一个单篇较长的节目中往往需要做一些分类归纳或段落分隔，音乐便常作为有效的间隔方法，有些节目中时间、地点、场合、事件发展过程等的转换过渡，往往也采用音乐。这些音乐在广播节目中被叫作"间隔音乐"或"桥梁音乐"，起着划分段落、调控节奏、营造气氛等作用，也给听众舒缓情绪、转换接收心态提供时间。

在电视节目中，与上述广播节目中"间隔音乐"起同样作用的音乐再加上与之配合的画面、语言，统称作"片花"，出现在节目中需要隔断的位置。

2. 实况音乐的作用

在新闻类节目中，有时新闻现场存在一些音乐，称为实况音乐，如音乐会、演唱会或重大场合的升国旗唱国歌的仪式等。这些现场意义很强的实况音乐，和现场的环境、氛围或事情的发展情况密切相关，是新闻事实的重要组成部分，记者必须在现场及时摄录。实况音乐不仅可以作为事实性要素发挥传播作用，有时还可以作为节目音乐，强化内容的情感、情绪，烘托气氛，创造蒙太奇效果，如此往往会收到很好的综合效果。例如，在我国运动员夺得奥运会金牌的新闻节目中，画面是登上领奖台的中国运动员和冉冉升起的五星红旗，颁奖现场奏响的国歌声无疑增强了所有中国观众的民族自豪感。

三、音响

在广播电视传播中出现的音响，可以分为实况音响与音响效果两种。

1. 实况音响及其作用

实况音响是客观物质运动声波真实的再现，具有现实还原的特点。对实况音响而言，声音的客观存在是其真实感的来源。在广播节目中，实况音响可以用来营造现场场面和气氛，表现人物性格和情绪，听众根据听到的音响可以想象出现场的情景、人物的形象。在电视节目中，实况音响也就是前面提到过的用来表现现场背景声音的同期声（又称效果声），对画面起着补充和介绍环境、说明背景特点的辅助作用，可增强电视节目的现场感、空间感，提高节目的真实性，给观众以身临其境的感觉。例如，在电视新闻节目《大官村里选村官》中，开篇的镜头是大屯镇清晨的景色，镜头中传来鸡鸣声、鸟叫声还有村广播站的广播声音，传达着浓郁的农村气息。稍后，在村民正式投票选举村委会主任的段落里，三个屯子的村民聚集在一起等待选举，现场嘈杂的人声，体现出村民们按捺不住的激动心情。

为了更好地营造现场气氛，目前广播电视节目都十分注重对实况音响的运用。在需要配上解说词的部分，一般把实况音响压低保留在二声道，解说的声音录制在一声道，两声道合成后播出，这样观众既可以听清楚解说词的内容，又可以听得到极富表现力的实况音响。

在广播电视节目中，实况音响主要发挥如下作用：

（1）再现事实的声音形态。

实况音响为受众提供了真实的、具有现场感的听觉事实，使受众可以更直接、更具体地感受事实及其现场氛围，这对于提高新闻的真实性、可信性和传播效果具有重大价值，是文字、语言、音乐及图像都不可替代的。

在某些特殊情况下，由于声音具有全方位的特性，在视线（摄像机）看不到或看不清的地方，音响有可能是唯一的实况事实记录，此时的实况音响具有特殊的新闻价值。例如，2001 年美国"9·11"事件发生时，有一位跟随拍摄消防队员的摄像师在双子大楼里拍摄时被埋在坍塌的废墟里面。这时画面里一片漆黑，在这种伸手不见五指的环境里想要拍摄到任何画面已是不可能，但是这位摄像师顽强地开着摄像机，记录下了大楼坍塌之后废墟里的音响。这段黑漆漆的画面由于有了现场音响而显得弥足珍贵，成为那个历史时刻特定场合的唯一见证。

（2）发挥一定的叙述作用。

某些具有典型意义的实况音响，可以代替语言进行叙事。声音是事物运动的伴生物，许多事物、运动都有自己的声音特征与形象，具有符号功能，因而选择并组织典型的实况音响，可以在受众的想象中再生成事物、事件的运动变化过程，达到叙事的目的。例如，运动比赛过程中的精彩瞬间，人们爆发出的欢呼声；汽车启动离开时，发动机的轰鸣声。

（3）提供节目起承转合的过渡。

声音或声画叠加转换是广播电视节目常用的转场手段，通过声音叠加在前一个声音或画面上，引出下一段画面，使受众注意力自然转移，也使画面承转自然、流畅。例如，前一个画面是在车水马龙的街道上，青年推开站在飞驰而来的汽车前面的孩子，自己却被汽车撞倒了，在青年昏迷的画面里叠加上了救护车的声音，那么接下来的段落就可以自然地过渡到青年在医院接受急救的情况。

（4）创造蒙太奇效果。

实况音响可以作为一个独立的时空单元，可以与其他时空单元并立、同步传达信息，也可以与其他时空单元连接，并在相互映衬、补充、对照、冲突乃至否定中生成新的意义。例如，一个古老而落后的小村庄的图像和繁华都市街头喧嚣的音响同时出现，可以让人联想到现代文明对古老传统的冲击。

（5）突破视像的框限，拓展空间。

电视画面受屏幕边框限制，容量有限，而音响则是全方位的，可以突破画框的限制，将信息的容量延展到画面之外，形成一个与人们的经验相同的视听信息空间，从而扩大画面的信息量。

音响按出现方式来划分，可以分为画内音响和画外音响。画面内物体发出的声音称为画内音响，它依附在画内物体之上。画面上看不到的物体发出的声音叫作画外音响，它并不完全依赖于画面内容，而是具有相对的独立性，这就大大增加了其信息量。与此同时，由于声音的全方位性，画外音响可以起到扩展画面空间的作用，既可补充画面的背景信息，也可以为镜头的移动或切换提供根据。例如，当画面上出现一个孩子正在聚精会神地盯着某处看的场景，画外音响是《新闻联播》栏目大家熟悉的开始曲和播音员的问候声，观众可以推断这个孩子正在看电视。这时，如果画外忽然响起一声巨响，孩子抬起头顺着声音看过去，那么下一个镜头就可以很自然地切换到发出巨响的物体了。

2. 音响效果及其作用

音响效果是信息传播者制造出来的或转借来的声音，它与实况音响的区别在于，实况音响具有客观真实性，而音响效果是一种基于主观体验的真实感。所以音响效果再现事实，只能用于表现、表达或虚构上。因此，新闻、纪录片等纪实类节目很少使用音响效果，一般常用在文艺节目、娱乐节目以及广播剧、电视剧等"非再现性"节目中以增强传播效果。

音响效果除了不具备实况音响客观再现的作用外，一般而言可以发挥与实况音响相同的效果。此外，它还具有一些独特的作用：

（1）创造主观化音响。所谓主观化音响，就是从主观角度出发，将客观音响加以变形，或是制造出现实中不存在的声音形式，以传达作者或表达对象的主体音响感受。如较常见的是采用夸张、变形的方法，把本来听不见的声音放大到听得见，把小的声音放大到震耳欲聋，还可以加上混响、延时处理等。

（2）创造现实当中不存在的音响形式。这种手法经常使用在科幻、动画等类型的节目中，用以配合新奇、怪异、陌生等非日常经验性的情境。

（3）营造和渲染气氛。通过音响强弱、节奏等的变化，配合特定的情节与画面，可以营造出摄人心魄的氛围。例如，用心跳的音响来表现人物的紧张，用钟表的滴答声来表现时间的紧迫。

第三节 视觉元素——画面的特性

电视画面，一般指的是屏幕上的图像，既指单帧的静态图像，也指整个节目的动态镜头。它是电视传播的表现形态，也是构成电视节目的基础。简单来说，电视画面"有声有色"，并且具有运动感，是电视屏幕框架内具体生动地再现、表现含有一定信息内容的直观影像。

一、电视画面的特性

画面具有与声音完全不同的特性，主要表现在以下五个方面。

1. 电视画面是连续运动的

时空一体的运动与变化是人类感知客观世界的基本方式，但是报纸、杂志等传统媒体使用的照片、图片只是静止地展示世界，而电视画面实现了时空一体化的动态再现。这种时空一体、连续运动的画面与客观世界相同，为真实再现客观的世界提供了最好的媒介基础。

2. 电视画面具有现场感

语言文字陈述的是事件的结果，而画面更擅长表现事件的过程，是事件现在的时态、正在进行的情景，可以给观众带来身临其境的现场感。尤其是现场直播的电视画面，实现了同时传播，现场感更加强烈。

3. 电视画面具有客观性

电视画面在传播信息的过程中对观众而言有着"百闻不如一见"的强大优势，画面准确、全面地再现了摄像机前面几乎全部的内容，人们对画面的内容一目了然，画面中的形象具体、鲜明且可信。因此，纪实性电视画面被看作现实的客观再现，能给观众带来强烈的现实感。

4. 电视画面具有选择性

虽然电视画面所反映的情景是客观存在的，但是在瞬息万变的大千世界中到底拍摄什么样的画面，却是经过人为选择的。例如，选择哪些现场景物，拍哪个物体，选什么角度，用什么样的镜头方式等。拍摄者的主观因素，包括个人的思想观点、价值观念等，都会有意无意地对画面的选择产生作用，因此，拍摄下来的反映客观现实的画面在很大程度上反映了拍摄者的主观意愿。

5. 电视画面具有多义性

单个电视画面的含义是不确定的，可以作多种理解。尽管电视画面忠实地再现了摄像机所记录下来的客观现实情景，然而画面并不指明这些情景的确切含义，它只是肯定此情此景是具体存在过的，但这些情景究竟表现了哪些内涵，画面是无力作出明确指示的。也就是说，画面的功能仅限于展现、再现，而不作解释，更无法论证，具有一种意义含混、模棱两可的特征。例如，一男一女在公园长凳上并排而坐窃窃私语的画面，可以理解为一对情侣在喁喁情话，也可以看作是一对兄妹在谋划如何分配父母的遗产，还可能是第三者插足的不正当幽会，至于这是属于应该鼓励的、保护的或是反对的，画面表达是无能为力的。同样的画面，可以用完全不同的解说词去作说明，比如中央电视台播出的国际新闻，画面采用外国电视台摄制的内容，解说却是新华社的电讯稿，这就是利用了画面多义性这一特性。

除了相关画面提供的逻辑关系之外，画面还会因观众认知结构的不同而产生各种歧义。从接受美学的角度看，正是观众理性知觉与主观参与的交互作用，才完成了对画面意义的理解。而每个人都会有自己独特的兴趣爱好、文化素养、道德观念、政治观念和社会观念，对于同样的一组画面，不同的观众会作出截然不同的理解。例如，"文革"时期，当时的中国青少年观看成千上万的红卫兵在大安门广场集会游行的画面时，感到无比激动，而国外的一些观众则认为画面中的人物陷入了一种不可理喻的非理性狂热中。观众对于画面的不同理解和反应，我们称其为画面外在的辩证关系，它也是以画面含义的不确定性为依据的。

二、电视画面的功能

1. 纪实传播

电视画面能完整地记录摄像机前的种种现实情景，并将其准确、客观地传送到广大受众面前，这使电视画面天然地具有一种纪实传播的功能，许多重大事件的电视画面成为不可多得、弥足珍贵的历史见证。例如，菲律宾的电视纪录片《人们的力量》，反映了前总统马科斯下台出走，科·阿基诺上台执政的过程，记录了菲律宾这一段重大政治事件。

2. 形象传播

电视画面与文字传播不同，文字传播可以高度抽象、概括、提炼，而电视画面始终只传播看得见、摸得着的具体事物。也就是说，电视画面传播的是一种形象的、具体的现实面貌，而不是一种概念和抽象的事物。它从不传播诸如动物、植物、房子、石头这样的概念，只传播某一种具体动物，某一棵有枝有叶的具体植物，某一幢带有自己特色的房子，某一块棱角与众不同的石头。电视画面的这种形象传播功能使它具有很强的感染力。

当然，电视画面不传播抽象的事物及概念，并不等于电视不能表达抽象的思想，电视画面的巧妙组合加上声音的构成与观众的联想、想象等思维规律的共同作用，就使得电视能够传播人类所创造的几乎一切的文化信息。

3. 直接传播

电视画面中出现的是某种具体的人和物，它传播的内容与观众之间不存在中介物，任何接触都是直接的，符号和被表明的物体是合二为一的。长期以来，不同的语言、不同的文字成为各国家、各民族之间沟通的屏障，而电视画面的直接传播特征使这些障碍基本消失，使用不同语言、不同文字的人们之间的直接沟通成为现实。电视凭借直接传播的功能，成为一种世界性的沟通交流工具。

三、电视画面的影像因素

影像是画面视觉形象的存在形态，在两维的电子屏幕上再现客观事物三维的立体空间。电视画面主要包括景别、构图、角度、运动、光效、色彩、文字等影像要素。

1. 景别

景别是被拍摄的主体（可以是人、物或环境）在画框内呈现的范围。根据这种范围的比重和画面表现空间（一般是以画框内成年人身体部分多少为标准），可以进一步把景别划分为若干种，主要有远景、全景、中景、近景和特写五种。

（1）远景。

远景画面一般没有明确的主体，多用于表现大范围的空间、环境、自然景色或大型活动的场面。

（2）全景。

全景画面以主体的存在为前提，是表现成年人的全身场景的画面景别。不管是一个人、一部车、一棵树、一座楼或是一个特定的场面，若用全景来表现，都要求外部轮廓线条的完整。

（3）中景。

中景是表现成年人膝盖以上或具有典型意义的局部场景的电视画面。中景主要用于交代人与人、人与物之间的交流及相互之间的关系，反映人物的动作、姿势、手势。在电视访谈、节目主持人现场采访等镜头中，景别的运用基本上都是以中景为主。

（4）近景。

近景是表现成年人胸部以上或物体局部的电视画面。近景画面的表现重点是人物的精神态势和物体的局部细节特征。

（5）特写。

特写是表现成年人肩部以上的头像或某些被摄对象细部的电视画面。它突出地强调人或物的局部细节，通过一"点"窥视人的内心或物的本质。特写是一种在视觉上具有强制性的镜头，有着较强的主观性和情绪性，展示出人眼无法模仿的视觉效果，容易给人以视觉上、心理上的强烈刺激。特写镜头不一定都是人物头部，有时也用于表现手、脚、景物特写或物体局部。

2. 构图

构图就是结合被拍摄对象（动态和静态的）与摄影造型要素，按照时间顺序和空间位置有重点地分布、组织在一系列活动的电视画面中，形成统一的画面形式。构图的基本任务是把生活中一般的、个别的、局部的形象组成一个艺术整体，运用画面的形象来生动有力地表现某种思想、情感和美感效果。组成一幅画面一般有这样几个因素：主体、陪体、前景、背景和空白等，另外还需要考虑到画面构图的均衡以及表现运动对象时应有的动感等。

（1）主体。

主体是电视画面中的主要对象，它是一幅画面中主题思想的重要体现者，在画面中起主导作用，控制全局的焦点，也是吸引摄影者进行艺术创作的主要因素。让主体在画面上形成表达内容的中心、视觉与结构的中心，这就意味着在画面空间上要给予主体明显的位置、充足的光线，显露其主要的轮廓线条，使之一目了然。

（2）陪体。

陪体是相对于主体而言的，是与主体有紧密联系，在画面中陪衬、渲染及突出主体的被摄对象。陪体能够帮助观众了解成像时的现场情况，使观众更容易理解画面中主体的神情、动作的内在涵义。陪体处理有直接和间接之分：直接表现是指陪体出现在画面中，出现在主体周围，与主体"相伴而行"；间接表现是指陪体不直接出现在画面上，在观众欣赏画面时，自然而然地出现在观众的想象之中并为镜头转场提供方便。

（3）前景。

位于主体之前，靠镜头最近的景物为画面的前景。它虽然出现于画面上下左右边框部位，但给观众视觉心理的影响不能低估。凡是有前景存在的画面，前景离观众最近，因此也是吸引观众注意画面环境的关键。前景还有一个非常重要的作用，就是可以突破画面二维空间的局限，表现出强烈的空间感和透视感，使电视画面有了更加鲜明的立体效果。

（4）背景。

位于主体之后，渲染、烘托主体的景物为画面的背景。背景可以点明主体事物所处的客观环境、地理位置及时代特点，可以利用色调和空间来陪衬主体，使主体的形状及轮廓明显，还能制造各种画面气氛、情调，帮助解释画面内容。

（5）空白。

画面除了实体之外，有时还要有空白。画面的空白是由单一色调的背景组成的，失去了原有实体形态的天空、大地、水面、墙壁等景物，由于其色调单一，都可以视为空白。空白是一条无形的纽带，把画面中的各个实体元素联系为一个有意义的整体。如果一个画面中没有空白，而是填满了主体、陪体和环境的线条，必然会使人的视觉应接不暇，反而削弱了画面的表现力，因此，所有画面都需要留有恰到好处的空白。

（6）均衡。

画面均衡是指经过艺术处理后，构成图具有稳定、完整且和谐的感觉。画面的均衡感既来自画面形象（不同的景物、影调、色块及动静状态）给人的视觉感受，也来自人的视线在画面各因素之间的运动，包括客体刺激和主观感受两方面的作用。均衡是人们审美的基本要求，如果画面的某一边"过重"或"过轻"，就会影响到主题表达，也会影响和分散观众的注意力，有时还会破坏人们对于事物的某种欣赏习惯。

3. 角度

角度就是画面拍摄时的"视点"，是由镜头与被摄对象在实际空间中的位置关系形成的。

画面角度的变化一般是由拍摄的方向、高度和距离来决定的。根据方向不同，可以分为正、侧、背面角度，还有斜侧、倾斜角度等特殊角度。正面角度具有稳定、庄严的感觉，拍摄人物时，被摄对象与观众容易产生面对面交流的感觉。正、侧角度适用于表现画面内人物之间的交流，背面角度则携带主观性强的情感意味。根据高度不同，可以分为平、仰和俯视角，不同的视角具有不同的叙事功能和情感性。平视镜头表现的是正常的情绪；仰视镜头则有利于表现人或事物的高尚、宏伟，带有赞颂的感情色彩，经常用于表现国家领导人、英雄人物或高大宏伟的建筑物等；俯视镜头则会显得人或物比较渺小，常带有轻蔑、鄙视的情绪。

4. 运动

电视镜头的本质就是运动，把被摄主体的运动状态通过摄像机的运动镜头呈现出来，这就是电视的魅力所在，同时也是影视艺术区别于其他造型艺术的一个重要的标志。镜头运动主要具有以下几方面的作用：

（1）通过镜头运动，电视可以最大限度地还原现实生活，同时也可以最大限度地让观众理解生活。

（2）镜头运动可以体现电视的视点变化。例如，摄像机代替观众的眼睛，即客观镜头，摄像机的运动方向就是观众的视点方向；或是摄影机代表角色的双眼，显示角色所看到的景象，即主观镜头，摄像机的运动方向使得电视人物和观众的视点保持一致。

（3）镜头运动可以建立起空间感。镜头运动使画面景别和角度不断变化，使电视画面在屏幕上展现出一个富有纵深感的三维立体空间。而且，镜头运动还可以用来建立观众的心理空间感觉，即通过简单运动，让观众明白几个人物之间的空间关系。

（4）镜头运动可以渲染电视人物的特定情绪。例如，镜头急速跟拍人物的运动，这个人物的内心状态可能就是焦急的、容易冲动的。

运动形成了镜头的基本表达方式，电视镜头的每一种运动都有特定的含义和明确的目的，不同的运动方式传达不同的镜头含义。运动镜头的运动可以分为以下三种形式：

（1）镜头内部运动。即摄像机机位和镜头不动，主要靠画面中人或物体的运动来表现动感。

（2）镜头外部运动。主要指镜头内部人或物体基本不动，而镜头外部摄像机产生运动。外部运动主要有推、拉、摇、移、跟、升、降等运动方式，一般通过摄像机焦距的变化或摄像机本身位置的变化来实现。

（3）镜头综合运动。即镜头内部运动和镜头外部运动合二为一，不但画面内部被摄体运动，画面外部镜头也同时运动。这种综合运动动势效果极为强烈，拍摄方法很多，也更加灵活。

5. 光效

光线是形成活动影像并产生视觉的前提，更是电视摄像创作的灵魂。光可以作为一种体现艺术风格的视觉语言，参与电视艺术创作。

按照其作用，光可以分为主光、副光、环境光、修饰光和效果光；按照投射方向，光可以分为正面光、侧光、逆光、脚光和顶光；按照性质，光可以分为直射光、散射光等。不同强度、不同方向的光线能够形成各种光效，体现电视编导的风格、倾向。

光具有以下四方面的艺术表现功能：

（1）创造纵深空间。光效可以在二维的屏幕上创造出三维的立体空间，它是塑造立体空间的重要手段。

（2）形成影调，渲染气氛。不同强度、不同性质的光能够形成明暗反差的影调，起到渲染气氛、奠定作品基调的作用。例如，高调照明通常用来制造一种欢快、清新或纯洁的气氛。

（3）刻画人物。编导可以运用光和影来创造性地刻画人物形象，揭示人物的心理活动，表现人物的性格特征等。此外，光效还可以重新塑造人物的外形——使胖子变瘦、瘦人变胖、老人变年轻等。

（4）参与表演。光线能够作为独立的情节因素，像演员一样参与剧情、扮演角色，发挥独特的作用。

6. 色彩

随着时代和创作观念的发展，色彩不再只是增加影视作品现实感的因素，它更多地被当作一种语言形式来加以运用，创造出具有审美价值的色彩功能。色彩的价值，可以理解为编导基于色彩的物理属性，根据观众的视觉生理、心理特点和生活经验，尊重作品的主题思想、题材选择，有意识地运用色彩去表情达意、刻画人物等，达成新的美学追求。

色彩主要有以下三方面的功能：

（1）体现编导意识和作品风格，用色彩表意。如同样的红色，不同的导演根据作品的主题和内容，根据自己的世界观、人生观，而赋予它各异的意味，表达的就可能是完全不同的意思。

（2）色彩形成作品基调，揭示主题。由于色彩具有情感含义，使它可以提炼为某种抽象的思想，进而表现主题，如红色代表博爱，蓝色代表自由等。

（3）表现人物情感和心理活动。色彩的运用逐渐摆脱简单的外部描摹而进入人物的内心世界，成为描绘情感和心理活动的屏幕语言。

7. 文字

电视屏幕上的文字有两种类型：一是画面文字；二是屏幕文字。

画面文字，是指出现在画幅内的文字（如路标、招牌、会标、文件等）。画面文字的巧妙运用，有时比使用单纯的语言描述更简洁，更有吸引力，有时还可以起到画龙点睛的作用。特别要注意的是，这类文字因受画幅所限和镜头运动等因素影响，常常是不完整或不够清晰的，因此，使用时可以配合声音等其他传播符号以防止歧义的产生。

屏幕文字，又称字幕，是指在节目后期制作时叠加到屏幕上的文字。字幕的作用包括：打出节目的标题；介绍画面上人物的姓名、单位、身份等；标出重要的数字、时间等以加深观众的印象；概括讲话内容标在讲话者图像的下方，以避免由于口音等问题造成的信息传达障碍；在节目片尾标出工作人员名单及制作时间等。

为了提高电视新闻的时效性，字幕新闻的方式也越来越多地被采用，即在不打断正常节目播出的情况下，用屏幕下方播放滚动字幕的方式告知信息。

第四节 听觉元素与视觉元素的关系

在我们的感官世界里，世界不仅是一个图像的彩色的世界，还是一个声音的世界。在正常人的眼中，纯粹无声的世界是不存在的，有了声音的加入，图像的世界才是一个完整的世界。

一、电视中声音的作用

电视强调的是"声画并茂"的传播方式，因此，电视中的声音一般都要结合电视画面来发挥作用。在电视传播中，声音的作用主要表现在以下五个方面。

1. 声音能丰富电视传播的内容

画面往往只能表现看得见、摸得着的东西，而对表达内在的思想、抽象的哲理等内容则显得力不从心。但声音完全不受这些局限，尤其是人声语言，它可以表达非常深刻的理性、抽象的内容。因此，声音和画面的结合，就大大扩充了电视传播的容量。

2. 声音能加强传播内容的现场感、真实感

现实社会本身是有形又有声的，所有场景都伴随着各种各样的声音。只有让观众既看到又听到，才能给观众身临其境的感觉，让观众得到符合客观的真实印象，感觉到电视所传播的内容是真实、可信的。

3. 声音能渲染、烘托环境气氛

声音中的音乐和音响具有很强的渲染、烘托环境气氛的作用。相同的画面配以不同的音乐或音响能产生截然不同的效果。例如，同样是一位姑娘在湖边漫步的图像，如果配以欢快的音乐，观众可以感受到姑娘欢快的心情；如果配

以沉重的音乐，观众则会感受到姑娘内心的痛苦。

4. 声音能使画面剪接显得更加顺畅、自然

无论是同一场面的不同画面，还是不同时间、不同空间的画面，都可以用一段流畅的声音联结在一起。很多电视节目就是运用了声音组接画面这一功能，利用一段完整而连续的音乐、音响或者人声语言把原本散乱的画面流畅地剪接在一起。

5. 声音能使静止的画面活动起来

声音是一种运动符号，它的变化意味着一种运动的发生，能使电视中静止的画面活动起来。有些历史题材的纪录片，由于缺少资料镜头，往往采用历史照片或者绘画作品的画面，配以适当的音响和镜头自身的推、拉、摇等运动，就能使这些原本静止的图片似乎也运动了起来。

二、电视声音和画面的关系

画面和声音在电视中的地位几乎是对等的。画面是视觉的艺术，声音是听觉的艺术，两者通过组合来共同展示电视的魅力。声音和画面的组合方式主要有两种：一是声画合一；二是声画对位。

1. 声画合一

声画合一，也称声画统一或声画同步，即声音与画面中的发声体同时呈现并同时消失，画面中的视像和它发出的声音（包括解说等画外音）是一致的、吻合的。对于音乐而言，它表现为音乐与画面紧密结合，音乐情绪与画面情绪相一致，音乐节奏与画面节奏相吻合。声画合一是最简单、最常见的声画结合形式，它的特点是声画同步发生、发展，视听高度统一，这种声画组合方式可以加强传播内容的真实感和可信度，具有鲜明的纪实功能。声画合一有以下两种形式。

（1）画内声画合一。

画内声画合一即画内音响空间和视觉空间统一，画面中出现的人或事物就是声音的发声体，如同期声与画面的统一。比如，画面内有人物或物体的动作，产生了声源，如人在走路、马在奔跑、汽车在飞驰等，与此同时，就可以听到脚步声、马蹄声、汽车引擎声等，画面与声源对应，两者完全吻合。

同期语言、声音的运用方式主要有：画内人物的声画合一，即在声音播出的同时也能看到人物讲话的画面；画内发音体的声画合一，如机器轰鸣时看见机器的运转；新闻节目中，记者出镜报道、现场采访，演播室中，主播出镜口播新闻。

（2）画外声画合一。

画外声画合一即画面空间与画外音响空间统一，声音在具体地阐释画面中的事物和情景，它们在时间上是同步的，如解说词与画面的统一。比如，画面中出现一幢房子，声音就具体说明这幢房子的相关情况。

画外音解说在电视新闻、纪录片中被普遍使用，在电视剧等故事性的影视文本中，解说词则主要用于表现情节的推进以及基本人物、场景的介绍和展示。

2. 声画对位

声画对位，也称声画分离，简单说就是声画不同步、不合一。声画对位是指电视节目中画面与声音对列，它们按照各自不同的规律与逻辑，独立地表达不同的信息，却又相互作用，有机地围绕和表现同一内容。声画对位这种方式，是利用声音和画面不同步所生产的信息差距，充分调动人们视听两个感知通道的"注意力"，引起声画信息叠加联想，加大感知深度，产生一加一（声加画）大于二（声画）的传播效果。通过观众的联想，达到对比、象征、比喻等对列效果，产生声画自身原本所不具备的新寓意，拓展作品的信息量，增加作品的艺术感染力。

在电视新闻类节目中，声画对位的组合方式适用于三种情况：第一种是画面信息十分清晰、一目了然，而观众可能还有更深层次的疑问、误解或需要，解说词就应做一些解释、分析、说明的工作；第二种是有些需要报道的事情电视记者无法拍到实况，则可以用解说词叙述新闻事实，而画面反映时过境迁的一些实地景象或相关图片、照片等；第三种是新闻评论，画面出现电视新闻场景，而记者在旁发表评论。

在电视文学类节目中，这种声画对位主要存在于旁白、独白、画外解说、音乐等，为了转承或展开剧情，让声音和画面适当剥离，展开各自的情境，表达不同的意义，又在转合的情境中产生更加强烈的表现力和感染力。比如，画面是当下古战场的场景，而声音却是古时金戈铁马的战争音响，这样，现代的时空（画面）和古代的时空（声音）交错杂糅在一起，就营造出一种怀古凭吊的氛围和情绪，这是单纯的画面和声音都达不到的效果。

无论是声画合一还是声画对位，都要求电视画面和声音有着密切的关联，切记"声画两张皮"，即电视画面和声音各行其是，在解说词中贴上一大堆时间、地点、人物都模糊的所谓"资料画面"，让画面成为语言的"配画"，若画面本身没有承载任何信息量，也就失去了电视媒体"声画结合"的意义。

参考文献

［1］孟建，黄灿. 当代广播电视概论. 北京：中国传媒大学出版社，2011.

［2］吴玉玲. 广播电视概论. 北京：中国传媒大学出版社，2007.

［3］陈莉. 当代广播电视概论. 南京：南京师范大学出版社，2010.

［4］张凤铸，施旭升. 广播电视艺术学通论. 北京：中国传媒大学出版社，2011.

［5］毕一鸣. 现代广播电视论纲. 北京：中国广播电视出版社，2007.

［6］倪祥保，钱锡生. 广播影视学. 苏州：苏州大学出版社，2007.

［7］叶子. 电视新闻学. 北京：中国传媒大学出版社，2006.

［8］黄匡宇. 电视画面创作技巧. 北京：中国广播电视出版社，2002.

第七章　广播电视新闻业务

新闻工作者在实际工作中要达到的最基本的要求是具备一定的新闻业务能力，即具有一定的采、写、编、评的能力。

新闻采访是新闻业务的基础。简单地说，新闻采访就是为写作或制作广播电视新闻报道而采集新闻事实的系列活动。广播电视新闻的写作是以采访为基础的，结合广播电视的传播特性，写作时要重点考虑如何写出适合播出或与电视画面相匹配的文字稿，为受众提供鲜明的听觉形象，使新闻事实实在化、立体化。编辑工作是广播电台、电视台新闻工作中的重要部分，是对新闻传播活动的"总设计"与"总指挥"，是新闻传播活动的"总把关人"。广播电视新闻评论，是广播电视新闻媒介针对现实生活新近发生的具有普遍意义的新闻事件、迫切需要解决的社会问题或公众广泛关注的社会话题发表评论、作出分析的节目形式。本章将详细介绍采、写、编、评这四大新闻业务。

第一节　广播电视采访

从广播电视新闻工作的流程来看，采访是最初的同时也是非常重要的一个环节，是新闻写作的前提，也是给新闻写作提供基本内容的活动。没有新闻采访，就没有后来的新闻写作、编辑与评论。采访是采访者对客体事物的认识过程，是采访者运用自己的新闻观点、知识积累和思维方式，通过亲自观察、倾听，经过思索而作出分析判断的过程。

一、采访策划

凡事预则立，不预则废，采访之前要先做好策划，围绕确定选题以及如何采访报道进行多维度的采访准备活动，采访策划主要从以下四个方面进行。

1. 明确报道思想

报道思想是指新闻媒体为达到预期的传播目的，而制定的新闻工作设想、意图。它包括报道目的、报道内容、报道范围、报道重点等方面的要求。明确报道思想有利于记者从全局来考虑问题，记者要仔细领会编辑部提供的报道原则和报道提示，把它作为采访活动的指南。

2. 获取新闻线索

新闻线索是指为新闻采访报道提供有待证实、扩展和深化的信息，给新闻记者提示新闻的所在、新闻采访的方向。新闻采访一般是从发现和掌握新闻线索开始的，这关系着采访工作其他环节的成效。记者获取新闻线索主要有以下几种途径。

（1）党政文件、领导人讲话。

（2）从编辑部门（如指定任务、"新闻热线"）获得线索。

（3）新闻发布会、记者招待会。

（4）从各个应急部门获得诸如刑事案件、火灾、交通事故、空难等新闻线索。

（5）来自新闻线人、读者、观众以及朋友提供的新闻线索。

（6）从其他公开报道中引出新的线索。

（7）来自记者本人的观察、访问和思考，以及从与群众的接触、闲谈中获得线索。

3. 把握新闻价值

新闻价值是选择和衡量新闻事实的客观标准，新闻价值可以为确定选题提供参考。1903年，美国人休曼的《实用新闻学》一书出版，书中正式提出新闻价值（newsvalue）的概念。西方传统的新闻价值理论主要是新闻价值要素说，包括的要素有兴趣、影响、接近、及时、显要、异常、冲突等。1918年，我国新闻学者徐宝璜把这个概念引入中国。随着大众传播方式的多样发展，新闻价值要素得以浓缩和补充。1984年，在美国出版的《广播电视新闻报道写作与制作》一书，将新闻价值的要素归纳为四个：影响、兴趣、信息和可视性，即新闻能否对受众产生普遍影响，是否具有一定的趣味性以及能否为受众提供有用信息。对电视新闻来说，还有一个可视性要素，就是让观众看到新闻图像。

新闻价值的标准要素为记者判断事实提供了具体的依据和参照。要实现新闻价值的最大化，就要求记者具备新闻敏感。新闻敏感是指记者及时发现新闻线索以及对人物、事件等新闻事实的新闻价值含量进行迅速判断的感知能力。新闻敏感是新闻工作者最重要的职业能力之一，直接影响到新闻工作的开展。

4. 确定新闻采访选题

确定新闻采访选题的过程也就是提炼新闻线索的过程。在业界历来都有"新闻发现比新闻写作更重要"的说法，这体现出确定采访选题的重要性。确定采访选题，即要明确采访对象、采访内容以及采访角度。一般可以从以下几个方面来确定新闻采访选题。

首先，从选择的报道事件中挑出具有显著特点的新闻线索进行思考，确定采访选题。特点就是事物的个性，常常也是事物的"新意"所在。通过特点，可以把握住一件事物的特质，凸显其新闻价值。

其次，在常规性报道中思维创新，精心确定采访选题。所谓常规性报道，是指就各级领导活动、方方面面的会议和节假日活动等推出的相关新闻采访报道。目前，许多媒体的选题太过同质化，甚至多年来的报道思路都没有变化、创新，使得这类选题的报道落入俗套，难以吸引受众。因此，如何在这些常规性报道中挖掘出有新意、有价值的新闻，是一个关键问题。

再次，在日常社会生活中用心感悟，深刻挖掘，从而确定选题。很多新闻线索实际上就在我们身边，隐藏在我们的日常生活中。善于用心感悟的记者，经常可以找到较好的选题。

此外，还可从具有"典型性"的事件或人物中提炼、确定选题。提炼时，要努力挖掘典型人物、事物及现象中最具生命力的内涵，必须选择受众最感兴趣、最易接受的内容和形式加以表现；要"深入浅出"，从小处着手，选取生动鲜活的素材和细节表现典型报道的重大主题。

二、采访准备

采访准备是记者为更好地采集新闻材料而进行的前期活动，也是新闻采访活动的一个最基础的环节。

1. 做好平时准备

记者要注意在政策理论、知识、业务技能、国情民情等方面做好平时积累，不断提升自己。

2. 做好临时准备

确定选题后，记者要围绕选题做准备，具体包括：

（1）了解与采访内容相关的政策法规。

（2）熟悉采访对象，事先查阅其相关的背景资料。

（3）制订可行的采访计划：确定采访时间、采访地点、采访顺序和采访方式。最重要的是要提前设置采访问题，列出问题纲要并仔细斟酌提问顺序。另外，还要考虑到可能发生的紧急情况并准备好应对措施。

（4）做好必要的物资准备：注意穿着与形象，仔细检查采访设备（摄像机、话筒、电池、灯光等）。

三、采访过程中的方法

1. 访问

新闻访问是指新闻记者通过提问的方式有目的地与采访对象进行交流，在有限的时间内弄清事实真相及其来龙去脉，进而挖掘出新闻报道所需要的事实材料的社会活动。在访问的过程中，首先要营造开场气氛，通过寻找共同语言，让对方感受到尊重，以便建立和睦的关系，开始正式的访问。访问的难点是把握提问的进程，巧妙地"换挡"、"加速"或"减速"，适时地提出尖锐的问题——真正成功的采访大都包含尖锐的问题。

访问离不开提问，访问的学问就在于提问，因此掌握提问的方式和技巧至关重要。初学者提问时常遇到的问题有：提问不知从哪里入手；问题提得简单、机械，一问一答一记，气氛紧张，经常冷场；不会引导谈话，任由对方漫无边际地谈下去；随意打断采访对象的谈话，引起对方不满；提的问题太大、太空泛，使采访对象难以回答；谈了若干问题之后，记者心里没底，不知材料是否够用。提问的成功与否直接关系到新闻报道质量的优劣，因此，掌握提问的方式和技巧，实现有效的提问是采访的关键。

（1）提问的方式。

在采访实践中，提问是没有固定的规则的，一次具体的访问究竟应该采用何种提问方式，可以根据采访对象访问的适应性来决定，主要有以下几种：

第一，开门见山式。开门见山就是单刀直入地提出想要问的问题，直截了当地说明自己的要求。这种形式一般适合于两类采访对象：一是记者熟悉的人；二是文化层次高、社会经验丰富的干部、学者、外事人员等。前者因为熟悉，情感交流早已建立，过于客套、寒暄反而显得见外；后者则有相当的社交经验和社会经历，顺应性比较强，容易领会记者的意图。另外，这种方法也适用于限定时间的访问。如某个特定场合的现场访问、广播电视的演播室访问、记者招待会的提问等。

这种提问方式因开诚布公、不拐弯抹角而使访问显得干脆利落，进展得迅速而顺利。只要双方关系和具体情况允许，这种问法可以说是一种最简单、直接且有效的提问方式。

第二，启发引导式。不同的采访对象有不同的性格特点。如果遇到受访者因口才、性格等原因而使采访时常卡壳时，记者可运用启发引导的原理和技能，旁敲侧击、循循善诱地促使采访对象围绕大家感兴趣的话题侃侃而谈。它不从正面直接发问，而是从侧面或其他方面绕一下，然后再回到中心问题上来。这种形式适合三种不同的人：一是性格内向不善言谈的人；二是不习惯接受采访的采访对象；三是有特殊隐衷不便详谈的采访对象。

对于不善言谈和不习惯接受记者采访的对象，可以从他最熟悉、最关心或最感兴趣的事情和问题问起。对于那些有思想顾虑的采访对象，记者一方面要摸清其心理"症结"所在，热情地帮助他们解开思想上的疙瘩；另一方面也可采取旁敲侧击的方法提问，在采访对象不知不觉的情况下获得采访所需的材料。

第三，激将法。激将法，也叫反问法或故意错问法。这是指记者从相反方向提出问题，或有意误解对方的意思，以刺激对方，激化其情绪，使其不吐不快。记者通过一定强度的刺激设问，促使采访对象的感觉由"要我谈"转变为"我要谈"，从而打开采访通道。这种形式常用于谦虚不想谈、有顾虑怕谈或自恃地位高而不屑谈等采访对象身上。

采用激将法提问时，一是态度要诚恳，有礼貌，不要使采访对象产生被人故意嘲弄的错觉；二是反话、错话的来源要避免引自记者或具体的第三者，以免采访对象因生气而迁怒于记者或具体的第三者，一般可以用这样的提问开头："听说……"或"根据外界传言……"。此外，激将法一般只在迫不得已的特殊情况下才与正常谈话交叉使用，而且要运用得当、灵活，否则便容易破坏交谈的气氛。

（2）提问的技巧。

第一，原初性问题和从属性问题。原初性问题是指记者所提的问题引发或改变了话题，将访问引入一个新的内容领域；从属性问题则是指为已经交谈的话题寻求更多、更详细的信息的问题。在预先周密准备的访问中，原初性问题往往是计划好的，从属性问题则是沿着对方谈话线索进行追问，或概括采访对象的谈话要点要求其解释等。

记者的提问过程一般是由原初性问题问到从属性问题。原初性问题基本是在了解事实的基本情况，即新闻六要素。

第二，开放性问题和闭合性问题。开放性问题是指限定面较宽，能给采访对象以一定的伸缩余地和灵活性作答的问题。这类问题多在访问初期使用，有助于记者了解面上的情况，方便对方轻松地进入"情况"。访谈中间提到这类问题，则有利于从一定程度上使谈话具有专题性，把问题谈得更深。但这类问题的不足之处是过于空泛，易使采访对象泛泛而谈，或不知从哪里开始作答。闭合性问题是指限定面窄，对方不易回避，只能具体作答的问题。这类问题在简要了解、核对事实时能节约时间。但这类问题的不足之处是提问单刀直入，甚至有点尖锐，使用不当会影响谈话气氛。

开放性问题和闭合性问题各有优缺点，在具体的采访实践中，要善于将两者结合起来，交叉使用。

第三，中性问题和诱导性问题。中性问题允许采访对象按自己的意愿作出任何回答。诱导性问题则是本身已经提供了某种供采访对象选择的答案。

中性问题得到的材料一般较为客观、公正，而且显示了对采访对象的尊重和信任，所以在需要全面了解对方的意见和情况时，或记者本身指向不清时，应提中性问题。而在对采访对象的谈话和态度进行确认或概括时，提诱导性问题则很有用。提诱导性问题时，特别要把握好"启发诱导"和"强加于人"的界限。

2. 观察

新闻观察作为一种新闻采访方法，是指新闻记者运用自己的眼睛，对客观事实或报道对象进行由表及里的察看与思考，借以印证与收集新闻素材或新闻线索。新闻观察是记者的视觉活动和思维活动的有机结合与辩证统一。

（1）新闻观察的内涵。

新闻观察是以眼看为主的视觉活动，用记者的行话来说又叫用眼睛采访。科学实验证明，人的大脑储存的全部信息中，80%以上来自视觉，在人的各种感觉器官中，视觉是最主要、最灵敏的器官。记者的眼睛应像一台灵巧的自动摄像机，成为一种不可剥夺的采访工具，不分时间、地点、场合和空间，也不管采访对象是否配合，只要眼睛看得见，记者就可以采访，就能随时摄取到各种有价值的事实材料。

新闻观察有着特定的目的性，需要把握事件发生的真实情况，获得有价值的、具体生动的事实材料，从而为新闻写作提供准备。

新闻观察是眼睛与大脑并用的过程。在新闻观察中，记者看到的是首要的，但事物内部的联系，事件的曲折原委，用眼睛是看不见的，它需要一个由表及里、由此及彼的分析过程，这就要通过大脑的思考和联想来完成。从心理学角度来看，新闻观察是一种有目的、有计划的知觉活动，与积极的思维紧密相连；从信息论来看，新闻观察既包括信息的输入，也包括信息的初步加工过程。

（2）新闻观察的内容和方法。

新闻观察活动中，记者所进行的观察主要是对新闻事件发生的现场观察和对所采访对象的人物观察。

第一，现场观察。现场是新闻事实存在的依托和表现形式，任何新闻事件的发生、发展和变化都离不开现场。在观察现场时，首先要进行宏观的观察，注意观察现场的基本情况和现场的情景、气氛。其次，还要进行微观的观察，留心观察事物的动态和细节，敏锐地抓住现场的典型细节，捕捉到其与其他现场的不同之处。再次，要注意边看边想边感受，眼脑并用，从一些"不起眼"的小事中查出其蕴含的重大意义。最后，要注意选择恰当的观察位置和时机。

第二，人物观察。在采访中，记者既要和采访对象进行交谈，又要留心观察对方的面部表情和形体动作，把对方的谈话和无声语言有机地结合起来，听其言，观其行，察其神。在观察时要注意以下三个方面：首先，注意观察人物周围的环境，环境影响人物，并给人物提供某种语言的舞台；其次，注意观察人物的外貌，外貌是人物思想感情的外在表现；再次，注意观察人物有个性特征的动作和语言，察觉其内心的精神状态和感情色彩。

四、采访方式

从采访主体（记者）的职业行为方式及采访的具体途径来看，采访方式主要有以下几种：等候采访、跟踪采访、即席采访、同步采访、演播室采访、电话采访、体验式采访、隐性采访以及网络采访。

等候采访，是指记者预知或预测在某个或大致或具体的时间内即将有新闻发生，提前到特定场所等待采访，如重大会议、日食等。

跟踪采访，指顺着新闻事件的发展过程，不断进行尾随采访，如持续一定时间的新闻事件、流动性的群体活动等。

即席采访多用于新闻发布会、记者招待会的采访。

同步采访严格意义上是指记者始终置身于新闻事件的现场，摄像机与记者的采访视线同步，以记者在现场出境采访和口头叙述为报道方式。现场报道大多是采用这种方式进行的。

演播室采访主要用于人物专访、讨论、座谈、辩论等节目。

电话采访，即记者给访问对象打电话进行采访，电话同期声往往可以直接录下来播发出去，具有现场见证性。目前，不少新闻媒体中仍经常使用电话连线的采访方式。在一些重大公共事件、突发事件的报道中，电话采访使记者不用出发就能了解到不同地方的信息。

体验式采访，也叫参与式采访、亲历式报道，是记者参与到被采访的事件之中，用亲身体验和感受来了解和掌握新闻事实的一种新闻采访方式。

下面重点介绍两种特殊的采访方式：隐性采访和网络采访。

1. 隐性采访

隐性采访又称"匿名采访"或"暗访"，在采访过程中，记者不公开自己的职业身份，或者不暴露自己的真实采访意图。隐性采访运用的主要手段是观察，因此它不会改变或破坏认知对象，不会破坏原有的空间与结构；加之在隐性采访时，采访主体与采访对象之间通常处于一种纯自然的交往之中，因而能够保留事件的本来面貌，采访到真实可信的事实。

与体验式采访不同，隐性采访往往是为了披露事实真相，而体验式采访更多地运用于报道正面事件与人物。在我国，隐性采访主要出现在深度报道、调查性报道中。在一定程度上，隐性采访是一种比较冒险的采访方式，因此要慎重运用。

（1）隐性采访的作用。

隐性采访虽然备受争议，但在实际操作中还是会经常被用到，这是因为它具有其他采访方式所不可替代的作用。

首先，隐性采访不会引起采访对象的心理变化和行为变化，从而有助于记者了解并掌握真实、可靠的第一手材料。

其次，隐性采访过程中不会因采访意图与采访对象的利益相左而遭拒绝，从而有助于记者把握采访的主控权，尤其是能把握批评性、揭露性采访报道的主控权。

再次，隐性采访能够排除种种干扰，全程体验事件的来龙去脉，对事件的感受也更深切，对事件的认识和理解也更深刻，增强了新闻的说服力和现场感。

（2）隐性采访的两种方式。

观察式隐性采访，又称非闯入性隐性采访，是记者以一个旁观者、记录者的身份，在暗地里不动声色地进行观察、采制新闻信息。

介入式隐性采访，又称闯入性隐性采访，是记者有意隐瞒或改变身份，作为当事人直接介入事件本身，并用偷拍、偷录等方式获取新闻，也就是记者在采访对象不知情的情况下，以一种参与者的身份"介入"所要采访的事件。这种采访方式，常常会因侵犯"人权"而引发新闻官司，所以一定要慎用。

2. 网络采访

随着网络技术的发展，网络采访兴起，人们开始利用网络开展各类采访活动。具体地说，网络采访主要包括：以网络作为新闻素材采集的渠道；利用电子邮件、QQ、新闻讨论组、部落等形式进行采访；把网络当作一种发布新闻的媒体。网络采访的结果可直接在网上发布，也可将其发表在传统媒体上，这一方面极大地丰富了新闻源；另一方面，也打破了传统媒体对话语权的垄断。网络提供了一个广阔的空间供人们发表意见，许多颇具刺激性和震撼力的事实都是通过网络披露出来的，进而引起网民强烈的反响，最后传统媒体随之跟进，参与到后续采访之中，这也就出现了网络与广播电视携手合作的一种趋势，这也是一种有益的结合。

网络采访的主体，不仅有新闻工作者，还有新兴起的"公民时代"的草根记者，采访的队伍更加强大。"公民"指有理智、能思考、会行动的法律意识明确的人，所谓"公民时代"，也即公民权利尤其是表达权充分行使的时代，这个时代已经到来。"公民时代"的草根记者被命名为"公民记者"，他们特立独行的表现十分引人注目，这不仅在于他们"草根"的身份特征，更在于他们完全基于个人的自觉意识，为解释事实真相而进行事实采访，将采访所得在网络上发布之后引起较高的点击量、较大的关注度，以至于使传统媒体也不得不吸收他们的采访成果。但目前，"公民记者"还比较少，力量也较为单薄。

新华网、人民网等许多著名网站早已存在专门的网络记者。2005年3月，在国家和社会保障部公布的社会职业分工名单中，出现了"网络记者"这一职业。作为一个新兴的行业，网络记者有广义和狭义之分，广义的网络记者包括全体网民；狭义的网络记者指现代利用网络传播从事新闻实务的专业人员。而目前，网络记者还存在种种限制和民间质疑，其中最主要的一点限制就是网络媒体的记者没有合法的记者证。但从时代的发展趋势看，网络记者不会因为行业门槛的限制而减少，反而会凭借网络优势在采访中大放异彩。

第二节　广播电视写作

写作是社会成员间交流信息、传承文明的重要工作，也是人类认识、改造客观世界和人类自身的重要手段。广播新闻的基础是新闻稿；新闻稿在电视新闻中也十分重要，它提供电视新闻的框架，并与新闻图像结合，将"视听"新闻呈现在观众面前。扎实的写作基本功，是一个合格的广播电视新闻记者或编辑必备的素质。

一、广播电视新闻写作的基本特征

与报纸相比，广播、电视等电子媒介承载信息的载体已经不单单是文字。在这两种媒介中，文字并非信息传播的唯一工具，而是与声音、画面一道承载信息的传递。比如同样收看一则电视新闻，有人会专心致志，连一点字幕都不落下，而有的人却可能三心二意，仅仅把电视当成一个伴随性媒介。因此，为符合传播信息载体多样化和受众接受信息随意性的特点，广播电视新闻写作也必须具有自己的特点。

1. "为听而写"

广播电视的新闻写作在整个媒介传播的过程中并不具备独立性的特点，也就是说，它的写作并不是纯粹的，必须受到媒介特性的制约。

广播是声音语言的媒介，广播新闻是地地道道的"为听而写"，所以任何广播写作都必须口语化。广播稿文字的字音要响亮，语句的声调要和谐，以使语言富有节奏感。这有利于记忆，并创造出生动的听觉形象。广播新闻写作以简明扼要为宜，让人在一听即过的短暂时间内一听就懂，过多地引用数字，给出过多的细节，听众反而不能记住，也就达不到预期的效果。另外，在某些广播题材中，如录音报道，由于有现场音响、同期声访谈等声音要素存在，广播稿的写作必须兼顾这些声音要素，使两者相得益彰，也使整个节目浑然一体。

电视尽管有强大的图像魅力，但电视文字稿的写作并不是为了看，而依旧是为了听。也就是说，电视文字写作依然是要塑造一种声音形象，只不过这种形象还要考虑到和视觉形象的配合，以达到电视传播视听兼备的效果。

2. 通俗易懂

广播是以声音为传播工具的，而电视是以图像、声音和少量的文字为传播工具的。人们在接收文字的时候，头脑中还需要一个对抽象文字解码的过程，这个过程隔断了感性经验和接收对象之间的联系，因此显得相对困难和麻烦。而接收声音和图像信息，人们就轻松得多。正是这种接收特征及电子传媒的传播特性，决定了电子传媒的新闻写作必须要通俗易懂。

随着多媒体、新媒体的发展，广播渐渐发展成为一种伴随性的媒介，人们在工作、休闲、散步、驾驶等过程中收听广播，听众根据自己的感性经验完全可以听得懂它，但是不愿意花费大量精力去理解它的信息。另外，伴随性的收听状态使得听众收听广播的时候往往处于一种三心二意的状态中，所以，以文字为基础的广播稿件必须符合这种接收特征，尽量做到通俗易懂。

人们接收电视信息的状态比广播还要轻松，因为声画构成的信息系统所构筑的信息世界几乎和我们现实中接触的世界一模一样，所以有人称电视所创造的环境为"拟真环境"，即和现实生活完全一样的虚拟生活环境，使得人们看电视和自然生活一样轻松。这种接收状态决定了受众在电视机前无疑是十分轻松和自由的，不用像读报纸那样需要经过认真学习认字这一阶段。电视当然也可以传递一些较为深刻的内容，但这不符合一般人看电视的习惯。所以，电视中涉及的语言必须是能和画面配套的生活化的语言。

3. 文字隐蔽

广播电视新闻写作在整个文本制作中有一种隐蔽性的趋势。随着媒介技术和报道观念的发展与变革，文字写作在电子新闻制作过程中的作用越来越隐蔽，因为电子媒介毕竟不是以文字作为主要的传播方式的，现场采访和现场音响越来越成为不可或缺的组成部分，现场同期声的运用越来越普遍。在电视传播的过程中，优势最突出的是画面的形象感和现场感，文字的写作也要符合这种趋势，它不仅要遵循文字的逻辑，还要考虑到和画面的配合，与画面的流动性相得益彰，写作本身在这里受到限制。

二、广播电视新闻写作的基本要素

对一般消息类的广播电视新闻来说，一条新闻应具备标题、导语、主体、背景等要素。

1. 标题

新闻标题是用以揭示、评价新闻内容的一段最简短的文字。电视新闻标题是在电视新闻栏目中出现在每一条、每一组电视新闻（含口播新闻和新闻提要）的画面上，专门用于概况、提示、评价新闻内容，同时又区别于其他提示性字幕的简短字幕。

2. 导语

广播电视新闻导语是广播电视新闻开头的第一句话或第一段话，用简明生动的语言文字，概括新闻最本质的思想内容，从而引起观众的注意。导语在新闻开头提示新闻的要点与精华，它的作用在于开门见山，尽快报道新闻事实，传递最新信息，使人"一听便知"，引导听众或观众继续收听或收看报道。

3. 主体与结尾

一条新闻不仅要有精彩的导语吸引受众，还要有一个丰满的、语言讲究的主体。主体的作用在于补足导语中尚未出现的新闻要素，或将导语中高度概括的事实具体化，清楚地回答受众渴望了解的问题。

4. 新闻背景

新闻背景是指在新闻写作中，新闻事实之外的对新闻事实或新闻事实的某一部分进行解释、补充、烘托的材料。电视新闻中，画面可以起到一定的交代背景的作用，但不是全部。文字作为广播电视新闻的主体，承担主要的交代背景的任务。

三、广播电视新闻写作的一般结构

广播电视新闻写作的一般结构是指新闻写作基本要素的各种布局方式，经过长期的实践积累，主要形成了以下四种相对稳定的结构。

1. "倒金字塔"结构

"倒金字塔"结构也称"倒三角"结构，是消息写作中最常用的一种结构方式。它以事实的重要性程度或受众的关心程度依次递减的次序，先主后次地安排消息中的各项事实内容，多用于事件性新闻。这种结构符合新闻快、新、短的特点，能够满足受众的需要，使受众第一眼就可以看见最重要的东西，在几秒内就可以判断是否要看下去。但它容易老套重复，生硬呆板，因为结果、结论在前，难以反映事物曲折复杂的变化。

2. "金字塔"结构

"金字塔"结构又叫时间顺序式结构，这种结构通常不一定有单独的导语，往往按时间顺序来安排事实，叙事条理清晰，现场感强，适合写故事性强、以情节取胜的新闻，特别是现场目击的记录。这种结构的缺点是开头平淡、难以一下子吸引受众，消息的精华也可能湮没在长篇的叙述之中。"金字塔"结构的高潮在后，因此，为了吸引受众，在叙述过程中要适当制造悬念。

3. 悬念式结构

悬念式结构通常在开始设置悬念，使受众逐渐增加对事件的兴趣，最后形成高潮。因其材料的趣味性从导语至结尾递增，又称积累兴趣式结构。它尤其强调将最精彩的、出人意料的材料置于消息结尾。

4. 平行结构

平行结构是一段事实，一段背景，或相对均衡地在文中穿插背景资料的结构。它不受时间顺序的限制，一会儿讲事实，一会儿插背景，大幅度地跳跃，叙述节奏明快。如果记者对新闻事件的背景资料掌握得非常翔实，不妨用这种结构。平行结构也可以将同一时空范围的事实平行排列起来穿插讲述，也适用于报道不同人的不同观点和意见。平行结构的优点是背景充实，报道深入，能产生强烈的叙述节奏感，适用于现场事件的叙述，如体育比赛，就可以一边描述紧张激烈的比赛，一边插入运动员的介绍等，用这种结构可以收到很好的效果。但是，它的缺点是跳跃性强，容易让人感觉松散。

四、广播电视新闻写作的技巧

经过长期的经验积累，广播电视新闻写作形成了诸多规范和定式，但这会给受众以呆板、枯燥的印象，会导致新闻同质化的现象越来越严重。写新闻是否一定要写成"倒金字塔"式？是否一定要少用描述？为应对多元化的社会需求，需要我们改进传统的新闻写作方法，使广播电视新闻报道更加吸引受众的注意力，增加感染力，提高自身的影响力，进而增强广播电视新闻的传播效果。

1. 故事化叙事

什么是新闻故事化？普利策新闻奖得主之一美国记者富兰克林认为"新闻学的本质是故事"，并将"新闻故事化"定义为："采用对话、描写、场景设置等手法，细致入微地展现事件中的情节和细节，从而突出事件中隐含的能够让人产生兴奋感、富有戏剧性的故事。"新闻彰显的是真实的精神，故事体现的是艺术的魅力，这种新闻叙述方法更加新鲜、生动、细腻，更具趣味性，从而可使新闻作品的可读性大幅提升。

（1）故事化新闻的特点。

首先，故事化新闻讲究用形象的事实说话，尽可能地寻找事件中蕴含的戏剧性或含有幽默感的情节和细节，使受众在收听或观看时能产生强烈的兴趣。

其次，故事化新闻不是简单地罗列事实，它包含了新闻记者周密的思考，渗透着出于正义的激情。善于"以讲故事的方式写新闻"的记者不仅具备记者的敏锐感，还有很强的鉴别力和推断力。

再次，故事化新闻十分注意挖掘新闻事实中人性、人情等因素，描述人的生存境遇，捕捉生动传神的生活细节，展现人性的真善美，把情感因素融入理性的思索中。如"讲述老百姓自己的故事"就是捕捉到了普通人身上闪烁的人性光辉和生命活力，挖掘平凡中的伟大、琐碎中的崇高，展示出一种人性的崇高美。

最后，故事化新闻的语言简洁有力，叙事明白清晰，描写生动活泼，人物对话和事件经过穿插得当，人物的刻画如雕塑家的作品一样形象鲜活，但不一定所有故事化新闻都这样。

（2）新闻故事化的常用视角。

用故事化的手法写新闻，要建立多维的、立体的故事叙事视角。常用的视角主要有以下三个：

第一，运用第一人称的叙事视角，即将新闻事件中的人物作为叙事主角。通过人物对现场的观察和感知来讲故事，增强故事的真实性和可信性，使受众在情感上自然而然地产生一种亲近感，对新闻事实的报道形成认同感。

第二，运用公众代言人的叙事视角。在这种情况下，记者像一个超脱的观察者，不动声色地记录下周围发生的一切，自己的个性深藏不露。如凤凰卫视制作的专题片《火烧巴格达》，通过记者陈晓楠的眼睛，观众看到了大战前伊拉克的形势。这个几度经历战火的国家，现已满目疮痍，人民生活极度困难。这种公众代言人的叙事视角，使受众对事件有了深刻的认识和理性的思考。

第三，运用第三者的叙事视角，即借他人的眼睛对事实进行客观叙述，用第三者的叙述将时间凝固在某一时刻，复原现场，从而激发受众兴趣，使受众获得具体印象。

2. 富有人情味

"新华体"是中国新闻界在长期新闻实践中形成的一种具有中国特色的共同的新闻写作体式，类似于"倒金字塔"式，即把最重要的内容凝聚在导语中。这种在长期的新闻实践中所形成的写作体式，虽然体现了新闻写作的方法和规律，却也不可避免地反映了写作定式的呆板和教条。有人称"新华体"为"中国新闻媒介报道语言几十年一贯都是老面孔"的代表，这种写作体式套话较多，宣传意味过浓，缺少人情味。

例如，我国改革开放之初，法国的皮尔·卡丹在北京首次展览，美联社作了这样的描写："皮尔·卡丹星期天掀开了第一次使用中国模特的服装设计展览会。中国模特穿上了金色的高跟鞋，步履摇摆不稳，尴尬而难为情地袒露着肩膀。一位少女在台上羞得满脸绯红，并且打了退堂鼓。展览会是在北京饭店华丽的舞厅中举行的。"同样的事情，新华社是这样写的："下午在北京饭店西大厅，举行了皮尔·卡丹陈列室开幕展览会，表演了男女春夏秋冬各式服装，博得了全场热烈掌声。"二者的报道手法有很大不同，但前面那篇报道我们似乎从中看到了现场的景象，因为它更富有人情味，更贴近读者。由此可见，富有人情味的描述显然比生硬的叙述更生动活泼，更让受众期待。

富有人情味往往是一种小中见大的笔法。人们常说，一滴水能映出太阳的光辉，新闻写作也要从一滴水中去观察、去发现，精选出最能表现事物特点的事实，并巧妙地加以描述。

3. 个性化语言

长期以来的新闻报道，因其语言的贫乏、枯燥及呆板而常常令人望而生厌。"据悉"、"记者获悉"的泛滥成灾，"据介绍"、"据了解"的千篇一律，"市场大蛋糕"、"亟待解决"的大倒胃口，正是新闻语言模式化、平面化的写照。在高频词、流行词大行其道的同时，这样的报道更是不在少数：从头至尾，通篇皆是公文式的叙述性语言，平铺直叙；大量的段落均以"某某说"、"某某认为"开头，结构单一，毫无起伏。因此，现在的新闻报道须对个性化语言的运用重视起来。

（1）使用生动的词语。

为了增强广播电视新闻的传播效果，需要在语言上大胆使用符合平民风格的生活化语言和表现人物特点的个性化语言。这要求报道的语言既要摒弃以往的公文腔和赞美诗，追求语言本身的质朴和真情，还要有幽默感、人情味和趣味，要使用新闻人物特有的语言。就受众接受习惯而言，应注意以下一些原则：首先，要多用短句，少用长句。简洁比复杂更美，定、状、补语等冗长的句子会给受众造成接受负担。其次，要多些细节描写，少些套话、废话。文章因细节而生动，也许只是增加了几个字、几句话，现场感、生动性就会增强很多。再次，尽量多用直接引语，少用间接叙述，采访对象的精辟语言往往会使报道更加生动、突出。

（2）采用方言。

在新闻传播学中，求近心理是受众接受信息时最基本的心理因素。研究表明，受众在有亲近好友陪伴的环境中，双方心理协调的情况下，最容易接受新闻信息，传播效果也最好。新闻中采用方言正是满足了受众的求近心理。不过，采用方言也存在排斥异地受众、题材局限等问题。因此，为充分发挥方言新闻的作用，扬长避短，在新闻中采用方言应该注意以下三个问题。

首先，主题选择，贵在适合。语言决定形式，采用方言的新闻节目相对来说形式都较生动活泼。此类新闻在题材选择上就有其特殊性，需要符合方言新闻的表达特点。相对而言，社会新闻比较生动活泼，更具有贴近性。在社会新闻的报道中适量使用方言，会使其更具有独特的魅力。因此，采用方言更适合社会新闻节目。

其次，数量长度要恰到好处。方言新闻的受众具有两个极端的倾向：当地受众会倍感亲切，追捧有加；而不懂该方言的受众，对此则颇为"反感"，干脆转换频道。为了不失去那些喜爱方言的受众，而又不排斥另一类受众，节目的数和量都应该把握一个"度"，满屏幕都是方言节目显然不行，节目时间太长了也会让人乏味。

再次，语言表达尽量展现特色。各种方言都有其独到的表达特点，相对来说，北方方言是普通话的基础方言，和普通话更加接近，因此大众媒体使用度比较高。方言普及的面有大有小，但各种方言都有自己的表达优势。像江浙方言语音中既有吴方言的语音规律，又有浓厚的"北方官话"色彩；词汇中名词的儿化音，像纸儿、帽儿、带儿，形容词中的叠音词，像木佬佬、空落落、墨墨黑等，都是各种方言的特点，在运用的时候就要发掘优势，注意选用具有这种特点的语言，方言表达起来才会更精彩。

第三节　广播电视编辑

编辑是广播电视新闻工作的后期制作，在一般情况下也是广播电视新闻节目制作的最后一道工序。编辑工作的最终结果，往往能够决定是给新闻锦上添花还是雪上加霜。

一、广播新闻编辑

广播编辑与报纸、杂志等文字编辑不同，广播编辑工作的结束，不是在文字稿编排结束的时候，而是在播音员播出、录制完毕时。这就要求广播编辑在编排文字稿时，始终要考虑到每一句话、每一个节目和整组节目的声音效果。广播新闻编辑工作的主要内容包括以下三个方面。

1. 文字稿的编辑

广播编辑要把记者和各方面的来稿、节目以及自己编写的稿件、制作的节目组编成各栏目的节目，如新闻节目、专题节目、服务性节目等。文字编辑的主要任务有：

（1）选择稿件。

广播编辑要在各方面来稿中决定哪些该取，哪些该舍，哪些要抢先处理以便及时发出去。

（2）改编稿件。

广播编辑要采用改写、压缩、填补、综合等方法改编各类稿件，使各类稿件的语言、结构、形式和表达方法符合广播的基本要求，以及符合各类广播稿的特殊要求。

（3）自编稿件。

广播编辑经常要根据一些特定的任务，自己撰写或编写各种带有广播特点的稿件，如各种评论、广播对话、专题综合报道等，或根据报纸上的新闻信息改写成适合播出的样式。

（4）编排节目。

各地、各处稿件齐聚编辑手中后，编辑要把它们组编成各种节目，不同的组合会产生不同的传播效果。

2. 音响的编辑

在带有音响的广播节目中，音响剪辑是否合理、恰如其分，会直接影响报道的效果。有时候，优质的实况音响也可能会被不适当的剪辑处理毁坏。剪辑音响时，首先应熟悉全部音频素材，考虑节目要求。

3. 消息的串联

所谓串联是指一个单词、短语或音乐把听众自然地从这一条新闻引入下一条新闻。串联可以引导听众在收听过程中，自觉地把那些有对比效果的，或有相同之处的消息联系起来，从中获得更多的认识和理解。串联的主要方式有：

（1）播报式地串联：如"本台消息……"；"据新华社报道……"；"本台记者从华盛顿发回的消息……"等。

（2）用串联词把几条新闻组合在一起。

（3）用停顿完成节目的转换。

（4）用音乐作间奏曲，衔接与转换节目。

二、电视新闻编辑

电视新闻编辑工作的内容是对拍摄的声画素材进行调整和剪裁，并使用资料对其进行补充或修改，加上调动音乐、音响、解说、字幕、图表等多种符号进行创作，使之形成整体，准确地表达主题。

1. 影视剪辑语言——蒙太奇

在电视新闻的后期编辑中，电视新闻编辑一方面应该对画面的技术要求和艺术标准有充分的掌握；另一方面也应该对影视剪辑的基本规则——蒙太奇有足够的理解。

蒙太奇又称镜头语言，即在影视作品的创作中将一个个的镜头，根据一定的逻辑关系组接在一起，通过形象之间相辅相成或相反相成的关系，相互作用，产生连贯、对比、呼应、联想、悬念等效果，形成一个含意相对完整的表意整体。

（1）蒙太奇的内涵。

蒙太奇的含义比较复杂，要深刻理解它，我们还必须全面把握以下四个要点。

第一，单个镜头意义的不确定性。影视作品中单个镜头是不能独立用来叙事或表意的，意义的产生需要通过几个镜头组接成的镜头段落来实现。

第二，镜头组接排列的顺序需要遵循表意的规则。影视作品镜头组接的逻辑和原则要符合观众的视觉习惯、生活经验和思维规律，使观众从视觉上觉得顺畅合理，并能激发起观众自然的联想。

第三，镜头语言的表意中，两个以上镜头连接后形成的意义要超过它们各自基本含义之和。在蒙太奇语言中，把单个镜头组接在一起，就不再是两个镜头的简单相加，而是构成了一个有意义的整体，这就是所谓的"1＋1＞2"。蒙太奇通过对列构成来发掘一个影像与另一个影像、一个镜头与另一个镜头之间的内在关系，并依据内在关系来组接，使观众在镜头队列所形成的冲突和联想中，在心里激发起新的认识和思想，这是蒙太奇的本质意义所在。

第四，蒙太奇在表意中可以自由地处理时空，创造出影视语言独特的时空结构。通过镜头组接，可随意地把时间延伸、压缩、冻结、加速、减速、倒转、由现在追溯过去或者由现在对未来进行幻想。通过镜头组接，还可以为了某种特殊的表意需要把不同空间组合在一起，创造现实中并不存在的空间。

（2）蒙太奇的结构分类。

蒙太奇的基本结构可以分为两大类，即叙事蒙太奇和表现蒙太奇。

第一，叙事蒙太奇。叙事蒙太奇是影视片中最基本、最常用的蒙太奇结构形式，即将许多镜头按逻辑或时间顺序分段组接在一起。叙事蒙太奇所形成的效果，注重通过镜头的承继关系，揭示镜头所记录事物的客观的时空、因果等关系，在表达事件的发展和运动时，也更符合现实生活本身的形式，使人感到头绪分明，脉络清楚，逻辑连贯，明白易懂。叙事蒙太奇根据叙述方式又可分为以下四种。

①连续蒙太奇。一般在一部影视片中，占主导地位的是连续蒙太奇，这种组接方式就像通常讲故事、说评书惯用的方式，沿着一条单一的情节线索，按照事件的逻辑顺序，有节奏地连续叙述，表现出其中的戏剧跌宕。连续蒙太奇不包含与实际生活本身运动逻辑不同的时间、地点、场面的突然变化，所以易造成平铺直叙的感觉。

②平行蒙太奇。这种组接方式是将两条或两条以上互有关联的情节线索（不同时空、同时异地或同时同地）并列表现、分头叙述而又统一在一个完整的情节结构之中，或将几个表面毫无联系的情节或事件互相穿插、交错表现而又统一在共同的主题中。

③交叉蒙太奇。交叉蒙太奇由平行蒙太奇发展而来。平行蒙太奇注重情节的统一、主题的一致、剧情或事件的内在联系。而交叉蒙太奇则是它所并列表现的两条或数条情节线索具有严格的同时性、密切的因果关系以及迅速频繁的交替等特征，其中一条线索的发展往往影响或决定另一条或数条线索的发展，各线索互相依存，彼此促进，最后几条线索汇合在一起。由于交叉蒙太奇相比于平行蒙太奇在交替表现上更为迅速频繁，所以更能造成激烈紧张的气氛，加强矛盾冲突的尖锐性和悬念感。

④重复蒙太奇。重复蒙太奇让代表一定寓意的镜头或场面在特定时刻反复出现，造成强调、对比、呼应、渲染，以及某种特殊节奏等艺术效果，体现出鲜明的艺术匠心。

第二，表现蒙太奇。即以加强艺术表现力和情绪感染力为主旨的蒙太奇结构形式。表现蒙太奇是以镜头的对列为基础的，目的在于通过相连或相叠的镜头在形式上或内涵上相互对照、冲击，来产生一种单独镜头本身不具有或更为丰富的含义，以表达某种情感、情绪、心理、寓意或思想。表现蒙太奇主要有以下三种形式。

①心理蒙太奇。它是通过镜头组接或音画有机结合，直接而生动地展示出人物的心理活动、精神状态。如表现人物的闪念、回忆、梦境、幻觉、想象、遐想、思索甚至潜意识的活动。

②隐喻蒙太奇。它通过对镜头（或场面）的对列或交替表现进行类比，含蓄而形象地表达创作者的某种寓意或事件的某种情绪色彩。例如，《摩登时代》中卓别林将猪群涌出圈门与工人涌出厂门两个镜头对列组接在一起，深刻形象地揭示了在资本主义制度下，工人群众的社会地位与处境就如同畜生一样，从而表达了对资本主义制度的批判。

③对比蒙太奇。它是通过镜头（或场面、段落）之间在内容上（如贫与富、苦与乐、生与死、高尚与卑下、胜利与失败等）或在形式上（如景别的大小、角度的俯仰、光线的明暗、色彩的冷暖与浓淡、声音的强弱、动与静等）的对比，产生互相强调、互相冲突的作用，以表达创作者的某种寓意或强化所表现的内容、情绪和思想。

第三，长镜头——一种特殊的蒙太奇。根据《广播电视词典》的解释，长镜头就是在每一个统一的时空里，用推、拉、摇、移等方法多层次、多景别、不间断地展现一个完整的动作过程或时间进展的镜头。长镜头在拍摄中根据内容、情节、情绪的变化，不断改变拍摄角度、调整景别与距离，用一个镜头完成一个段落的叙述。长镜头延续时间比较长，单个镜头的时长多在 30 秒到 10 分钟之间。它排除切换，是一个不经剪辑的画面连续的片段，在一个较长的镜头里往往包含了一个完整的段落。长镜头通过合理的场画调度，用不间断的镜头记录人和事物在一段时间内的运动状态，是为了保证事件的统一性以及记录的完整性和真实性。

长镜头应用于电视媒体之后，成为电视纪实的主要手段之一。长镜头被大量应用于纪录片和电视新闻等纪实类电视节目中，给电视观众带来了强烈的现场感与真实感。

2. 消息类新闻的编辑要点

（1）电视新闻的编排程序。

电视新闻节目编排，应以发挥整体效果，拓展信息含量的广度和深度，满足不同层次观众的多元化收视需求与收视心理为目标，使观众在准确理解编辑意图的基础上产生共鸣，从而发挥出新闻节目的舆论导向作用。

第一，选准头条，突出重点。电视新闻的线性播出特点决定了头条是一档新闻节目的重心，体现本次节目的编排思想，是国内外重大新闻事件的"晴雨表"。头条新闻不仅要求具有思想性、指导性，还需要考虑到其是否能够引起观众的收视兴趣。

在安排新闻节目的次序上，有着"前重后轻"、"先国内后国际"以及"先硬后软"的惯例，这符合新闻价值的一般规律，如"先国内后国际"是考虑新闻的贴近性规律，但这样做也有不少弊端。例如，国际上发生的一些重大事件的重要性，要远比国内发生的大事重要，如果仍然按照"先国内后国际"的做法，难免会削弱传播效果，在新闻改革越来越深入的今天，这种情况已经大有改观。头条新闻有"先声夺人"的效果，头条电视新闻选择得是否恰当，直接关系到整个节目的收视率。选择头条新闻的基本标准是新闻价值的高低。可以说，头条新闻是新闻节目编排思想的集中体现，应该反映党和政府当前的工作重心，既是国内重大新闻事件的记录，也是广大受众关注的社会生活的反映。

第二，优化组合，注重结构。一档新闻节目设计内容丰富、题材广泛，结构安排不能纷繁复杂，令人眼花缭乱，而应重点突出、条理清楚、层次分明。一般来说，新闻节目多以板块式结构构成，如"国内新闻"、"国际新闻"、"地方新闻"等，各个板块之间或由主持人串接，或由特技画面转换。

新闻组配就是将几条不同侧面、不同角度但有一定内在联系的新闻集纳编排，或组合，或对比，或关联，互作补充，互为背景，使一档新闻节目在有限的时间内承载更大的信息量，从而增强新闻内容的密度、力度和深度。

第三，安排峰谷，制造节奏。结构安排还应充分考虑观众的收视心理，遵循编排上的"峰谷技巧"。"峰谷技巧"是美国电视新闻制片人提出的概念，即电视新闻编排要遵循三个重要的概念：峰谷、节奏和分段。在一档新闻节目中，通过交错式的编排，可以把节目设计成有一系列波峰、波谷的起伏形状，"每一节目都是从'波峰'到'波谷'，再从另一个'波峰'到另一个'波谷'"。①错落有致的编排可以产生富有韵律的节奏，使新闻既有轻重缓急之别，又有张弛有度之感，不断制造新的兴奋点，从而增强收视效果。

在新闻节目编排中制造节奏，就是要加强变化。首先，可以使用不同报道方式的转换，比如现场报道与口播新闻、图像配解说与同期声采访等形式交替组织。其次，可采用长短新闻、软硬新闻的穿插、搭配以及男女声搭配播报的方式，使节奏起伏、流畅。再次，可利用串联词、节奏乐、小栏目、字幕以及图标等形式制造能激发收视兴趣的刺激高峰。

第四，编写提要，兼及回报。新闻提要是为了突出重大新闻事件、吸引观众收视而采用的一种编排技巧，运用得当既可体现编辑意图，又可为观众提供有益的服务。

新闻提要主要有如下两种方式：一是在一档电视新闻栏目播出开始时，由播音员或主持人选播部分重要新闻的题目，帮助观众预先了解本档新闻的全貌或重点。提要也可以在口播的同时打出字幕或插入照片或活动画面。这种提要类似报纸版面中的实题（主题），一般只用一句话、一行字，突出新闻的核心内容，要求简洁、准确、精炼、上口、入耳。二是在一档新闻播出的过程中，间或出现播音员或主持人插叙方式的提示，这样可以强调新闻的重要内容；提示新闻之间的内在联系（如相关、对比等）；显示编排中的分类、分段结构意图，引导观众转换注意力。这三种功能都有助于增强节目的可视性与吸引力，从而减少在稍纵即逝的播出过程中信息的损耗。

新闻回报是一种新闻提要的复述。在一档新闻节目结束之前，由播音员或主持人口播（或辅以字幕）再播报一次全部新闻或部分重要新闻的标题，加深观众的印象和记忆。由于回报带有概略重播的性质，对于中途收视的观众是一种信息补偿。目前，大多数新闻栏目既有提要，也有回报，首尾呼应。

（2）电视新闻的组合方式。

---

① ［美］特德·怀特. 广播电视新闻写作与报道. 吴风等译. 北京：新华出版社，2000. 280.

按照思维逻辑的特点与要求，电视新闻的分类组合方式通常有以下四种。

第一，积累式组合。积累式组合是将几条同类题材或内容相近的电视新闻以一个共同的角度或支点组接编排在一起，造成一种效果的积累，又称"集纳组合"，如同"写文章时运用的排比句"、"报纸的集纳"。这种组合方式在加深报道思想、突出新闻价值方面具有独特的优势。

第二，对比式组合。对比式组合是将两条或两条以上内容截然相反（如是与非、善与恶、美与丑等矛盾双方）的电视新闻安排在一起，激发观众的分析比较，以揭示其差异，进而启迪和教育观众。这种组合的特点是对照强烈、是非分明。我们常看到这样的对比编排：如前一条新闻报道某地盗卖文物，下面一条新闻报道某市重视文物保护工作；前一条新闻报道乱砍滥伐森林，后一条新闻报道某乡干部带领群众植树造林、造福子孙。

第三，平行式组合。平行式组合是将同一时间、不同空间有相互呼应或相同或相似内容的电视新闻编排在一起。编辑在编排新闻过程中时常会遇到这样的情况，由于两篇新闻稿件或两组新闻稿件的质量相对等，或者由于新闻事件的当事双方与新闻媒介的利害关系相对等，这时，编辑在编排新闻节目时，在处理稿件上要注意对等的原则，力求平衡、均等，不偏不倚。如果说对比编排是为了强调反差、引起重视，那么对等编排则是为了利用接近性形成平衡态势。

第四，关联式组合。关联式组合是将具有因果关系、现象与本质关系、局部与整体关系、偶然与必然关系的电视新闻组接在一起，使观众了解事物之间各种逻辑联系，以获得对新闻事实完整的认识。例如，电视新闻中经常出现的某城市治理环境污染见成效，城市绿化面积增加，多年不见的候鸟重返某城市，这三个新闻事实就有因果联系，很能发人深省，给人启迪。或者再加上背景新闻，如几年前该市污染严重，市政府出台并执行治污措施。这样的组合使整个报道更加丰满，其信息量也更能满足普通观众的需求。

3. 专题类电视新闻编辑要点

（1）专题类电视新闻编辑特点。

专题类电视新闻有着自身的特点：在时效上，它和消息更为接近，是刚刚发生或正在发生的事；在内容上，它是信息类新闻减压报道的延伸和扩充，是较为详尽、全面的报道。在后期制作中，这些特点无疑也是编辑的重要参考要素。

首先，新闻性与艺术性相结合。专题类新闻节目必须具备新闻的基本要素，这是新闻专题报道区别于社教类节目的重要特征。新闻性专题是围绕新闻事件或者新闻人物、新闻典型等展开的，报道要及时，或是新近发生的事，或是适宜当前形势需要的，报道要有新闻由头。对重大的有新闻价值的题材要及时深入地采访、挖掘，善于用纪实手法表达新闻内容，突出新闻的真实性，强化内容的思想性。

专题报道并不是一般新闻的简单延长。与消息相比，专题报道具有更为精当的整体构思，在画面、解说、音乐、音响等电视手法的运用上都比消息更为灵活、讲究。专题报道在综合运用电视语言的同时，可以充分运用平行、交叉等结构方法和对比、联想等艺术手段，也可以采用字幕、特技、动画及配乐等，力求实现声画的完美组合，在坚持新闻真实性的前提下，追求艺术的表现力和感染力，从而鲜明、生动、深刻地传达主题意义。

其次，深刻性与丰富性相结合。与消息类新闻的短小精悍相比，专题类新闻报道容量大、播出时间长，更注重电视新闻的深度，成为电视深度报道的重要形式。对广大群众普遍关注的重大事件和重要的社会问题进行连续性的追踪报道，对其来龙去脉进行挖掘拓展，通过深入采访得到翔实的材料向观众阐明事件的起因与发展变化的轨迹，由浅入深、层层递进地做深度报道。因而，专题类报道更应注重对采访同期声的选择和编辑，使之成为解构节目内容、反映报道事实、传达报道倾向的重要因素。

要确保新闻专题的深度，必须对新闻事件进行多侧面、多角度、多层次、立体化的报道。新闻专题不能简单地介绍事件过程、报道事件结果或传达某种结论，而要着重于过程和原因分析，要再现新闻事件的复杂性和矛盾性，要展现生活的丰富性和种种出人意料又在情理之中的特性。就此意义而言，专题类电视新闻要注重结构设计，充分利用电视媒体本身的传播优势。

（2）专题类电视新闻编辑方法。

专题类电视新闻节目的编辑要根据节目内容和结构方式两个要素来确定，内容是节目的血肉，结构是节目的骨架，通过对两者的考量，进而对每个段落进行编辑，并将不同段落进行组合。在整个过程中，要做到结构次序和谐、内容血肉丰满、节奏引人入胜，需要把握以下四个环节。

第一，注意结构设计。专题类电视新闻，除了需要占有比消息类新闻更丰富的素材，提炼出更加深刻、鲜明的主题外，还必须有恰当的表现方式，即必须要有一个好的结构。不同的题材，谋篇布局的方式也不同，关键是逻辑通畅，叙述清晰。中央电视台《新闻调查》的后期编辑要求是重建叙事逻辑、展现调查过程、突出调查重点。这就是置结构于首位，也说明了专题类报道结构的重要性。

专题类电视新闻报道的结构设计包括两大要素：其一，选择适合题材与主题的结构方式，如时间顺序式、逻辑推理式或板块式等；其二，确立明确的结构线索，使报道的展开逻辑明了、体系完整。

第二，整合传播符号。电视新闻节目中的传播符号包括视觉元素，如画面、屏幕文字以及图表、图形等，也包括声音元素，如人物同期声、音乐、解说等。编辑要善于调度各类传播符号并进行整体布局，使之产生整合效应。

第三，突出细节表现。细节是指能够突出事件新闻价值的语言符号和非语言符号，包括富有冲击力的画面和现场同期声、音响、屏幕文字等。编辑应突出相关细节，使之在传达新闻信息、深化主题方面发挥积极作用。对于一些关键性细节应当作特殊的技巧处理，如定格、重复剪辑或慢镜头等。

第四，把握传播节奏。当主题确定、结构安排好以后，就要考虑从整体上把握节奏。在专题新闻的剪辑中，要处理好情节高潮点的呼应所形成的画面节奏，还要处理好由同期声、解说词和其他音响对比形成的声音节奏、声画合成产生的内部张力所构成的声画节奏，从而增强节目的情绪感染力。

对于节奏的把握，要从内容和情感两方面出发，使段落的间歇、叙述的张弛、情感的缓急等按照新闻事件的发展规律确定基调和起伏变化。

第四节　广播电视评论

新闻评论属于议论的范畴，是广播电视媒体就新闻事件或国内外新近发生的事实报道发议论、作解释、提批评、谈意见的一种新闻文体。它是人们对客观事物认识的结果，主要通过分析说理、理性思辨的方法，从理论、政治、政策和思想上去启发和引导受众，集新闻性和政论性于一体。广播电视评论有别于报纸杂志评论，它是一个复杂的系统，可以包括杂志型节目、现场直播节目中主持人的串场点评，各种形态的广播电视谈话类节目、深度报道，也可以包括述评类节目的集现场画面与音响，集公众、相关人士和专家对客观事物的评述与议论于一身的视听结合、声像兼备的评论。

一、广播电视评论的功能定位

1. 阐释新闻背后的意义

进入新世纪以来，在新闻评论领域，报道和评论的范围和边界逐渐被打破，传统的新闻报道是把新闻事实说清楚，而现在则是在呈现真相的基础上，深入阐释新闻背后的意义，透视和抓住新闻事件的本质。广播电视评论包括新闻评论、新闻述评和新闻调查。

新闻评论在节目形态上，可以是评论员或节目主持人出面评论，也可以请特约评论员、专家或观众发表意见，具体节目形式有评论、发言、讲话、对话、节目编后话等。目前，影响较大的这类节目有《东方时空》、《面对面》、《新闻1+1》等。

新闻述评包含着"述"与"评"，即所谓的"夹叙夹议"。在这类节目中，记者或主持人在介绍新闻事实的过程中，往往对事实的前因后果、背景、影响等及时评说，使观众了解新闻事实的全貌，并且明了媒体的看法和观点。

新闻调查，是针对某一新闻事实或群众关心的重大社会问题以及对社会进程具有直接影响的课题，进行专题调查研究报道。这类节目通过追踪记录、深入采访、调查研究和分析评论，最终得出具有科学性、指导性和思辨性的结论，从而对社会产生积极影响。目前，央视的《新闻调查》节目内容厚重、形式成熟，堪称电视评论节目的代表之作。

2. 形成、反映及引导舆论

广播电视新闻评论具有强烈的政论性，它的分析、评说都要符合一定的政治立场、原则和倾向，都要反映我们国家的主流意识形态，这也体现出媒体具有软性权力。

（1）汇聚公众意见，形成舆论。

社会舆论的形成受到多种因素的制约，大致可分为自发因素和自觉因素两大类，由此也决定了舆论形成可分为公众自发形成和外力干预自觉形成两种基本方式。公众自发形成方式是指公众在日常的思想、观点及看法的自由交流、争论和选择中自然形成某种舆论。外力干预自觉形成方式是指政府、政党、社会集团或组织对公众施加某种外在的影响，创造有利于某种舆论形成的环境，从而导致舆论的形成。

面对舆论的瞬息变化及其自发性、盲目性，广播电视评论应在判断新闻价值、阐释新闻意义时，以一种自觉的方式给人以启示，并提出具有明显指导意义的理性意见。新闻媒介形成舆论的功能，体现了新闻媒介对舆论影响的能动性。需要强调的是，这种能动性绝不意味着新闻媒介可以不顾舆论形成的客观规律而一厢情愿地形成舆论。"从无到有"绝不是"无中生有"，形成舆论不是制造舆论。能否形成舆论，最重要的是社会是否具有形成某种舆论的客观基础，新闻媒介只能建立在这一客观基础之上，为某种舆论的产生提供"催化剂"。

（2）主动引导舆论。

形成舆论是"从无到有"，那么引导舆论则可理解为"从中选择"。广播电视等大众传媒引导、调控舆论的重要途径和方式是议题设置，即根据需要，有选择地、连续不断地报道和评论某一方面的话题，营造出特定的舆论环境，把公众的注意力引导到其设定的方向上来。传播媒介对外部世界的报道不是"镜子"式的反射，而是一种有目的的取舍选择活动。广播电视等传播媒介根据自己的价值观和报道方针，从现实环境中"选择"其认为重要的部分进行加工整理，以一种形式组织起来结构，然后以"报道事实"的方式提供给受众，引导受众聚焦视线，使其形成社会公众关注的"热点"。

舆论的引导是一门复杂的艺术。源自媒介组织的言论，一方面利用舆论监督政府；另一方面又传递着社会政治组织的意识形态，并根据这种意识形态对社会舆论进行引导。引导是为了理清思绪，让公众正确理解政府有关决策的意图，削减不利因素，化解疑惑，将舆论引向有利的一面。正面报道为主的方针符合我国社会的基本特征，要是背离这个方针，使消极现象的新闻报道占主要地位，即使这些报道的事件都是真实的，但在总体上、本质上却是不真实的，因为它歪曲了我们社会的本来面貌，这种舆论导向反而会成为误导。

（3）反映舆论，表现民意。

所谓反映舆论和表现民意，实质上就是用新闻舆论去影响公众舆论，以媒体的立场和观点去改造公众的立场和观点，简而言之，就是导致公众"态度的改变"。在舆论引导方面，媒体的作用不仅是"反映"、"传达"，更应该是能动地作出有意义的评价，在党纪和国情的框架内，以自身的立场与观点影响公众的立场和观点。公众对媒体的期望不仅是为了获得可靠的、专门的信息来源，更是为了获得和学习媒体对重大事件的认知与判断。

3. 实现社会批评和社会监督

评论，既是批评或议论的形式，也包括这种形式最终的媒介结果。广播电视评论除了议论的部分外，还包括批评报道。社会批评和社会监督是大众传媒的重要职能，监督不只是批评或者曝光，但批评往往是监督的重要方面。"不怕通报，就怕上报"，这种观点充分说明了新闻监督和社会批评的力量。

目前，我国日益增多的新闻纠纷、屡吃官司的批评报道，在很大程度上都是由于片面评论、批评失实或主观臆断造成的。另外，广播电视覆盖范围广、传播力度大的特性，要求媒体在行使其批评监督功能的时候，要加倍谨慎、慎重对待，力求做到评论的公正性。在广播电视新闻评论的选题方面，要慎重选择消息来源，精心选择典型事例，批评报道不是猎奇，不是耸人听闻，更不是哗众取宠。撰写批评报道时，运用的客观事实要准确，措辞分寸要恰当，同时还要尊重受批评者，批评应该与人为善，有助于改进工作，批评的尖锐性不等于用语尖刻、伤人感情。生活中有些问题产生的原因很复杂，是否公开批评，如何开展批评要慎重考虑，批评不能感情用事、激化矛盾。

几十年来，我国的大众新闻传播媒介基本上是由国家掌控，受众也习惯于从广播电视里寻求结论。一旦"广播里说了"、"电视里说了"，就是确定的事实。这就造成了一种错觉，似乎新闻机构本身就是仲裁者，记者或评论员负有对是非作出裁判的责任，这是某些新闻工作者以及受众在认识上的误区。媒体只是观察者，不是裁判员。我们在发挥广播电视评论社会批评、社会监督功能的时候，要防止出现"媒体审判"的现象。所谓"媒体审判"，是指新闻机构在诉讼过程中，为影响司法审判结果而发表的消息或评论。它超越司法程序抢先对案情作出判断，对涉案人员作出定性、定罪、定量刑以及胜诉或败诉等结论。这类报道在事实方面往往是片面、夸张甚至是失实的。

二、广播电视评论的技巧

1. 娴熟施展语言魅力，吸引受众注意

按照语言表达方式的定位，新闻评论类节目的表达可展现两种风格：一是辩论风格；二是用叙事隐藏观点风格。这两种评论方式都要具有相当的评论技巧才能获得受众的认可与欣赏。

（1）辩论风格。

新闻评论有一种评论形式是以表达观点为主，即用观点说话，不把新闻事实作为核心，而把重点放在对观点的评论上，借新闻说话，表达隐藏在新闻事实背后的观点，以此来表明媒体的立场。用观点说话的新闻评论需要借助思辨的力量与旁征博引的延展性来吸引观众。如《央视论坛》建立了一种符合"电视时评"文体要求的表现风格，"说话"方式突出体现了它所称的"全新的谈话角色和全新的谈话方式"。全新的谈话角色是指它的发言者是一支相对稳定的被称为"特约评论员"和"本台评论员"的队伍；全新的谈话方式主要是它的"辩论色彩"。《央视论坛》的谈话通常在主持人和评论员之间展开，主持人在其间不仅是发问，而且直接参与引导、讨论，还经常站在观众的角度预设各种不同的观点对评论员的表述提出质疑，从而给谈话过程赋予"辩论"色彩，使得讨论的过程充满张力。"辩论"、"质疑"都不是为了拆台，不是为了互争高低，而是为了使结论更加无懈可击。因此，"辩论"本质上是讨论。此外，辩论的过程也加深了对事物本质的认识，评论告诉观众的不仅是结论，也包含了得出结论的过程，这样的过程，媒体是在"用观点说话"。它能否得到观众的认可，则在于"观点"是否正确、客观公正以及得出"观点"的过程是否水到渠成。

（2）隐藏观点。

新闻评论的另一种评论形式是以突出事实为主，即用事实说话。在报道新闻时，把原汁原味的事实奉送给受众，将事实与言论分开，避免发表个人主观意见。在用事实说话的新闻评论节目中，如何把蕴含在事实中的观点通过评述事实展现给观众，成为这类节目成功的关键所在。最有力量的意见乃一种无形的意见。从文字上去看，说话的人只是客观地、朴素地叙述他所见所闻的事实（每个叙述总是围绕一定的观点），这样，人们就觉得只是从他那里接受了事实，而不是从他那里接受了见解。新闻就是这种无形的见解，越是好的新闻，就越善于在内容上贯彻自己的见解，也越善于在形式上隐藏自己的见解，要言尽而旨远，辞浅而义深，虽发语已殚，而含意未尽。

2. 声画结合编排，感性与理性交融

电视是声画结合的艺术，评论是逻辑推理的产物，如何运用电视的画面、音响和字幕为报道事实与评析事实服务，既是电视新闻评论的优势，也是电视新闻评论的难点。

电视新闻评论是"形象化的政论"，它将形象的画面语言与抽象的分析、论述性语言相结合，用具体的视听形象支撑并强化分析、议论的内容，用缜密的思辨性提炼和对画面表达不出的内涵的提升分析，来使电视新闻评论达到在画面上吸引人、在感情上打动人、在道理上说服人的目的。《焦点访谈》在这方面就进行了有益的探索。

作为"视听结合"的艺术，电视评论首先是给人看的，生动、典型的画面，有着丰富的表现力和强烈的感情冲击力，如《咸宁工商取财有"道"》中女工商局长面对摄像机大叫"我不吃你这一套"时气急败坏的样子。通过对细节的准确捕捉和恰当编排，不仅可以使电视的"叙事"更为真实、可信，还能够激起观众感情上的波澜，引起观众态度上的变化，继而使观众领悟述评的内容，认同述评的见解。

同样，思辨性语言也是电视评论中不可或缺的。源于形象的思辨性语言才有针对性和说服力，升华为理性思考的形象才更有价值。穿插于《焦点访谈》的画面、音响与解说词之间，蕴含于主持人在节目结束前点评的话语之中的，常常是一些颇富哲理的分析、论述性语言。如在 1995 年春节的一期节目《推杯换盏话饮酒》中，结尾一段是这样写的："酒杯虽小，却能盛下一个西湖；酒桌不大，却能摆得下亿万钱财。有一句非常流行的民谣是这样说的：'喝坏了风气，喝坏了胃，喝得单位没经费。'酒从欢乐喜庆的兴奋剂变成了败坏社会风气的腐蚀剂，这违背了人类发明酒的初衷。酒可以使好事变得更好，锦上添花，也可以使坏事变得更坏，雪上加霜。"如果缺少了这段思辨色彩与形象化融为一体的议论，节目中众多觥筹交错的场面和酒后失态的画面的用意将变得不甚明了，处理不好就有可能仅限于对不正之风的形象化展示，评论的价值也将大打折扣。

3. 记者与主持人专家化、学者化

做深度报道和新闻评论面临着许多挑战，成功从事深度报道与新闻评论的记者和主持人都必须具备相应的专业能力，成为多重专家，即其他领域的专家与传播专家的结合体。

（1）社会学者：专业地把握新闻。

专家型记者首先是一个出色的社会学者，其素质可用行家眼光、战略家见识来概括。专家型记者的新闻敏感优势是显而易见的，他常常能够正确把握新闻，发表权威性的意见。专家型记者的素质并不体现在对各个学术领域都有精深的造诣，而是通过广博的知识面来审视和研究素材，运用学者所使用的研究方法。如何成为出色的社会学者，需要从以下两个方面着手。

首先，要注重培养社会责任感。无论是记者还是主持人，除了要具备精深广博的知识外，还要拥有一种对职业的高尚价值取向与社会良知，永远有对人心、人道和对于人本身的尊重，永远有底层、穷人和正义的选择。只有做到这些，作品才能深入人心，这样的名记者与名主持人才能被观众认可。

其次，要在实践中不断完善自身的知识体系。记者在具体的工作中学习和积累的知识主要包括两个方面：一是在采访中向采访对象学习；二是根据采访中遇到的问题，学习相关行业或领域的专业知识。如果记者经常采访某一问题，经常听取专家的看法，并根据采访中遇到的问题对相关行业或领域的专业知识进行学习，就能够熟悉这一问题，并且有可能产生自己的思考，发现新的问题。一旦问题经历得多了，记者的积累也增加了，知识也就变得广博起来，最终就有可能成为某一行业或者领域的专家。

（2）传播专家：把专业知识翻译成常识。

从事广播电视新闻评论，不可避免地涉及一些专业领域的深奥问题，这就要求记者与主持人要掌握将专业知识翻译成常识的技巧，成为传播专家。

首先，要以"让普通人理解新闻"为目标。广播电视新闻应该定位于"普及"。电视新闻的广大受众在知识层面上跨度很大，过于专业的节目定位将不可避免地失去相当一部分受众，让普通人理解新闻是电视新闻的目标之一。《今日说法》的制作人认为"重在普及，就是要求法制节目要努力宣传法理法规，弘扬法治精神，不断提高人们的法律自觉意识"。而法理法规、法治精神、法规自觉意识等都是一些比较抽象的概念，属于理性思维的层面，普通老百姓很难从

15～20分钟的节目内容中去接受这些枯燥的理论。为此，《今日说法》栏目在制作上充分考虑本栏目是以普通电视受众为对象的传播特点，要求主持人把深奥的法规、抽象的法理，在表达中简洁化、口语化和视听化，做到"字句俱如寻常说话"，从而使《今日说法》节目恰到好处地体现了法制节目的"重在普及"的定位。①

其次，要当好"翻译"，化"专"为"众"。专业领域的深度报道和新闻评论常常是受众最关心但又最难懂的。如谈到经济报道的"营养"难以被读者吸收，人们常说这样一句话："内行不愿看，外行看不懂。"一些资深记者对这句话分析得很透彻。"内行不愿看"，不外乎三种原因：一是记者的报道尽是些外行话，连基本的常识也没有掌握；二是记者的报道虽然没有多少外行话，但过于肤浅；三是记者的报道确实触及了一些实质性的问题，但所谈的都是内行人已熟知的东西，对他们来说已经没有价值可言。为什么"外行看不懂"，就是因为记者没有能够从新闻传播的角度研究、消化经济报道的内容。具体地说，也有三种情况：一是自己没有弄懂，当然外行更看不懂；二是选择的事实太专业，难以通俗化；三是没有选择好新闻角度，没有做好应该做的新闻处理。财经报道面对的信息源大都是专业性、技术性强的信息，选好新闻角度，做好新闻处理，很重要的一个方面就是要当好"翻译"，化"专"为"众"。这方面，一些专家的做法可以启迪我们的思维。著名记者艾丰诠释市场经济条件下市场、企业和政府三者的关系时，就用了一个比喻：市场是跑道，企业是运动员，政府是裁判。寥寥数语，就把一个抽象的经济学概念说得清楚明了了。

再次，适度个性。在强调主持人个性的同时，个性的发挥要建立在学识的基础之上。比如，要是用传统意义上的主持人标准来衡量，凤凰卫视主持人杨锦麟的国语不准，英文走调，肯定当不了主持人。但由于他读起报来铿锵有力又趣味十足，点评睿智而幽默，颇具大家风范，竟也自成一家。新华网、新浪网等多家媒体曾评价道，作为一档以摘要播报报刊资讯为主要内容的节目，《有报天天读》体现了强烈的个性，并展现了一种独特的精神气质：幽默，机智，具有洞察力，充满激情。主持人的个性化不仅能为评论节目带来一种与众不同的特质，还能融主持人的个人魅力于节目之中，从而在观众中树立起明星主持

---

① 张瑜烨．《今日说法》节目标题的四定位．当代传播，2004（5）．

人与精品节目的形象。

参考文献

[1] 蔡尚伟. 广播电视新闻学. 上海：复旦大学出版社，2006.

[2] 罗以澄，吴玉兰. 新闻采访. 长沙：中南大学出版社，2005.

[3] 贾广惠. 新编新闻采访学教程. 武汉：武汉大学出版社，2010.

[4] 孔军强. 网络记者：网络时代的新闻传播者. 青年记者，2009 (7).

[5] 赵淑萍. 广播电视新闻采访与写作. 北京：北京师范大学出版社，2006.

[6] 戚鸣. 新闻写作. 长沙：中南大学出版社，2006.

[7] 吴玉玲. 广播电视概论. 北京：中国传媒大学出版社，2007.

[8] 张晓锋. 当代电视编辑教程. 上海：复旦大学出版社，2010.

[9] 石长顺. 电视新闻编辑与制作. 长沙：中南大学出版社，2006.

[10] 吴信训. 新编广播电视新闻学. 上海：复旦大学出版社，2011.

[11] 王雄. 新闻舆论研究. 北京：新华出版社，2002.

[12] 赵玉明，王福顺. 广播电视词典. 北京：北京广播学院出版社，1999.

[13] 张洁，吴征. 调查《新闻调查》. 北京：文化艺术出版社，2006.

[14] 仲富兰. 广播电视评论教程. 上海：复旦大学出版社，2007.

[15] 宫承波，方毅华等. 新闻业务. 北京：北京广播电视出版社，2007.

[16] [美] 特德·怀特. 广播电视新闻写作与报道. 吴风等译. 北京：新华出版社，2000.

第八章　我国广播电视新闻的基本原则

我国广播电视事业作为社会主义新闻事业的一种，既是党和人民的喉舌，担负着作为党的宣传工具的重任，又具有产业的经济属性。在我国，新闻媒介实行"事业性质，企业化管理"的管理方针，这就决定了广播电视新闻工作在政治上必须服从党和政府的领导，恪守党性原则；在经济上按社会主义市场经济规律运行，遵守新闻传播规律。

第一节　新闻工作的双重价值

一、新闻工作"双重价值"律缘起

"一千个人眼里会有一千个哈姆雷特"，这句话给我们提出了一个重要的议题。新闻工作者在进行新闻报道的过程中如何对事实进行选择，才能实现新闻效果的最大化，这涉及新闻选择的标准问题。

新闻选择是对事实的选择，是新闻工作者在新闻采访、写作和编辑的过程中对现实生活中发生的事实进行分析鉴别，从中筛选出值得自己传播的事实，并准备加以传播的过程。之所以对事实进行选择是因为以下三方面的原因。

一是由有限的新闻传播媒介及有限的版面空间和节目时间与无限的新闻信息之间的矛盾决定的。尤其是在互联网海量信息充斥受众眼球的今天，新闻工作者的信息把关作用尤其重要。

二是由新闻媒介本身所担负的传播信息和引导舆论的社会功能之间的矛盾决定的。新闻传播面对的是最广泛的受众，为受众提供信息咨询，满足受众了解外部环境的需要。同时，作为政府和民众之间的桥梁，大众媒介必须起到"上情下达、下情上传"的作用，引导社会和公众舆论向事态的良性方向发展。

三是由新闻传播媒介即新闻传播者的传播意向和新闻接受者需求之间的矛

盾决定的。新闻媒介受其所依托的社会政治经济利益集团的影响，在新闻传播中表现出明显的传播意向。但是，这不一定能够满足和反映新闻接受者的需求。新闻媒介为了满足受众的需求，必须不断了解受众需求，对事实进行认真的选择，报道受众喜闻乐见的新闻事实。

新闻工作者在新闻选择的过程中，必须对新闻有一个明晰的判断标准。我国新闻事业的"事业性质，企业化管理"的双重属性要求我国的新闻工作遵循新闻价值和宣传价值（即新闻政策）的判断标准。

新闻价值要解决的是一个事实是不是新闻，是不是好新闻，值不值得报道的问题。新闻价值要求新闻报道赢得最大的受众关注，这是新闻选择的业务标准和客观标准。世界上所有国家的所有新闻传播事业，新闻选择的客观标准是相同的。宣传价值所要解决的是一个新闻事实是否允许传播、怎样传播、何时传播的问题，宣传价值要求新闻报道取得最好的社会效益。这是新闻选择的政治标准或者主观标准。我国新闻事业要求新闻工作坚持"新闻价值"和"宣传价值"并重的原则。

二、新闻价值

为了弄清楚新闻价值，首先必须要弄清楚一个问题，即"共同兴趣"的问题。共同兴趣是指社会大众对某一事件或问题的共同需要或者共同关注。一个新闻报道要想取得好的报道效果，首先要引起社会公众的广泛关注。

新闻界流行的一句最著名的规训——"狗咬人不是新闻，人咬狗才是新闻"，体现了受众对新奇的事物比较关注。19世纪中期，《纽约时报》的主持人雷蒙德因非常羡慕《纽约先驱报》主持人贝内特经常发布公众感兴趣的新闻而感叹道："我宁可出一百万美元，如果能使魔鬼每天晚上来告诉我，就像他告诉贝内特一样，纽约的人们明天早晨喜欢读些什么。"就连被称为"报界怪杰"的普利策在主持《世界报》期间（1883—1911），也反复告诉员工要报道能引起公众共同兴趣的事件，去采集那些"与众不同的、有特色的、戏剧性的、浪漫的、动人心魄的、独一无二的、奇妙的、幽默的、别出心裁的、适于成为谈资又不破坏高雅的审美观或者降低格调的，尤其是不能损害人们对报纸的信任……"的事实。他的这个标准，使《世界报》别具一格，成为当时美国销量最大的报纸。

通过上述例子，我们可以明白，新闻价值是为了解决究竟选择什么样的事实才能够引起公众的共同兴趣，进而引起广泛的社会关注这个难题的。隐含在新闻事实中的能够引起人们共同兴趣的特质，经过新闻从业人员的不懈努力与探索，一般具有一个共同的标准。

新闻价值的定义，目前普遍采用李良荣教授的《新闻学导论》一书中的定义，即新闻价值就是新闻事实本身包含的能够引起社会各种人共同兴趣的素质。一般认为，新闻价值主要包括以下五个方面的基本要素或者指标。

1. 时新性

新闻价值中的时新性是指新闻事实中所包含的因为事实的急剧变化而要求新闻媒介快速报道的或传播的特性。当前通讯技术的发达，尤其是新媒体的兴起，更大程度上实现了即时性传播。"第一时间、第一现场"成为各家媒体在报道的过程中致力追求的目标。另外，一切事物都处于发展变化之中，在不同的发展阶段展现出不同的新特征。而这些新的发展、新的突破和新的发现都是人们乐于关注的和感兴趣的。这两方面概括起来就是时间近、内容新。新闻时新性包括两个方面：一是指现实性，即受众所欲知的新事实、新变化、新潮流、新知识等；二是指时效性，即当新事实、新变化、新知识发生时，新闻传播媒介应在第一时间报道，满足受众"第一时间"的知晓欲。

2. 重要性

重要性是指与当前社会生活，以及广大人民群众的切身利害有密切关系的性质。例如，政局变动、政府决策、战争、重要经济信息、科技发明、重要气候变化、重要交通事故、灾害、疫情等的发生都关乎人们的切身利益。2002年的SARS事件，2008年西藏打砸抢事件、北京奥运，备受中外关注的"5·12"汶川大地震，2009年甲型H1NI流感肆虐全球，2010年亚运会等重大国际国内事件等，这些都是媒体报道的重型武器，也是媒体报道的聚焦事件。对这些重大事件进行报道的原因是：首先，这些事件是受众普遍关注、关心的，是公众迫切想知道的，能够引起公众最广泛的兴趣；其次，可以为媒体赢得广泛的社会关注和认可，提高媒体的知名度。

3. 接近性

接近性是指新闻事实同受众在地理上、职业上、心理上和文化上的距离不同，而对受众产生不同的吸引力的性质。一般来说，新闻事实同受众的距离越接近，新闻价值就越高。从地理上看，与受众地域越接近的事实，越能对受众的生活、工作、学习产生影响，越容易受到关注，本地的新闻比外地的新闻、国内的新闻比国外的新闻更易受到人们的关注。从职业上看，从事某一职业的受众总是比较关心与本行业有关的人和事。从心理上看，由于性别、年龄、情趣、爱好、社会经济地位和文化背景的不同，人们总是比较关注与自己情趣和利益相关的人和事。例如，2010 年 11 月 22 日，柬埔寨发生一起严重踩踏事件，死亡 375 人。这是柬埔寨 30 多年来最大的悲剧，牵动着全世界人们的心。面对自己的亲友在柬埔寨生死未卜的消息，每个人都急切渴望了解事实动态。新闻网在 11 月 25 日报道，暂时无中国人在踩踏事件中伤亡，体现的正是上面所述。关怀亲友安危，心系国家命运，这是人之常情，当然也是新闻报道在选择事实时需要考虑的重要因素，真正做到因时、因地、因势而择。

4. 显著性

显著性是指新闻事实中所包含的人或事的知名度和显要度。一般涉及名人、胜地和著名机构的事实都较易引起人们的关注。显著性包含这样三种情况：一是"显"。同一件事发生在不同的人身上和不同的地域，其新闻价值就不一样。例如，普通人生老病死不足为奇，一个国家领导人的身体状况却备受关注。新疆伽师发生 6.5 级地震不是大新闻，但北京市发生 3.5 级地震就足以引起世界关注。二是"稀"，指事件发生的概率。如果事件发生的频率高，发展成为一种常态，则见怪不怪。但是当某一事件是千年一遇的奇观时，那么它易成为人们津津乐道的谈资。当前社会，当人们对安于物质享受而放弃精神追求渐渐缄默不语的时候，网上一则关于国外的教师在我国偏远乡村数十年如一日恪守清贫的报道引起众人关注，正面、反面的评论纷至沓来。三是"深"，即一件事或者一个人在社会上的影响力的深度和广度。一般情况下，这和重要性有重大联系，当然普通人也可以做出惊天动地的大事情。

5. 趣味性

趣味性通常指奇闻趣事，富有人情味和高尚的生活情趣，能引起人们感情上的共鸣。趣味性通常具有反常性、激烈的冲突性、结果的戏剧性和幽默感。猎奇心理驱使人们追求感官的享受和精神上的刺激与冒险。关于反常性，"狗咬人不是新闻，人咬狗才是新闻"这句广为流传的话正是佐证。这个形象的比喻给新闻初学者一个很好的解释："狗咬人"是司空见惯的、正常的事情，而"人咬狗"却一反常态，只有这样，报纸才会刊登。这句话告诉记者，反常的事情才是有用的新闻，而正常的事情不能成为新闻，这就涉及新闻价值问题。此外，人类崇尚斗争的原始性，使人们对一切冲突和斗争感兴趣。如美国"9·11"恐怖袭击事件、俄罗斯车臣问题、我国早些年的东突和西藏问题以及那些凶杀抢劫案件等，往往冲突性越强越能引起人们的关注，从而成为媒体追逐的焦点。

但是作为新闻价值的要素之一的趣味性，就像一把双刃剑，既有积极有效的一面，也有消极的一面。它反映了记者在新闻采访、新闻选择方面的一个具体要求，能够引起受众的阅读兴趣或者提高广播电视的收听（视）率，但追求趣味性也会诱使新闻工作者去猎奇、追逐耸人听闻的事物，而忽视了新闻工作提供信息咨询、教育、学习的功能和社会责任。

下面，我们将谈两个关于新闻价值的问题。

第一，新闻价值的发展。

判断新闻价值的"要素说"发展到现阶段，新闻工作者开始对其有了新的认识。蔡尚伟在《广播电视新闻学》一书中从新闻价值的效用出发对现代新闻价值进行解说：所谓现代新闻价值，是对新闻价值的多层次认识，新闻机制存在于新闻与受众、社会之间的需求关系之中。新闻只是价值的体现者，媒介是新闻的载体，受众才是价值的决定者。现代新闻价值是一种受众本位的新闻效用认识，新闻价值的效用类型主要体现为获知性（知晓需要）、激励性（受教需要）、获益性（认识需要）和娱乐性（审美需要）四个方面。

第二，澄清一些模糊的认识。

首先，不能把新闻价值等同于新闻的价值。

新闻的价值是指记者写出的一条新闻稿件的质量。一条新闻的价值是多方面的，除了这条新闻包含的新闻价值外，它还包括许多的政治性、思想性乃至一定的文学艺术性等。

的确，新闻是有价值的，包括政治价值、经济价值、社会价值和文化价值，但这不是新闻价值。两者所关注的重点并不一致，新闻价值考虑的是新闻能否引起受众的共同兴趣，能否引出人们广泛关注的问题；但是新闻的价值考虑的是社会效果问题，比如说鼓舞作用、教育作用、宣传作用等，通过新闻的信息传达引起人们思想上对某项政策、某个认识或某种观念的认可与接受。新闻价值和新闻的价值可以说是两个不同层面的认识。新闻的价值可以用宣传价值和新闻法规这两个概念来涵括。

日常生活中，新闻工作者容易将两者混为一谈，这实际上是把新闻价值和宣传价值混淆了。他们通常会从宣传的角度出发来考虑事实的性质，站在服务本政党、阶级和利益集团的立场上，使新闻为政策服务，为宣传服务。这一点在"文革"时期十分明显："以阶级斗争为纲"成为新闻工作的工作纲领，忽视新闻工作的客观规律。

其次，不能用新闻价值一个概念囊括全部新闻工作。

新闻价值是新闻选择的重要标准，但是对新闻价值的强调使一些新闻工作者又走入了另一个误区。为了强调新闻价值的重要性，把新闻写作的要求也包括在了新闻价值之中："让事实说话"的新闻比假、大、空的新闻有价值；单独报道一件重大事情比把它湮没在长篇讲话、长篇报道中有价值；短的比长的新闻有价值；迅速及时的比迟缓的新闻有价值。

《新闻价值及真实性、指导性》一书中有这样的论述：新闻价值是新闻为群众所喜闻乐见的程度及它在社会实践中产生影响的广度、深度和作用的大小。这种见解用一个新闻价值问题囊括了新闻选择的一切过程，把新闻学的基本课题都包括了进去，新闻学几乎等于新闻价值理论了。比如，群众所喜闻乐见的程度及在社会中的影响、作用，包括三个层次的问题：一是新闻的内容为群众所喜闻乐见，这涉及新闻价值；二是新闻表达的形式、语言为群众所喜闻乐见，这涉及新闻写作的要求；三是社会实践中的影响、作用，这涉及宣传价值和新闻法规。这样三个不同层次、不同要求的问题，不能简单地用一个概念去衡量和判断。

三、宣传价值

宣传价值是指事实本身包含的有利于新闻传播者、能够证明和说明传播者主张的素质。新闻选择重视宣传价值是由我国广播电视事业的性质决定的。广播电视事业是社会主义事业的一部分，用来为传播社会主义服务，为党和国家的政策起解释和推广的作用，代表国家和人民的利益。

由于新闻媒介的背景不同、性质不同、办报（台）的方针不同，所以在传播信息的倾向上不可避免地表现出强烈的政治倾向、利益取向（国家和民族利益、团体利益）以及价值取向。

一般来说，宣传价值的素质包含五个方面，合称宣传价值的"五性"。

1. 一致性

这里的标准就是政治上的"利"与"害"的问题。在我国，新闻媒介在进行新闻选择时要符合党的理论、政策、方针，以及国家的法令和社会主义价值观。世界各国严肃的报纸、重要的电台和电视台在选择新闻时无不首先从政治上考虑。即使以标榜客观、中立而著称的英国 BBC 电台在重大政治事件上进行对外广播时也会站在本国家的利益立场上、站在西方国家的价值观上。毛泽东同志曾经提出的、江泽民同志曾经重申的《人民日报》等党报要"政治家办报"，并不是说要将报纸办成一份政治家用来进行政治活动的御用报纸，而是说要有政治家的敏感性，要站在国家的立场和政治的高度上，要从全局利益出发来选择新闻。

2. 针对性

针对社会上的各种猜测、怀疑、歪曲、流言等选择新闻事实，进行有的放矢的宣传。针对性越强，宣传价值就越大。例如，1999 年 1 月 25 日，新华社发出一条电讯：朱镕基总理在会见老挝总理西沙瓦尔时重申：人民币不贬值。就在当天，世界上所有重要的新闻媒介都将这一信息传播了出去。因为就在朱镕基这次谈话的前两天，受人民币可能贬值的猜疑、流言的影响，东南亚各国的汇率、股市大幅度下跌，人心浮动。这条新闻的及时发出，对惴惴不安的人们而言无疑是一支强心剂。

3. 普遍性

事实中所包含的思想观点对广大受众具有普遍的教育意义和指导作用，从而引起人们广泛的关注，启发人们去思考，启迪民智。2004 年，《云南日报》头版刊登了一位母亲的来信《高消费时尚难倒家长》，信中描述了在当前社会物质生活水平高的条件下，一些孩子养成了盲目攀比、追求时尚、嫌贫爱富的心理，这对孩子的健康成长无疑是不良的影响。这封信一经刊出，就在春城的市民中引起了不小的反响。市民们纷纷发表评论，献言献策，展开积极的讨论，渴望为孩子营造一个良好的成长环境，使孩子的人格得到健全发展。该信的刊出之所以能够引起如此强烈的反响，首先是因为它直指一种社会现象，这种现象存在于每一个家庭之中，是人们关注并迫切需要解决的问题；其次是因为它具有强烈的普遍性，关乎每一个孩子的成长。此篇报道的针对性和普遍性都很强，因此宣传价值很大。通过市民对该报道的参与和讨论，能够引起家长的警惕，反思孩子的人格教育，无形之中起到了很强的宣传、教化作用。

4. 典型性

事实不但要和作者所要表达的思想观点相一致，而且要能够有力地说明观点。因此，所选事实要精准，能够以一当十、以少胜多。新闻和宣传的区别就在于新闻是告知信息，而宣传是通过信息的传递来表达一种观念。"用事实说话"，通常是新闻工作者表达观点的一种手段。要想将思想观点不动声色地传递给受众，必须选择恰当的新闻事实，这是保证宣传价值的重要方式之一。

5. 适宜性

适宜性又可以称为新闻报道的时机，报道时机把握得好，能使新闻的宣传事半功倍。有些新闻要选择恰当的时机来发表，才能够收到更大的宣传效应，避免引起不必要的混乱。重要的会议、法律政策文件、突发性的大事、有特殊意义的节日、纪念日等都有可能导致热点、难点问题转化成社会焦点，使人们关注一些带有普遍性的问题。比如，经济工作会议前后对经济形势的分析与报道；"3·15"前后对保护消费者权益、打击假冒伪劣商品的报道；"蓝极速"网吧大火之后对消防安全以及整顿网吧和加强、大、中小学生教育的报道；逢五逢十的国庆节前的成就展示报道等等。总之，如果我们把握住新闻报道的有利时机，该压则压，伺机而动，那么就能够扩大报道的影响力。

新闻选择是一个复杂的过程，它不仅存在于新闻工作者的新闻采访、写作、编辑的过程中，也存在于受众对新闻事实的反馈中。新闻报道后取得的社会效果和受众对新闻的反馈都成为新闻选择的一种参考。除了新闻价值和宣传价值外，新闻选择的最后一道关卡就是新闻法规。

新闻法规一般由国家的立法机关制定，对新闻事业具有强制性，目的在于约束新闻报道，以免危害到国家利益。新闻法规明确规定了新闻传播媒介的禁载事项，规定了新闻媒介及新闻工作者的权利和义务。

第二节　广播电视新闻工作的基本原则

新闻传播事业是一种系统的、有组织的专业化信息传播手段，其运行必须遵循自身的内在规律。广播电视作为我国新闻事业的一种，也必须遵循自身运行的经济规律，并且处理好同社会其他各种政治势力和经济集团的关系，因为新闻事业是社会存在的一部分，必然会与其他社会组织产生联系，受到来自社会政治势力、经济集团以及媒介所有者的控制。新闻事业在遵循自身规律和协同处理好这些关系的同时，经过长期的实践，形成了自身的业务原则和政治原则。从业务方面看，有真实性原则、服务受众的原则；从政治规范上看，有党性原则，即思想性原则，以及社会效益第一的原则。这也是广播电视新闻工作所要遵循的基本原则。

一、真实性原则

真实是新闻的生命，一切新闻都必须真实。这是新闻存在的基本前提，也是新闻传播事业永葆生机的力量所在。真实性是新闻传媒必须遵循的原则，也是传媒取信于受众的关键。"今天的新闻是明天的历史"，坚持新闻的真实性原则，对新闻工作者来说，不仅是一个职业精神、职业道德的问题，更重要的是，它是坚持正确导向、提高舆论引导能力的时代要求。

新闻传播事业之所以要坚持真实性原则，是由新闻这一特殊的社会现象的根本属性所决定的。具体来说有以下三点。

（1）坚持新闻真实性原则是辩证唯物主义思想路线对新闻传播事业的必然要求。

辩证唯物主义思想路线认为，客观存在第一性、社会意识第二性，客观存在决定人们的意识，意识对存在具有反作用。人们对客观世界的认识是能动的，不断深入的，是由表及里、由此及彼的认识过程，辩证唯物主义思想路线要求新闻传播事业遵从认识论的原理。

首先，从新闻与事实的关系来看，新闻是通过传播媒介传播的有关新近发生的事实的信息。由此可见，先有事实后有新闻，事实第一性，新闻第二性，新闻是对客观事实的反映。因此，新闻必须真实地报道客观事实，反映客观事物的本来面目。

其次，从人的认识过程来看，人们对客观事物的认识是能动的、不断深入的和发展的。因此，新闻传播事业不仅要真实地反映事实，还要能动地指导实际；不仅要反映事实的现象，还要反映事实的整体以及事物之间的联系。这就使得新闻真实性出现多种层次的问题。

再次，从新闻传播媒介与受众的关系来看，受众了解和接收新闻的目的是及时了解周围情况的变动，以满足生存和发展的需要，新闻传播事业刚好能够满足这一愿望。因此，新闻传播事业应该集其所长服务受众。受众是新闻效果的最终检验者，新闻的优劣好坏和真假无不受到人民群众实践的检验与判断。为了赢得人民群众的信赖，新闻工作必须遵守真实性原则，自觉地接受人民群众的监督和检验。

（2）坚持新闻真实性原则是无产阶级新闻事业的优良传统。

真实性原则是新闻的内在规律要求的，对资产阶级新闻事业和无产阶级新闻事业具有同样的适用性。无产阶级的新闻实践也证明了这一点，革命导师列宁同志曾经说道："如果人民跟着布尔什维克走是因为布尔什维克的鼓动较为巧妙，那就可笑了。不是的，那是因为布尔什维克的鼓动说实话。"毛泽东同志也提出了"请看事实"的著名论断。在长期的新闻实践中，无产阶级新闻事业形成了讲求真实性原则的优良传统。例如，1848 年 6 月 23 日，法国巴黎工人举行武装起义，这无疑是一个重大喜讯，但是马克思和恩格斯主编的《新莱茵报》由于没有证实此新闻的真实性而坚决不刊登。列宁也曾反复告诫新闻工作者，报纸上登载的事实都是要经过核实的、准确无误的。

（3）坚持新闻真实性原则是唯物主义思想路线对新闻工作者的共同要求。

按照唯物主义思想路线，新闻工作者必须有实事求是的科学态度；必须从实践出发，反映事实真相；必须有敢于讲真话，讲真理，敢于为坚持真理而斗争的勇气。周恩来曾要求新闻工作者做到"忠于事实，忠于真理"，要求"说真话、鼓真劲、做实事、收实效"，这是对新闻工作者的基本要求。1984 年通过的《联合国国际新闻信条》第一条规定："报业及其他新闻媒介的工作人员应尽一切努力，确保公众所接受的消息绝对正确。"

总之，坚持新闻的真实性是党的新闻工作的基本原则，是新闻界的优良传统，也是新闻工作者安身立命之本。多年来，我国新闻战线也正是因为坚持了新闻的真实性原则，全面、准确地报道了我国经济社会发展的历程和重要新闻事件，揭露和抨击了违法乱纪、贪污腐败等种种不良现象，才赢得了党和人民的信任，促进了新闻事业的蓬勃发展。但是近年来，一些虚假新闻、虚假信息通过不同渠道、不同形式，出现在一些新闻媒体上，腐蚀着新闻媒介的健康和公信力。

新闻真实性原则是新闻工作的重要原则之一，无论是对新闻传播媒介、社会还是新闻工作者来说都有重要的影响，那么坚持新闻真实性原则有何意义呢？

首先，坚持新闻真实性原则有利于正确引导舆论导向，提高舆论引导能力。新闻的真实性是正确舆论导向的基本前提，离开真实，导向正确就成了一句空话。正确的舆论导向应该建立在真实的新闻报道基础上。建立在虚假新闻和失实报道基础上的舆论导向，必然是错误的，会对社会造成不良的影响。新闻媒体承担着为政府决策提供参考和民意表达的责任，是政府了解社情民意的重要途径，作为社会公器，代表民众参与社会决策和讨论，引导公众关注社会的焦点和热点话题。如果新闻媒介提供的是真实可靠的信息，将会促进社会事务朝向正确的方向发展。

其次，新闻的真实性关乎新闻媒体本身的权威性和公信力。美国著名报人约翰·德莱恩曾说道："新闻记者的职责与史家相同，就是不顾一切寻找事实真相。"新闻报道是否真实，直接影响媒体的权威性和公信力，从而决定着媒体的影响力和引导力。新闻媒体对新闻报道真实性的不懈追求是赢得公信力和尊重的基础。那些受到受众欢迎的媒体，无一例外是因为坚持真实性原则，坚持"三贴近"原则的，它们在对新闻事件的真实客观报道中提高了知名度，树立了权威性。

再次，新闻的真实性还关乎新闻工作者的个人信誉。编辑、记者是新闻媒体的主体，编辑、记者素质的高低决定媒体和新闻报道水平的高低，决定媒体公信力、影响力和引导力的高下。新闻记者代表着社会的良知，承担着社会守望者的职责，因此也会受到人们的尊敬和信任。如果私心作祟，为了一己私利，发布甚至编造虚假新闻，其个人诚信度必然大打折扣，甚至会被公众唾弃，身败名裂。

要全面把握真实性原则的含义，需要从以下两个方面进行理解和把握。

（1）真实性。新闻的真实性、真实性原则以及新闻传播事业的真实性等虽然表述不同，但是其实质内容是一样的。新闻传播的真实性是指新闻报道与所反映的客观现实的相符程度。其真实性的科学含义有如下三个层次的要求：

首先，要求做到事实真实，即对每一个具体的新闻报道中的事实，都要做到完全准确无误，持之有据。一则新闻报道要确有其事、确有其人、适当其时、恰入其地。

其次，要求做到总体真实，即不仅新闻报道的具体事实要真实，而且要求新闻报道的事实要全面，要反映事物的整体面貌，不能以偏概全。例如，现在有些报道在报道冲突或者有争议的事件时，记者会主观地站在自己支持的一方，以大篇幅对其进行报道，却不给另外一方以申诉的机会。这样做会给受众形成媒体偏袒的不良印象，不能够客观全面地报道事实。此外，新闻报道的事实要和同类事实的总体完全一致，反映事物的整体，从事物的联系中把握事物的整体发展趋势，要求能够通过事实的报道揭示该事实发生、发展的原因及其本质。

再次，新闻报道要反映时代的真实，即通过大量的报道向人们反映一个时代真实的面貌，揭示一个时代真正的精神内涵。2008 年对中国人民来说是一个多事之年，在这一年里，发生了罕见的雨雪冰冻灾害，发生了鬼哭神泣的汶川大地震，发生了美国次贷危机影响下的金融震动，但同时奥运会、残奥会在京圆满举行，"神七"上天，中国人在自己制造的飞船上第一次完成了太空行走等。2008 年给国人留下了太多的回忆，有酸楚的，更有美好的。但是如果新闻报道不能做到高屋建瓴，全面宏观把握，而将目光聚焦在灾难、突发事故上，就很难见到汶川大地震和北京奥运会中凝聚的 13 亿中国人的团结奋斗、众志成城、奋发拼搏的民族精神，也就很难见到长期被媒体誉为"垮掉一代"的"80后"展现给国人乃至世人积极健康、乐观向上、勇于付出的优秀品质。

此外，需要注意的是，新闻的真实性与真实性原则、新闻传播事业的真实性在理论层次上有所不同。新闻的真实性是一种具体的或者微观的新闻真实。当把真实性问题作为新闻传播事业的一条基本原则时，指的是真实性原则或者新闻传播事业的真实性原则。所谓新闻传播事业的真实性原则是指新闻传播事业必须把新闻真实性作为一项最基本的原则，并且把这种原则贯彻到新闻工作的各个方面。真实性原则要求新闻传播事业不仅要做到每一条新闻都真实地反映客观事物，而且要从总体上、宏观上，从事物之间的联系上反映一种抽象的、宏观的真实。只有这样，我们的新闻事业才是称职的、值得信赖的。

(2) 关于"有闻必录"和"本质真实"论。"有闻必录"是早期西方新闻传播学界关于新闻真实性的一种观点。这种观点有两方面的含义：一是新闻工作者所报道的事实只要是所见所闻即可，不需要对事实的真实性加以鉴别，不需要对结果负责；二是在报道新闻的过程中，新闻媒介或新闻工作者不应该有任何的政治倾向或主观因素在内，应该原原本本地报道出来。蔡铭泽教授在《新闻传播学》一书中对其进行了批判，他认为第一种观点虽然主张新闻的真实性，但对新闻事实缺少把关作用，容易形成混乱；第二种观点主张在新闻报道中完全摒弃新闻媒介和新闻工作者的政治立场甚至主观感受，完全按照新闻价值报道新闻，这是不可能实现的。

所以，对于"有闻必录"我们应该用谨慎的态度来看待。"有闻必录"是不可能实现的，这由无限的新闻事实和有限的新闻版面或节目时间的矛盾所决定，同时，在新闻选择的过程中记者的主观意识不可能完全缺席。对事实的选择，我们一般按照事实的新闻价值和宣传价值的标准来衡量，在符合新闻法规的范围内，实事求是地报道新闻事实。

由于广播电视的多种音响效果和声画双通道传输的特殊性，各个符号之间可以相互求证。因此在新闻报道的过程中，不但追求事实的真实性，而且要求听觉形象或者视听结合的形象传播也是真实可信的，必须做到真实性和真实感的统一。

"本质真实"一直是中国新闻界争论不休的一个概念。目前，学界具有代表性的说法有四种：反映事物的客观规律；全面反映情况；正确的立场；报道真实、必然性的事实。蔡铭泽教授在《新闻传播学》一书中将"本质真实"理解为新闻报道要透过纷繁复杂的现象，揭示事物发展的本质，反映略带规律性的东西。

李良荣教授对以上四种说法进行了批判。他指出，客观规律是具有普遍意义的真理，提供真实的情况只是向真理迈出了第一步，不等于真理。马克思说过："如果事物的表现形式和事物的本质会直接合二为一，一切科学研究就都不存在了。""透过纷繁复杂的现象反映略带规律性的东西"那要经过相当艰苦、相当漫长的道路的检验，这是科学研究要做的事情，而不是新闻媒介要承担的责任。因此，李良荣最后指出："本质真实"不能成为新闻真实性的衡量标准。新闻报道的真与假只有一个标准：是否符合客观实在。正是因为本质真实与现象之间的差距，所以新闻才要追求本质真实。

坚守新闻的真实性原则是新闻工作者的应有之义，但是新闻失实的现象却自古有之。原因很多，有新闻工作者的主观原因，如一些新闻工作者思想动机不纯，为了满足个人私利而故意歪曲事实或者知识储备、理论修养不足，工作作风不深入、不扎实而造成新闻失实。更有社会环境使然，如在日趋激烈的市场竞争中，新闻媒体对时效性、可读性的考虑超过了对真实性的追求；一些新闻媒体为了追求轰动效应不惜大肆炒作等。

如何在新闻工作中做到新闻传播的真实，我们应该从以下两个方面考虑。

第一，新闻媒体应该给社会提供真实、平衡、全面的报道。首先，对社会生活要有一个总体认识。从新闻报道引导与推动社会文明建设的功能看，新闻报道涉及的事实，大致可以分为真、善、美与假、恶、丑两大类。每个社会、每个特定的历史阶段，这两大类时事各占社会生活总量的多少比例，各报道多少才能正确地反映现实，并实现惩恶扬善的功能，需要进行衡量。其次，在新闻传播中，要从正反两方面来全面把握和认识社会生活。如何更准确地把握表扬性（正面）报道和批评性（负面）报道的适当比例，理解各项工作和总体规划的成绩与问题、优点与缺点、经验与教训等是我们要考虑的一个问题。只有对正面和负面报道有正确的认识，在新闻报道上有适当的、准确的反映，才能真正做到总体真实。再次，对新闻传播流量进行科学调控。社会生活中，产业结构各大类的比例，各地区、各行业、各部门的投入与产出，不同民族、不同性别、不同职业人士的贡献与取酬，各政府机关、各民众团体的成就与不足，基本上都呈一定的量与质的特定状态，同其他的类别、部门、机构、人士维持一定的关系，保持相对的平衡。新闻传播的流量，也应反映与维持这种平衡。否则，也会伤害新闻的总体真实。这就是新闻传播流量的总体调控。

第二，新闻工作者要严格遵守新闻职业道德。新闻传播者的职业道德是真实报道的又一制约因素。新闻工作者首先应给社会提供真实、客观、全面的报道；其次，应该坚持真实性、公正、平衡的立场；再次，要在新闻工作的各个环节履行职业道德的要求，树立记者良好的形象，营造一个良好的工作环境。有学者指出："人们心中还是多少明白是非的，只是在利益的驱动下这种心底的良知被掩盖和压抑了。"媒介是"社会公器",新闻工作者是社会公众代言人,遵守新闻工作者职业道德要求是维护新闻真实性、维护新闻工作者的形象和新闻媒体公信力的必然选择。中国北宋哲学家张载在《正蒙》一书中写下"为天地立心,为生民立命,为往圣继绝学,为万世开太平"的报国为民之志;梁启超曾指出新闻工作者应该有"柔而不茹、刚而不吐、不侮鳏寡、不畏强御之精神"。时至今日,这些规则依然为新闻工作者所恪守,从主观方面来保证新闻工作的真实性。

二、服务受众的原则

作为社会主义事业的一部分,广播电视新闻工作要坚持服务受众的原则。这不仅是由媒介的社会主义公有制属性所决定的,也是由传播效果的最终检验者——受众所决定的。要了解广播电视新闻工作的受众服务原则,首先要了解受众在广播电视新闻传播过程中的重要地位和作用。

受众研究的历史从 20 世纪 30 年代的"魔弹论"(又称"靶子论"或者"皮下注射论"),到后来的"个人差异论"、"社会分化论"及"社会关系论",受众从被动地接受新闻媒介提供的信息发展到在信息的接受过程中具有主观能动性,并对媒介产生重要的影响。实际上,从受众与媒介的关系来看,受众是新闻传播活动的积极参与者,是新闻传播效果的最终检验者,是新闻传播内容和传播方式的决定者。

受众作为广播电视传播过程中不可或缺的一极,作为传播过程双主体的一方,其地位和作用非常重要,是广播电视发展的支点。

首先,受众是广播电视提供的信息产品的消费者和使用者,广播电视最终在受众那里实现节目的价值和经济效益。从这一点来说,受众是广播电视事业存在的基础。广播电视获取经济效益的方式有三种:一是直接出售商品内容。把广播电视节目直接播出收取收视费,或者刻录成录像、光盘等音像制品赚取收益。二是广告收入。用广播电视内容产品吸引受众的注意力,然后将受众的注意力卖给广告商获取广告收入,即所谓的"注意力经济"。三是相关产业的开发,如电视杂志、大型演出、纪念品等。虽然近几年广播电视事业实行多元化发展战略,涉及许多跨行业领域,如房地产、旅游等行业,但从根本上说,广播电视的存在基础就是受众,其经营战略与其说是争夺市场份额,不如说是在抢占收视率。受众是广播电视的生存基础，是最重要的战略资源。

其次，受众是广播电视信息传播的服务对象，是传播的目的地和归宿。在市场竞争的环境中，服务的意识至关重要，作为公众事业的广播电视也不容例外。在传媒业市场化的浪潮下，大众媒介除了充当意识形态的工具之外，同时也是市场主体。这种双重身份使广播电视媒介在节目制作理念上确立起媒介服务的意识，将受众作为服务的对象和市场动力，制作为广大受众所接受、喜爱的节目。在技术层出不穷的今天，只有利用新的技术不断与受众联系以了解他们的收视心理和服务需求，才有可能不断创造新的产业增长点，不断拓展媒体的生存空间。

再次，受众是广播电视传播活动参与者与行为主体之一。受众对广播电视传播活动的参与，一方面指受众直接或间接参与广播电视节目的编排制作和演播过程；另一方面指受众在收听、收看广播电视节目时积极的心理活动或者行动。在新的历史阶段，受众更加积极地融入媒介参与之中。广播电视媒介也开始注重受众的调查，了解收视率和受众的心理动机与需求。1986 年 12 月 15 日，珠江经济台开播，每逢半点播出新闻，逢正点播出经济信息，按听众的收听习惯和需要安排内容，通过主持人，灵活地将新闻、资讯、服务、娱乐等各种话题熔于一炉，开通热线电话与听众即时交流、实时直播。珠江模式在全国引起了强烈的反响，主要是媒介经营管理导入了"服务"的理念，注重从受众的角度出发，注重受众的反馈参与。受众对广播电视的参与主要表现为，听众/观众论坛、点播、热线，特邀嘉宾和演播室受众。受众对广播电视节目的参与不仅可以提高收视率、改善传统的节目播报形式，还可以在对社会政治、经济、文化等方面的信息参与中，推动民主政治、加快经济发展、促进文化的繁荣。

最后，受众是广播电视传播的反馈者。一方面，受众根据自身的经验来选择和鉴别新闻信息，从而决定对其接受或抵制。另一方面，新闻媒介要取得积极的传播效果，必须使自己的服务完全符合受众的需要。对于广播电视来说，受众对广播电视节目内容的取舍、偏好成为节目制作者改善节目质量、确定节目风格、选择节目内容的参考依据和标准。相反，毫无反馈的传播，则是没有实际意义的。例如，中央电视台对港澳广播由于覆盖面窄、节目质量差，节目办了一年多，没有收到任何听众的反馈与参与，因此节目的制作人员都很泄气。受众反馈能够激起广播电视传播者从事传播、改进传播的热情。

对于广播电视工作而言，只有充分了解我国广播电视受众的特点，充分重视受众的需求和心理动机，把握受众需求的变化，才能引导社会舆论、满足社会需要、服务社会大众，达到预期的宣传效果，实现广播电视节目的内在价值。广播电视工作者坚持服务受众的原则，要从以下两个方面来把握：

首先，从思想上确立服务受众的意识。陈崇山在《受众本位论》一书中提出了受众本位的概念。"受众本位，就是指大众传媒在新闻信息的传播活动中，应以最大限度维护受众的根本利益为出发点，以满足受众获取多方面信息的需要为己任，以帮助受众提高思想素质、政治素质、道德素质和科学文化素质为目标，全心全意为受众服务。"受众本位的传播观念就是以受众需要为新闻价值的取向，它体现的是媒体服务受众的意识。

市场经济条件下，以受众为中心的新闻传播理念已在媒体之间达成共识。大众媒介意识到受众特别是目标受众已经成为媒体发展的支柱。调查显示，目前除互联网等新兴媒体外，我国广播电视的受众覆盖面最广泛。在激烈的市场竞争中，媒介的竞争说到底是受众群体之争，尤其是在广播电视节目、频道繁多，受众从"大众"走向"小众"，广播电视节目从"广播"走向"窄播"的今天，广播电视栏目、节目种类五花八门，教育、娱乐、游戏、影视等领域无所不包。广播电视节目要在激烈的市场竞争中找到自己的"地位"，就必须真正实现由媒体本位向受众本位的转变，坚持服务受众的意识。以"民生内容、平民视角、民本取向"为指导思想的中国电视民生新闻，正是"受众本位"的积极实践者。

其次，从行动上坚持服务受众的理念。中央领导提出的新闻宣传工作要遵循"贴近实际、贴近生活、贴近群众"的三贴近原则，是从新闻工作服务受众的原则出发的一个要求。广播电视工作坚持服务受众的原则必须从维护受众合法权益的高度出发，努力适应和满足受众的需要，义不容辞地履行全心全意为受众服务的宗旨，认真地研究和善待受众，要时时处处把受众装在心里，了解其所想所需，明白其兴趣爱好，理解其心态追求，把握其情感脉搏。

此外，广播电视节目按照服务受众的需求应考虑的问题还包括节目如何设置、内容如何取舍、引导如何到位、监督如何掌握。广播电视作为主流媒体在节目设置上应该具有鲜明的新闻特色和不同的地域文化特征，满足受众全面、深层了解事实的需要。应该指出的是，比方法、手段更重要的是适应受众需求的开放的新闻观念，宽广的全球视野，强化受众意识。掌握实用信息是受众改变自己生存状态的现实需要，也是接触媒介的心理动机之一，新闻媒介应该从社会和新闻视角筛选那些繁杂的常识新闻、经济知识和技术信息，为受众过上并享受富裕、舒适的生活提供科学、实用的舆论支持。在引导舆论方面，广播电视节目要挖掘新闻的"富矿"，报道与群众利益相关的问题。

三、党性原则

社会主义新闻事业在长期的革命实践中，形成了鲜明的党性原则。列宁曾说过："严格的党性是高度发展的阶级斗争的随行者和结果。"换句话说，党性就是阶级性的集中体现。

新闻传播事业作为政党和利益集团的舆论工具，在新闻报道的过程中带有政治性和倾向性。无论是资产阶级的新闻传播媒介还是社会主义的新闻传播媒介都不可避免地具有党性。虽然西方传媒一直强调客观性原则，力求保持客观、公正、平衡的原则，但是在新闻报道中，它们依然站在西方社会的价值立场、文化背景下来考量事物。马克思主义新闻观的核心和精髓即党性原则。

1. 党性原则的基本内涵

党性是阶级性的集中表现。无产阶级政党的党性是无产阶级阶级性的集中体现。我国社会主义新闻传播事业党性原则的主要内容包括以下三个方面。

第一，在思想上坚持以马克思主义作为新闻工作的指导思想。马克思主义思想是无产阶级和社会主义新闻事业的指导思想。它关于人类社会发展规律的科学是社会主义新闻事业的理论基础。我国新闻传播事业在贯彻马克思主义思想的过程中坚持完全、准确、生动地宣传马克思主义，提高新闻工作者的思想政治水平；在理论宣传的过程中克服形式主义、实用主义、教条主义的错误倾向，深刻理解马克思主义的精神内涵。长期以来，我国新闻工作者在讲马克思主义与我国具体实际相结合等方面作出了重要的探索，但是死搬教条、本本主义的做法也给我国革命和新闻事业带来重大的损失与教训。

第二，政治上坚持新闻宣传工作与党的路线、方针、政策保持一致。毛泽东曾说过："有关政策的问题，一般应当在党的刊物上进行宣传。……群众知道了真理，有了共同的目标就会齐心来做。……群众齐心了，一切就好办了。"由此可见，宣传和贯彻党的路线、方针、政策以及反馈其执行情况，是新闻传播事业的一项重要任务。在宣传的过程中要立场坚定、旗帜鲜明，保持与党中央的一致，防止对党的路线、方针、政策做片面性的宣传，善于将党的路线、方针、政策变成群众的自觉行动。

在当前及今后很长一段时间内，把我国建设成现代化的、高度文明、高度民主的社会主义国家，是党和人民的奋斗纲领。广播电视新闻事业必须围绕经济建设这一中心去开展宣传报道。

第三，在组织上接受共产党的领导，并自觉遵守党的纪律，特别是党的有关新闻宣传工作的纪律。我国新闻传播事业要在政治上同党中央保持一致，不能违背党中央的路线、方针、政策，必须接受和服从上级党委的组织领导，坚持民主集中原则，执行党的决策。党的领导并不是事无巨细、一揽子全包式的领导，而是政治方向、大局上的领导，抓好新闻宣传的主要方向，抓好新闻改革，抓好新闻工作的经验总结、队伍建设等，这与发挥新闻工作者的积极性、创造性、主动性并不冲突。党对新闻工作的领导主要是通过人事制度的安排来实现的，新闻宣传事业必须遵守党对新闻工作的纪律规定。

2. 广播电视事业坚持党性原则的具体要求

党性原则是一定政党的政治主张、思想意识和组织原则在新闻活动中的体现。坚持新闻工作的党性原则，就要做到以下五点。

第一，必须全面、准确、生动地宣传马克思主义、毛泽东思想、邓小平理论和"三个代表"重要思想，紧密联系社会主义现代化建设和改革开放的实际，紧密联系广大人民群众的思想实际，解决思想和理论问题。

第二，必须全面、准确、生动地宣传党的纲领、路线、方针和政策，使之变为广大人民群众的自觉行动。新闻工作者必须在政治上同党中央保持一致，不允许在报刊、广播、电视、网络的公开报道中发表同党的纲领、路线、方针和政策相反的言论。

第三，必须坚持党的领导，遵守党的组织原则和宣传纪律。广播电视事业作为我国社会主义事业的一部分，必须接受党的领导。党的新闻宣传媒介必须无条件服从党中央和上级党委的领导，无条件执行党中央和上级党委的决议。

第四，必须深刻认识社会主义新闻事业的党性与人民利益的一致性。坚持党性与人民利益相统一，是广播电视事业必须遵循的一个重要原则。当前，广播电视通过各种途径鼓励人民群众参与其中，增多了与群众直接对话，倾听社会呼声的机会。而党和政府通过广播电视，宣传了党的路线、方针、政策，使广播电视延伸了触角，扩大了功能，增强了对受众的吸引力。通过广播电视的媒介作用，加强了党和政府同人民群众间的联系。我国广播电视事业必须通过以下途径来体现和代表人民群众的利益：新闻传播事业要代表大多数人的政治利益和经济利益；忠实地当好人民群众的公仆，代表人民追求真理，宣传真理，提供各种各样的信息和服务；代表人民实行对社会和政府的监督，作为社会公器，这是人民群众赋予媒体的职责；通过各种形式积极引导人民参与到新闻工作中，承担全民办报、办刊、办台的重任。

第五，必须深刻认识社会主义新闻自由与资本主义新闻自由的本质区别，防止滥用新闻传播自由权利的现象，坚持党对新闻工作的领导，在新闻实践中做到对党负责和对人民负责的统一。

3. 广播电视事业党性原则需要处理好的几个关系

广播电视新闻工作是一门平衡和统一的艺术，如何把握好平衡的度，处理好各种矛盾和利益的冲突，是我国广播电视新闻工作的难点。长期以来，我国新闻工作者大都存在认识误区，认为坚持党性原则就会冲淡对人民利益的维护强度，坚持倾向性就会影响新闻的真实性，在党性原则严格、严肃的内涵下无法实行灵活的宣传策略和生动活泼的风格。这些思想是僵化的，是没有摆脱传统的"非黑即白"理论的束缚的。新闻工作者需要纠正这种错误认识。

第一，坚持新闻工作倾向性和真实性的统一。任何政党的报纸都有鲜明的倾向性，在进行新闻报道的过程中，都会站在特定的阶级立场、利益立场上来维护本阶级、本政党、本利益集团的利益。新闻事业的倾向性是不可避免的，新闻事业的真实性也是客观存在的，两者并不冲突。党对新闻事业的立场、倾向是建立在新闻真实性的基础上的，是建立在尊重新闻事实和客观科学规律的基础上的。不管任何阶级、政党，只要是不顾事实、凭空捏造、任意歪曲事实的报道和新闻事业必将会遭到人民的唾弃，新闻倾向性更无从谈起。我国的新闻事业之所以取得如此重大的成就，成为值得人民信赖的媒体，主要是因为我们的立场、观点都是符合实际情况的，是具有旺盛的生命力的。

第二，坚持党的利益和人民利益的统一。社会主义新闻事业的党性和人民的利益是完全一致的，人民群众的信任和支持，是党得以生存的基础和力量的源泉。党通过新闻事业同人民群众保持经常、密切的联系，从而把党的声音广泛传递到群众中去。这种深入基层的联系，使党能够通过新闻事业和群众交谈，使社会主义新闻事业不但在理论上而且在实践中成为党的耳目喉舌和人民的忠实代表。历史经验证明，社会主义新闻事业只有坚持党的利益和人民利益的统一，保持和加强党和人民群众的联系，才能有效发挥社会主义新闻事业的纽带作用，做到对党负责和对人民负责的统一。

四、社会效益第一原则

1. 坚持把社会效益放在首位

广播电视事业的"社会效益"是指广播电视媒介在传达党和国家的方针政策、配合思想政治工作、加强社会主义精神文明建设方面取得的社会成果。而"经济效益"是指广播电视在宣传过程中所创造的经济成果。广播电视承担着作为党和政府工作的宣传工具以及人民群众代言人的职责，必须将两者结合起来，实现两个效益的统一。

社会主义新闻事业的基本性质、指导方针和根本任务决定了我国新闻工作者必须把社会效益放在首位。我国广播电视事业是社会主义的文化事业，是引导舆论、服务社会的宣传工具。可以说，舆论工作就是思想政治工作，是与党和国家的前途、命运相联系的工作，因此，党的新闻传播事业要始终为革命服务、为人民服务、为社会主义服务、为世界的和平与发展服务，要将社会效益的实现放在首位。

新闻传播事业作为精神文化产品的制造者，应以社会效益为最高原则。强调社会效益，就是要求新闻宣传在任何情况下都要坚持党性原则不动摇，始终不渝地坚持为人民服务、为社会主义服务的方向。只有坚持社会效益第一的原则，新闻传播事业才能做到贴近实际、贴近生活、贴近百姓，增强新闻传播信息的可读性和感染力，从而使新闻事业适应市场经济的发展，适应社会主义精神文明和政治文明的发展要求。

2. 努力实现社会效益和经济效益的统一

坚持把社会效益放在首位，努力实现社会效益和经济效益的统一，是马克思主义新闻观的一贯主张。新闻媒体既要积极引导舆论，保持正确的导向，又要讲求成本、效益和投入、产出的经济原则。《申报》创办人美查认为，"利"

和"义"并不完全对立，办报为了赢利，但不排斥在必要时仗义执言。胡政之则认为："一份理想的报纸，要兼顾营业与事业。"社会效益和经济效益是两个效益良性互动、共同发展在这一循环链条上的重要环节。

新闻事业属于先进文化的范畴，可以促进生产力的发展，创造大量的物质财富，满足人民的需要。无论是精神财富还是物质财富，都是满足广大人民群众根本利益的必需品。1996年，江泽民主席在视察《人民日报》时，曾意味深长地指出："过去我们的传媒只讲宣传，如今在市场经济条件下，新闻传媒既要宣传，又要经营。"提高经济效益是新闻媒体自身发展和壮大的客观需要，因此，要遵循新闻工作内在规律和社会主义市场经济体制的要求，重视经济规律的作用，逐步改善和加强媒体的经营工作。各级党委要适应发展社会主义市场经济、深化文化体制改革和我国加入世贸组织的新形势，立足我国的国情，借鉴各国经验，加强宣传文化领域的法制建设，为宣传文化事业的健康发展创造良好的法制环境。在社会主义市场经济条件下，广播电视事业既要正确处理新闻传播事业与社会主义现代化建设中各项工作间主从、轻重、缓急等关系，充分发挥新闻传播事业的服务功能，又要使新闻传播事业与其他各项工作协调发展。

3. 科学处理"两个效益"的矛盾

广播电视工作既要把握正确的舆论导向，又要按照市场经济体制的要求，加快自我发展的步伐，这就必须正确处理好经济效益与社会效益的关系，力求经济效益和社会效益相统一。当两者发生矛盾时，要坚定不移地把社会效益放在首位，树立科学发展观，推动新闻事业不断前进，努力实现社会效益和经济效益的统一。

然而在广播电视的实际工作中，两个效益之间经常出现矛盾。例如，2004年中央电视台停播《读书时间》，2005年上海东方卫视停播高级访问栏目《21@21》等，这些都是格调高、知识含量高的节目，却因收视率低而难以为继。一方面，由于一些传统的广电节目要发挥喉舌的作用，做舆论引导工作的领航者，要追求良好的社会效益，从而使领导满意，专家放心，却因不能够满足大众的需要，得不到广告收益和资金支持而宣告失败；另一方面，一些广播电视媒体为了片面追求经济效益而不惜大肆出卖节目时间、迎合观众的不良口味，最终走向低俗化、娱乐化，从而导致自身社会责任感缺失，完全沦为经济利益的附庸。

要解决新闻传播事业在新的历史阶段出现的尴尬问题，从微观上来说，要做到"两个效益"的协调发展，必须建立一套科学的节目评估体系来指导节目的生产、编排和运营，实现双赢。

从宏观上来说，首先，媒介的管理者必须了解媒介的社会责任，媒介的内容必须满足社会大众的需要，而不应该造成负面影响。目前，世界各国对媒介内容的规范监管力度不一，通常对电子媒介所采取的监管力度相对较严，因为其传播面广；而对印刷媒介所采取的监管力度相对宽松。除了政府的政策外，媒介本身的职业自律也很重要。媒介管理者应当把追求经济效益和追求社会效益结合起来，以实现"两手都要抓"的平衡性。

其次，实现经营权和编辑权的分离是市场经济条件下，新闻媒介实现双效益统一的有效方法。在国外，用"国家与教堂"来比喻双效益之间的矛盾："国家"代表经营权，"教堂"代表编辑权，国外知名媒体都遵循编辑权与经营权分离的理念，经营权与编辑权互不干预、泾渭分明。他们认为，新闻出版的主要任务是社会责任，其次才是利润。在我国市场经济条件下，经济效益对传媒的发展、对社会效益的作用呈现出复杂的利弊关系。社会效益同经济效益的完美统一和良性互动是市场经济的内在必然要求，新闻传媒完全可以凭借良好的社会效益获得最大的经济效益，也只有形成这种良性循环，媒体才能在激烈的市场竞争中立于不败之地。

总之，当前相当数量的新闻媒介向经济效益倾斜，颠倒了"社会效益第一，经济效益第二"的方针，把社会效益置于脑后。在我国新闻媒介空前发展和繁荣的情况下，存在着一定程度的混乱。新闻事业的双重性所造成的矛盾是客观的，只不过是在不同时期会有不同的表现，但混乱是人为的，可以通过我们的努力来消除它。我们只有加强新闻媒介整合的力度，通过媒介自身、行政手段以及社会手段三者的结合来促使新闻媒介坚持"社会效益第一，经济效益第二"的既定方针。社会手段主要是指以契约关系为基础的中间组织，诸如新闻记者协会、报业协会、广电协会等。赋予这些中间组织一定的权威性，可以强化新闻内部的相互监督，加强职业道德建设，协调内部关系。

参考文献

［1］黄匡宇. 广播电视学概论（第二版）. 广州：暨南大学出版社，2005.

［2］蔡铭泽. 新闻传播学. 广州：暨南大学出版社，2003.

［3］蔡尚伟. 广播电视新闻学. 上海：复旦大学出版社，2006.

［4］李良荣. 新闻学导论. 北京：高等教育出版社，1999.

［5］陆晔，赵民. 当代广播电视概论. 上海：复旦大学出版社，2002.

第九章　广播电视传播观念与功能的发展

与报纸、杂志相比，广播电视拥有独特的传播优势。自诞生以来，其声画兼备的传播魅力就给大众带来了一种全新的视听享受，它传播迅速、信息丰富，并潜移默化地影响着人们的生活态度和价值观念。如今，人类已迈入信息社会，信息时代的受众需求日益多元化，广播电视开始出现窄播化，并走向专业化发展的道路，深入社会肌理，延伸到人类生活的每一个角落。

随着新媒体时代的到来，广播电视遇到了前所未有的挑战。与广播电视等传统媒体相比，新媒体的最大优势在于其强大的交互性，这使话语权开始向受众转移，受众不仅是被动的信息接收者，还可以成为传播者。如今，新媒体技术对广播电视的强力渗透，使广播电视传播也开始向交互性方面发展，从而获得新的生机。

第一节　广播电视传播的信息观与时效观

新闻观念产生于新闻实践活动，并可以能动地指导新闻实践活动。广播电视传播的观念，包括喉舌观念、信息观念、时效观念、媒介观念、节目观念、受众观念、服务观念、全面观念、效益观念、美学观念、竞争观念等。在当今信息化的时代，树立信息观念和时效观念对于广播电视新闻工作具有特别重要的意义。

一、广播电视传播的信息观

现代社会中，公众的日常生活离不开信息。大众传播媒介无疑是公众社会信息的提供者，其发挥信息传播功能的主要形式是新闻报道。由于广播电视传播具有快速性、形象生动性，因此，它在新闻信息传播上具有很大的优越性。

重大事件的现场直播，使人们能在第一时间如身临其境般获得最新的新闻信息。无论是 1986 年美国"挑战者"号航天飞机爆炸，还是 2008 年 5 月 12 日的汶川大地震，以及其他众多突发大事，广播电视都是我国受众获取信息的主要渠道。广播电视因其广泛、迅速、生动的传播优势，成为受众信息的主要来源。

1. 广播电视事业的迅猛发展，使广播电视新闻成为受众信息的主要来源

在广播电视问世之前相当长的历史时期内，报纸曾是人们获取新闻的主要途径，即使是在广播电视业发展早期也是如此。但是，第二次世界大战结束以来，随着广播电视尤其是电视的迅猛发展，世界各国公众新闻的来源结构发生了根本性的改变。

广播电视成为以传递信息为主的传播工具，经历了一个人们对它逐渐认识的过程。广播电台诞生时，人们认为它只是一种娱乐工具，新闻节目的地位远远低于音乐和商业性节目。第二次世界大战中，人们急于知晓战争的进程，使广播充分地发挥了迅速传递信息的优势，一跃成为重要的信息传播媒介。同样，在 20 世纪三四十年代电视初创时期，人们也仅仅将电视看作是一种娱乐工具，称之为"空中影院"、"家庭剧场"，各电视台的新闻部是亏损量最多的部门。直至 20 世纪 60 年代，情况发生了变化。1963 年 9 月 2 日，美国哥伦比亚广播公司推出了每天半小时的《晚间新闻》节目，此前的《晚间新闻》都是 15 分钟的节目，而且大多是"讲话的头像"。不到一星期，不甘落后的美国广播公司、全国广播公司也开始播放半小时的晚间新闻。那些原来勉强同意增加新闻节目时长的下属电视台这时发现，观众不仅没有对新闻感到厌烦，反而渴望从电视中获得新闻。到 20 世纪 70 年代，美国的电视新闻不仅成为为公众提供信息的主要渠道，而且新闻部也成为电视台赢利最多的部门，电视新闻确立了在电视台的主导地位。

收音机和电视机的普及，导致了公众接触广播电视的日均时间不断增长，并且远远超过了阅读报纸和杂志的时间。公众不可能每天花费与收听、收看广播电视同样多的时间去阅读报纸和杂志，而且对于不少青少年和文化程度不高的人来说，他们平时可以不看报纸杂志，却几乎每天收听广播或收看电视。可以说，公众接触广播电视时间的不断增多，为新闻来源的结构变化奠定了基础。

在各国广播电视事业发展的过程中，一方面，人们每天收听、收看包括新闻节目在内的各类广播电视节目的时间不断增加，各类广播电台和电视台所播

出的新闻节目的总时间也在增加；另一方面，借助现代科学技术的威力，作为电子传播媒体的广播和电视在新闻报道的速度方面又明显地胜过作为印刷媒介的报纸和杂志。因此，在第二次世界大战结束后不久，不少西方国家的广播电视就开始取代报纸和杂志原有的位置，成为公众日常生活中的主要新闻来源。

广播电视新闻已成为人们生活中不可或缺的信息伙伴，同时广播电视新闻特别是电视新闻对社会产生的广泛、深刻的影响，使得广播电视对其他媒介的影响也随之加强。这表现在广播电视传送的诸多新闻事件、言论、画面等均被报刊转载和引用。

2. 电视新闻信任度较高，使其成为受众信息的主要来源

电视媒介的性质不同于广播和报纸，它不但作用于人们的听觉，也作用于人们的视觉；不但使用语言符号，也使用图像等非语言符号，因而能将新闻事件的场景和新闻人物直接再现于公众的面前。这样，电视新闻一方面吸引了比报纸更多的受众，尤其是使那些文化程度较低甚至是无法阅读报纸的文盲，也对每天发生的新闻事件产生了兴趣；另一方面，电视新闻报道更为直观和客观，在受众心目中享有较高的信任度。自20世纪50年代以来，电视的信任度持续上升，而报纸的信任度则有所下降。在20世纪50年代末，报纸受公众信任的程度还略高于电视，但进入20世纪60年代后，电视的信任度开始超过报纸。至20世纪80年代，电视作为新闻传播媒介的信任度已处于绝对的优势地位，这种变化是与近几十年科学技术的发展密切相关的。借助现代科学技术的突飞猛进，电视新闻的质量有了长足的进步。由于人造通信卫星能够进行电视节目的远程距离传送，如今人们可以通过电视机及时地看到国内国际所发生的各种新闻事件。面对电视新闻的巨大压力，报纸的新闻报道主要朝着对新闻事件作深入分析的方向发展。但是，这种对新闻事件的深入分析不免带有较浓的主观色彩，有悖于新闻报道的客观性原则。因此，如今报纸新闻的信任度远不及电视新闻。

二、广播电视传播的时效观

传播新闻迅速及时，是广播电视的一大优势。在瞬息万变的社会中，人们总是以先听、先睹为快。"快"是新闻的生命，新闻报道延迟了，就会减弱它的新意，削弱它的价值。在现代新闻媒介林立、信息激增的社会里，人们更需

要并且有条件及时获得新闻信息。新闻传播慢了，会使信息老化，影响民众的生活，特别是关系到人们切身利益和安危的时候，如战争、灾害、经济危机等，"快"更为重要。日本放送协会（NHK）十分重视新闻的时效。例如，在日本某地发生 7 级以上的地震，事过三分钟，地震的消息（包括震中、震级）不能报道出去，就被认为是新闻报道中的事故。

对重要新闻，哪家媒体能够经常抢先报道、深入报道，哪家媒体就有威信，哪家媒体的听众、观众、读者就多，其社会影响力就大。随着生活节奏的加快，受众对新闻时效性的要求越来越高，各大媒体为了树立权威，提高节目收听（视）率，不惜利用一切手段争取时效。随着经济的发展，很多广播电台、电视台的广告费是取决于收听（视）率的高低的。所以在国内外的竞争中，各家广播电台和电视台都尽力加快报道速度，力争把最新的新闻传达给受众。改革开放以来，我国的广播电视媒体在争取新闻时效方面，取得了非常大的进步。

三、树立正确的信息观念与时效观念

1. 广播电视信息传播要坚持质与量的统一

一方面，要尽量扩大信息源，加大信息量，加强实用性信息的及时性、服务性和超前性；另一方面，为了保证市场经济健康发展，保证公平竞争，广播电视在市场法则逐渐建立和市场道德逐步完善的过程中，坚持"以正面宣传为主"的同时，要开拓报道领域，加强评论性栏目的建设，发挥舆论监督的作用。

2. 要防止"信息误导"和"信息污染"

"信息误导"即那些虚假信息、过时信息以及无效信息传入社会造成人们判断失误、决策失误，进而会造成社会生产和生活某一方面的损失。"信息污染"有两种情况：一种是由于信息过剩，大量无用信息进入传播市场，扰乱了正常的信息传播秩序，使受众无所适从；另一种是大量有损社会风气、毒害人们心灵、破坏国家安定、妨害民族团结的信息进入信息市场，给社会造成危害和混乱。

广播电视媒介作为党和政府的喉舌与宣传媒介，首先要自觉地担负起提高受众素质的任务，并把自身素质提高到社会责任的高度来认识，同时要在技术上消除"消息误导"和"信息污染"产生的机会与条件，力争使健康信息占领传播通道的主要空间，为受众提供高品位、高质量的信息，为精神文明和物质文明建设服务。

3. 要把高时效建立在新闻真实的基础上

时效性越强，新闻价值往往越会得到充分实现，但是新闻时效性同样要受到新闻真实性和宣传报道的适时性等因素的制约。近几年来，随着我国经济改革和开放的步伐加快，新闻时效的竞争也成为媒介竞争的焦点，一些非正当竞争手段带来的问题，诸如"超前新闻"、虚假报道也曾出现在广播电视媒体中，不消除它们，无疑会给广播电视事业的发展造成负面的影响。

第二节　现代社会的分群化及广播电视的窄播化趋势

在信息革命浪潮的推动下，受众对媒介的需求越来越专门化。受众要求媒介能够尽可能集中地体现不同社会群体的特殊利益和要求，希望媒介关注不同群体的专门兴趣。广播电视的"窄播"趋势，是围绕着现代社会受众分群化的特点来进行传播内容分化的。传播活动从一种大规模组织化生产，针对大量异质匿名受众，同时公开的大众传播方式，转变为一种针对个别需求的互动式分众传播方式。

一、自主性、分群化社会的形成

以产权的多元化和经济运作市场化为基本内容的社会主义经济体制改革促使社会结构由"总体性"向"自主性"、"分群化"（social fragmentation）转变，各阶层受众对媒介的需求也日趋丰富和复杂。数字化革命将再一次给人类生活和工作方式带来进一步变革，社会分工越来越细，社会的分群化趋势进一步加剧。

自主性、分群化社会的逐步形成，为大众传播中受众中心地位的确立提供了社会基础。受众的媒介行为本身也是一种社会行为，体现了该社会结构体系的要求和特点。在自主性、分群化社会中，受众具有如下特征：

第一，受众兴趣趋于多元化。受众必然是群体中的个体，而且往往分属多个不同的群体，具有不同的社会角色和不同的利益需求。这种需求可能是经济上的、政治上的，或者仅仅是一种感情偏好，受众因此呈现出多元的兴趣结构。

第二，受众更关注自身的利益。媒介是否代表了受众所属群体的利益，反映了他们的呼声，是受众是否接受和支持该媒介的首要因素。反映不同受众群体的利益，不仅是要为受众的利益效力，还应当突出服务性、实用性。

第三，受众权利意识增强。自主性、分群化社会为个人和利益群体的自由活动与发展创造了条件，个人与群体的权益得到尊重和保护。受众对于自己在传播活动中应当享有的权利也随之加以重视，其中心地位也逐渐确立。

二、广播电视的窄播化趋势

美国未来学家阿尔文·托夫勒在《第三次浪潮》一书中认为，在当代信息社会中，无论是社会生产还是消费需求，乃至价值观念，都体现出了从单一到多元、从整体到分化的发展走势，并预言信息传播领域内"非群体化传播"时代的到来。

"非群体化传播"要求传播者不再把受众视作一个无分别的整体，而是针对受众的不同群落和不同需求层面，分别实施特定的传播策略。广播电视媒体必须积极地以其丰富化的个性来应对受众多样化的要求。为适应受众的"非群体化"需要，广播电视也开始由"广播"（broadcasting）向"窄播"（narrowcasting）转变，对传播内容进行细分，朝着传播内容系列化、专业化的方向发展。广播电视的专业化主要可以从以下四个层次来理解。

1. 受众市场细分化

20世纪70年代以来，小众化、分众化传播已成为世界传播发展的趋势之一。广播电视媒体只有主动分析、研究受众细分化和日益主动化的趋向，划分不同的受众群，开发多元的受众市场，制作适位的电视节目，才能实现电视媒体的社会效益和经济效益。

实行广播电视专业化是适应受众市场不断分化演变的必然结果。在中国，20世纪80年代中期以前，频率、频道都是按照行政区域严格配给的。而如今，全国已有近4 000个电视频道，年产节目60多万小时，受众近11亿人。在如此庞大的受众市场上，同一地区的几十个电视频道忽视受众性别、年龄、文化、民族、地域的差异，整天播放大同小异的同质或同类型节目，既造成资源的大量浪费，播出效果也不会好。当我们充分认识到受众市场存在多层次需求，并努力去满足受众这些多样化的需求时，就不能不考虑实行传播模式的转变，广播电视专业化正是实现这一转变的必然结果。

广播电视要有特色，最重要的是寻找并确定目标受众，围绕目标受众的需要设计和制作节目，每个栏目、每个频道都必须准确定位，锁定核心受众。只有锁定了受众，才能让受众锁定频率、锁定频道。确定目标受众主要可以依据以下三个方面。

（1）地理接近性。

居住地区和地理条件不同，区域经济的发展程度不同，文化传统不同，消费者的消费偏好和受众的信息需求都会有所差异。如城市和乡村之间，沿海发达地区和内陆之间，北方和南方之间，不同城市之间，相同城市不同地区之间等都会有明显的需求差异。

（2）人文接近性。

人文接近性即主要以人口统计学原理按年龄、性别、教育程度、收入情况、职业、宗教等区分出不同的消费者和受众群，分析他们的习惯和爱好，满足其需求。

（3）心理接近性。

相同地域、相同性别或相同年龄的人们也可能因为社会阶层、生活方式及性格不同而有不同的偏好和消费习惯。同是青年人，大学生和青年民工之间不同；同是妇女，白领职业女性和乡村家庭妇女之间也会表现出明显的需求差异。

2. 传媒产品类型化

类型化是指节目（栏目）的内容按受众的不同爱好和需求划分，以利于媒体制作特定的目标性节目来满足特定受众的媒介消费。传媒产品类型化强调的是多元和细分：多元是指传媒产品类型多样，就电视节目而言，纯新闻节目、体育节目、电影、电视剧、动画片、历史节目、科学探索节目等都是丰富的节目形态，并且随着受众市场的开发，节目的样式也将更加多彩。细分是指单一传媒产品细分为更多层次，以适应同类产品消费群体更加细分的现实状况。就广播而言，这种细分已发展得比较成熟，美国的广播在 20 世纪 50 年代就走上了节目类型细分的道路。音乐节目始终是广播的重头戏，美国广播很早就将音乐节目类型化，分为老式摇滚、专辑摇滚、当代流行金曲、黑人音乐、古典音乐、乡村音乐等十多种类型，并针对不同消费群的收听习惯安排播出时间，从而为广播在美国一直保持强势的媒体地位作出了巨大的贡献。

在我国，随着电视台纷纷上星，频道骤然增多，节目的需求量也将大增，节目生产、流通和交易市场的繁荣必然要求节目不仅有量的增多，更要求有质的提高和创新。因此，传媒产品的类型化是未来各大电视台取得竞争优势的法宝。

3. 频道资源专业化

频道资源专业化是受众市场细分化和传媒产品类型化的要求。电视媒体主要有两种经营形态：一种是综合台，主要是一些无线电视台和少数有线电视台、卫星台，以节目多样性取胜，如中央电视台、湖南卫视和香港的凤凰卫视等；一种是专业台，大多数有线电视台都是专业台，一般以某一类型和主题的节目作为主打节目，为特定的观众量身定做节目内容。

广播电台不以综合性与电视抗衡，而是以节目的类型化、电台的特色化取胜。随着我国广播改革的不断深入，内容专业化、对象专业化、服务专业化的理念越来越清晰，各台在实践中不断调整自身定位，注意市场细分，突出频率特色，以分众化、专业化、地方化、精品化保持自己的不可替代性。目前，专业化频率类别包括新闻、新闻综合、经济、交通、音乐、文艺、生活、财经、股市、健康、体育、戏剧、故事、城市管理、资讯、农村、老年、少年、旅游、居家等二十多种，其中新闻、音乐、交通频率成为专业化中的主流。

然而，专业化并不意味着所有频道都必须是专业类型的。一方面，专业频道要继续走窄播的道路，电视媒体要根据市场的内在规律和电视观众的特定需求，以频道为单位进行内容定位划分，以准确的频道定位和风格定位赢得目标观众；另一方面，综合台可以走特色化的道路，以某一类型的节目为主打节目，从而树立频道形象。

在我国，各省电视台努力把自己的卫视频道建设成为有独特定位的专业化、个性化频道。如安徽卫视以电视剧为专业化特色，上海东方卫视以新闻为专业化特色，江苏卫视以情感类节目为专业化特色，新疆卫视以歌舞类节目为专业化特色，广东卫视以财富类节目为专业化特色，广西卫视定位于女性频道，陕西卫视则以历史文化专题为特色等，而湖南卫视因其精彩的娱乐节目、轻松的资讯节目和电视剧在全国观众心目中树立起了一个充满青春活力的娱乐频道形象。

中央电视台经过多年努力，也已形成以第一套综合频道为龙头，专业频道门类日趋齐全，特色日益彰显，相互支持、互为补充的覆盖国内国际的频道格局，基本完成了频道的专业化布局。

4. 媒介产业集团化

媒介产业集团化"合"的趋势，似乎与专业化"分"的趋势相悖，但实际上并非如此。集团化有利于重组资源（财力、人力、技术、设备等），形成规模效益和资源的再次合理分配，在客观上是服务于专业化的，也是专业化的发展要求。20 世纪末，美国传媒业跨媒体、跨行业、跨国的大整合与大兼并形成了超级航母般的传媒集团。在这个大的传媒系统中，各个子集团之间实现了资源共享，既节约了成本，又节省了时间和人力，更好地推动了媒体的专业化发展。

三、广播电视媒介窄播化发展的现状

1. 广播

在我国，广播听众还是主要通过传统的调频/调幅收音机消费广播媒介，听众的收听模式主要是在家中闲暇时间的收听。节目收听方面，听众主要还是对传统的新闻资讯、生活服务和音乐娱乐类节目有较高的收听需求。谈话互动类节目在多个广播收听市场创造了收听高峰，甚至超越传统的早间时段收听高峰，成为广播收听市场引人注目的节目类型。2009 年以来，交通高峰时段的车上收听增长明显，"车上收听"成为仅次于"在家收听"的重要收听模式之一。

2. 电视

我国的电视台还处在节目频道改版，甩不掉大杂烩节目形态的综合台发展阶段。同质的电视娱乐节目（包括综艺类、有奖竞猜类、婚介类、模仿秀等）、谈话节目、电视剧几乎在同一时期、同一时段在不同的频道播出，观众的选择性减少与频道的迅速增多形成了鲜明的对比。这一方面反映了电视频道和时段资源的巨大浪费，另一方面也反映了电视市场有相当大的潜力可挖。

我国的广播电视媒体应加紧由规模数量型向优质高效型转变，由粗放型经营向集约型经营转变，创新专业化发展的理念，积极学习外国频道专业化的运作模式，打破综合杂烩式的节目形态，开创具有特色、个性鲜明的名牌节目和栏目。

四、广播电视窄播化发展的关键

1. 优化、开发媒介资源

媒介资源主要是指广播电视媒介的节目、频道和时段资源。节目生产的社会化、节目交换的商品化是大势所趋。节目生产面向市场，不再全部由传统媒体独立制作节目，这既有利于打破行业垄断、优化资源配置，又有利于提高节目质量，生产名牌产品和精品，最终在节约成本的前提下，达到经济效益和社会效益的统一。在媒体竞争日益激烈的情况下，广播电视媒体不仅要注重节目量的及时供给，还要重视节目的包装，最大化地利用节目资源。广播电视媒体在细分时段资源、充分利用黄金时间的同时，更要注重时段资源的开发，依照受众的休闲习惯，创造性地开发时间资源。

2. 理性争夺受众资源

广播电视媒介市场的竞争是对受众注意力的争夺，媒介市场的较量就是受众规模和质量的较量。在媒介市场中，媒介的产业经营不仅要遵循媒介传播规律，也要遵循受众市场规律，因此，受众调查便成了媒介市场研究的重要环节和手段，也是电视产业经营的基础性研究。广播电视媒体需要将受众调查的量的分析和受众内在的质化研究相结合，细分节目市场，安排节目时段和广告价格，从而在市场的竞争中做出更理性的选择。

3. 充分利用技术资源

除了受众市场的争夺，网络市场已成为新闻媒介新的争夺焦点，并成为广播电视在 21 世纪可持续发展的重要保证。广播电视媒体产业化经营迎来了技术和管理两个方面的进步与机遇。传统的同轴电缆的传输网络已逐渐被宽带、双向的综合网取代，广播电视网络已具备与互联网、电信网融合的条件，在广播电视网上不仅可以进行传统的新闻信息传输，而且可以发展多媒体、双向互动的信息增值服务和扩展业务。

第三节　新技术发展与广播电视新闻的主导性

20 世纪末以来，数字技术的进步把大众传媒带入了一个全新的比特时代，一大批新兴的媒体形态开始出现，三网融合、媒介融合被正式提上日程。技术改革会对新世纪的广播电视传播带来影响，也将成为影响广播电视新闻主导性的新的关键因素。

一、广播电视技术的数字化发展

随着科学技术的日新月异，广播电视技术经历了一场革命性的变化——数字化，大规模、整体性的数字制播系统也日趋完善。

1. 广播技术的数字化

继 20 世纪 20 年代和 40 年代分别兴起的调幅广播与调频广播之后，20 世纪 90 年代，在世界数字化浪潮中出现的数字音频广播，成为广播技术发展过程中的第三个里程碑。

（1）广播电台设备及制播系统的数字化。

广播数字设备如数字调音台、数字式话筒、数字音频信号处理器，MD 数字录音机、CD 放音机和 CD 刻录机，数字矩阵、数字同步系统、数字微波收发信机、光缆及数字光端机、数字调制解码器，全固态数字 AM、FM 发射机，数字压缩及卫星传送等数字制作、播出和传送系统正大量被广播电台所采用。数字音频工作站也普及广播电台的节目录制、编辑和播出系统中。数字音频工作站是一种基于计算机的强大数据处理能力，并以计算机控制的硬盘为主要记录载体，从而完成音频节目的录制、编辑、播放、管理等功能的数字音频系统。

（2）数字音频广播：从听广播到"看"广播。

所谓的数字音频广播（Digital Audio Broadcasting，DAB）是一种有别于我们所熟知的传统 AM、FM 的广播技术，它通过地面发射站，以发射数字信号来达到广播以及数据资讯传输的目的。数字广播除了传统意义上能传输音频信号外，还可以传送包括音频、视频、数据、文字、图形等在内的多媒体信号。听众通过手机、电脑、便携式接收终端、车载接收终端等多种接收装置，就可以收看、收听到丰富多彩的数字多媒体节目。

2005 年 4 月 18 日，北京电台数字广播节目开始试播。它突破了传统广播只传输声音节目的局限，可以提供包括音频、视频、数据等多媒体服务。换句话说，数字广播可以传输电视节目，而且接收设备也不仅局限于收音机，像笔记本电脑、掌上电脑、手机等移动设备都可以接收数字广播的多媒体节目。

2. 电视技术的数字化

（1）前期摄录设备的数字化。

电视的数字化最早体现在摄录设备的数字化上。数字摄像机和数字录像机在电视系统中的运作已十分广泛。例如，HL 系列数字信号处理摄像机，JVC 的 Digital – S 格式摄像机，松下的 DVCPRO 系列，索尼 DVCAM 的 DSR 系列数字摄像机，BATACAM 中的 BATACAMSX 摄录一体机，DIGITAL BATACAM 数字机等。数字式摄录设备改进了模拟式摄录设备的信号记录、处理、储存等方式，其所采用的数字信号比模拟信号便于加工处理，可以长期保存和多次复制，抗干扰和噪声能力强，尤其是在远距离传输时不会产生模拟电路中不可避免的信噪比劣化、失真度劣化等损害，大大提高了电视节目制作质量。

（2）新闻采集方式的数字化——DNG 与 DSNG。

数字技术与 ENG（Electronic News Gathering，电子新闻采集）工作方式的结合产生了 DNG（Digital News Gathering），即数字化新闻采集方式。数字化新闻采集是指在前期拍摄中以数字技术录制声音和图像，在后期采用数字化编辑方式进行新闻节目制作播出的工作方式。DNG 与 ENG 系统的设备构成基本相同，二者的不同主要是其各自的技术基础不同：ENG 以电子模拟技术为基础；DNG 以先进的数字技术为基础，以数码方式传送电视信号，使更多数据可以在光纤的宽频带上传播。数字技术基础使 DNG 的前期拍摄更具优势，在后期编辑时也能充分发挥便捷的优势。1999 年 10 月 1 日中华人民共和国 50 周年庆典，中央电视台采用 DNG 系统将国家主席江泽民从东长安街向西检阅部队这一庄严的时刻现场转播给全世界。

同样，数字技术与卫星新闻采集（Satellite News Gathering，SNG）工作方式的结合就产生了数字卫星新闻采集系统（Digital Satellite News Gathering，DSNG）。DSNG 是新一代的卫星电子新闻采集系统，将新闻现场所采集到的视频及音频信号进行数字化压缩、调制处理后，发送到同步通信卫星，再经同步通信卫星转发回电视台总部，电视台可以直接转播或经过编辑后播出。以集成方式来分，DSNG 可分为便携式系统（Flyaway）和车载式系统（Vehicle），便携式系统将系统模块放在几个特别设计和便于携带的箱子内，可根据所赴现场的实际情况用不同交通工具运至现场，并可在很短时间内由 1 至 2 个工程技术人员安装调试完毕，具有灵活和活动范围较大的特点。所谓车载式系统，也就是卫星新闻转播车，所有的摄录设备、编辑机、监视器、声音系统、灯光照明以及卫星传送设备都可以安装放置在车上。一旦发生突发新闻事件，卫星新闻转播车就能在到达现场 15 分钟之内进行现场直播报道。在大型的新闻采集活动中，车载站可在现场形成一个小型采编指挥中心。

1996 年底，中央电视台首次引进了便携式数字卫星上行系统，从而结束了国际、国内电视转播只能依托于国际通信卫星和全国邮电部门微波干线的局面，这样，不论在何种情况下，无论区域多么偏远，均可将直播信号可靠地传回台内。此后，为了提高转播的机动性和应急能力，中央电视台又于 1997 年香港回归定时转播之前，自行设计并与国外厂商共同集成组装了一辆 DSNG 卫星转播车。

3. 演播室系统的数字化：从传统演播室到虚拟演播室

演播室是电视节目录制、制作的重要场所。当前期数字摄录设备达到一定比例时，演播室系统的数字化就成为当务之急，数字摄像机、数字切换台、数字录像机等产品将进入电视台的演播室。全数字电视演播室在系统构成形式方面与传统的模拟演播室基本没有变化，只是基本设备内部及系统内部信号采用串行数字分量电视信号格式。同时，随着计算机网络和三维图形软件等先进信息技术的发展，电视节目的演播室制作也发生了很大变化，越来越多的电视节目开始采用虚拟演播室技术来代替传统的真实演播室的运用。

虚拟演播室是计算机虚拟现实技术与人类思维相结合在电视节目制作中的具体体现。虚拟现实技术是一种三维的、由计算机生成的、人可以漫游其间与之相互作用的模拟环境的技术。它既可以是某一特定现实环境的再现，也可以是纯粹构想的世界。与传统的演播室相比，虚拟演播室在技术上最大的特点是应用了虚拟背景，这个虚拟背景是通过计算机三维动画软件生成的三维结构图像，它能充分发挥电视编辑的想象力和创造力，使节目制作摆脱现实世界的局限，从而创造出一个千变万化、精彩纷呈的虚拟演播室空间。

虚拟演播室系统一般包括两套计算机系统：一套处理摄像机跟踪的数据，一般采用高配置的微机、小型计算机工作站。另一套是进行虚拟演播室的场景制作，用于此种任务的计算机应具备以下功能：具有足够的计算能力，包括处理多重任务的能力；可以支持实时操作系统；具有极强的绘画能力，甚至达到高标准三维动画制作水平；能够处理音频信号，并具有控制其他视频和音频设备的能力。虚拟演播室系统非但能把在蓝背景中的主持人与计算机生成的三维虚拟场景完善、融合在一起，还可以用建模软件控制合适的贴图、灯光、模型等参数，给场景中的物体贴画、加光影和润色，使其更具真实感。在虚拟场景中，主持人可以来回走动，场景中的虚拟物体可以实时地移动和处理，电视窗口能显示外部视频源送来的视频信号。主持人不仅能在虚拟物体的前面或后面，并且能隐藏在物体的里面，主持人之间还可以进行异地对话。

4. 后期制作系统的数字化：从线性编辑到非线性编辑系统

线性编辑（Linear Editing）是一种基于磁带素材的编辑，对素材的搜索、编辑和录制必须按照磁带记录的顺序，一段一段地进行。传统线性编辑系统经过多年的发展，技术已比较成熟，硬件稳定性高，制作过程简单直观。但也存在不少问题，如设备成本高，需要定期维护和更新；整套系统需要录像机、编辑机、字幕机、特技机、调音台等多台机器，整体占地面积大、耗电多、占用人员多；实现较复杂的编辑功能和多层特技时比较困难；编辑时找素材需要快进倒带，既费时又烦琐，也容易造成磁头、磁带磨损，以及视频信号的衰减和失真。

20 世纪 90 年代，随着计算机技术的发展，非线性编辑系统（Non-linear Editing）被广泛运用于广播电视节目制作。

非线性编辑系统是一种以计算机为操作平台的电视节目后期制作系统，它主要是通过数字压缩技术将视频、音频素材数字化，存储在计算机硬盘中，然后利用视频编辑软件对数字化素材进行多种处理。非线性编辑具有多重优点：只用一台计算机就可以替代编辑机、特技机、字幕机、调音台、三维及二维动画创作系统等诸多设备，存储方式与其他计算机一样为非线性随机存储；可实现较复杂的编辑功能和多层特技效果，使电视工作者过去难以做到的许多美好创意得以实现，从而把人们引入了一个"只有想不到，没有做不到"的崭新创作空间；编辑、特技、动画、字幕、声音等各种操作可一次完成，占用人员少，既节省时间，又简单方便，信号基本上无损失。非线性编辑不仅提高了内容检索与编辑速度，而且大大降低了因为磁带复制产生的信号损耗，提高了声音和画面的质量。非线性编辑给电视制作带来重大变革，其良好的开放性和便利的操作性能，使之成为电视节目制作中非常重要的编辑方式。

5. 电视播出系统与存储的数字化

电视技术的数字化中，最重要的环节是播出系统的数字化。在整个电视技术中，播出是一个承上启下的环节，对播出系统进行数字化改造是非常必要的，其中最关键的一步就是构建硬盘播出系统。随着计算技术和视频压缩技术的发展，电视多媒体非线性技术、高速宽带计算机网络以及大容量数据存储系统为电视节目的网络化存储、查询、共享和交流提供了可能。

数字技术能使以单机为工作方式、以计算机为操作平台的各类系统（如非线性编辑系统、虚拟演播室系统、动画工作站、音频工作站等）组成电视台内部的一个局域子系统，还可以在电视台内的各个制作、播出及管理等子系统中，采用可传输多种信号的 ATM 网或宽带以太网拓扑成的一个局域网，建立全台的宽带视频综合业务网络，实现计算机设备、多媒体设备的互联和信息交流共享，并支持各虚拟网络之间的信息交换，使台内与台外的网络之间互相联通，形成大的广域网。目前，我国省级以上广播电台、电视台90%实现了数字化，中央电视台、上海文广集团、重庆电视台等已基本完成了数字化改造，并进入了网络化应用阶段。

6. 数字电视：从"看的电视"到"用的工具"

与半个世纪前电视技术从黑白到彩色的跨越相比，数字电视在质和量的方面都被认为是更伟大的变革。

数字电视的技术优势首先是基于数字信号基础的高质量影像和伴音。数字电子技术的基本特征是以高度压缩信息量和离散的方式快速处理信息，数字式电视可数十倍地缩小图像信息的体积而仍能保证信息量不变。用户一旦享受这种技术，一台电视机就可同时接收500套节目。

数字电视最根本的变革还在于它打破了传统的收看电视的方式。随着电视系统的全面数字化，电视不仅可以单向传送节目，还可通过按次付费、轮播、按需实时点播等，提供多种新形式、程度不同的互动式服务，使人们由被动收看变为主动选择。

数字电视技术从根本上改变了模拟信号传播技术条件下形成的传播方式，重新定义了电视媒介的传播功能，使电视媒介在保留原有的大众性、娱乐性、新闻权威等优势之外，融合了网络媒体的优势，从而由"看的电视"变成了"用的工具"，并将在一定程度上改变人们的生活质量和生活方式。

二、新技术发展对广播电视新闻主导性的影响

广播电视新闻节目的主导性体现在两个方面：一是在广播电视节目中，新闻节目占据主导地位，新闻信息的传播是广播电视媒介的主功能；二是在整个社会生活中，广播电视新闻节目的影响力大小，人们是否主要通过广播电视获取新闻信息。

每一次广播电视技术上的进步，都会对广播电视新闻传播造成深远影响。便携式立体声录音机、无线通讯器材的广泛运用使广播新闻报道更加逼真、迅捷。中央电视台1978年12月开始采用ENG电子采访设备代替传统的影片摄影机，使电视摄像师摄取新闻更加便利，实现了摄录同步、声画同步，所录制的新闻节目两三个小时之后就可播出，大大提高了电视新闻报道的实效性，增强了电视新闻的竞争力。在数字化的浪潮中，数字化技术的进步更是大大地为电视事业的发展和电视新闻节目的创新提供了动力，数字摄像、节目编辑、图像传送技术和装备水平的提高，推动了电视新闻在报道观念、内容结构、节目形态、播报方式等方面的重大变革。回顾广播电视新闻在我国的发展，1958年中国电视创办之初，电视新闻每周只有一两次。进入20世纪80年代以后，中国的广播电视新闻事业进入了黄金时期，新闻性节目所占的比重越来越大，这与广播电视技术的发展密不可分。同时，随着广播电视覆盖率的提高，人们越来越多地通过广播电视获取新闻信息。

但是在进入新世纪以来，新的数字技术在为广播电视新闻节目提供强大动力的同时，也为广播电视媒体制造了强大的竞争对手。在过去的十多年里，数字技术打造的新媒体一直在持续分割着传统媒体的受众市场，广播电视的发展面临着重重机遇和挑战，广播电视新闻节目依然不能停下创新的脚步。

1. 新媒体的冲击

"第四媒体"——网络的兴起是人类传播领域具有划时代意义的事件。近年来，因特网借助先进的数字技术和网络技术开始进入普通人的生活，并开始冲击电视的霸主地位。网络的时效性、多媒体性、全球性和分众特征是电视无法匹敌的，网络的交互性和自由性使信息传播的主体发生了转移，受众在网络媒体中享有空前的参与权和选择权。

除网络外，被称为"第五媒体"的手机对广播电视也产生了很大影响。最近几年，随着手机报纸、手机电视的兴起，手机也开始扮演大众媒体的角色。虽然手机在大众媒体产业领域尚处在起步阶段，但手机媒体概念新鲜、使用方便，具备很强的渗透性，必有广阔的发展前景。

迄今为止，传统广播电视新闻单向传播的特性基本没有改变，这成了广播电视在与新媒体竞争中的软肋，也是影响广播电视新闻传播效果的主要因素。网络、手机备受青睐，主要是因为它们使用方便并且具有互动功能。广播电视节目是线性的，播放之后不能回放，只能等待重播；广播电视节目又是有时间性的，每天的固定时间播放固定节目，过期不候。而上网查找信息，既可以随时查看，随时搜索，看了之后还可以任意回放、复制。单向传播导致广播电视受众持续流失，要想改变这种状况，必须在观念变革、技术创新的前提下，推动广播电视新闻节目形态的变革，建立起其与受众互动的传播模式，以延迟广播电视新闻受众转移的速度。面对新媒体的冲击，广播电视需要重新定位，吸引细分受众。

2. 媒体融合

"媒体融合"（Media Convergence），最早由美国马萨诸塞州理工大学的浦尔教授提出，原意是指各种媒介呈现多功能一体化的趋势，其概念包括狭义和广义两种。狭义的媒体融合是指将不同的媒介形态"融合"在一起，产生"质变"，形成一种新的媒介形态，如电子杂志、博客新闻等；而广义的媒体融合则范围广阔，包括一切媒介及其有关要素的结合、汇聚甚至融合，不仅包括媒介形态的融合，还包括媒介功能、传播手段、所有权、组织结构等要素的融合。也就是说，媒体融合是信息传输通道的多元化下的新作业模式，是把报纸、电视台、电台等传统媒体，与互联网、手机、手持智能终端等新兴媒体传播渠道有效结合起来，实现资源共享，集中处理，衍生出不同形式的信息产品，然后通过不同的平台传播给受众。

媒体融合是信息时代背景下一种媒介发展的理念，是在互联网迅猛发展的基础上传统媒体之间的有机整合。它体现在两个方面：技术的融合和经营方式的融合。广播电视的融合就是向新媒体靠拢，实现制播的数字化和多媒体化。事实表明，广播电视正成为媒介融合的受益者。

在媒介融合之后，广播电视将会如何发展？比较可行的措施就是向现有受众推广数字化的接收方式，并根据潜在受众的特点和需求为其制作口味合适的节目。当然，广播电视产业的媒介融合之路并不会如此简单，想要继续在数字媒体时代保留传统大众媒介的地位和影响，更需要广播电视发挥传统优势，在与受众互动、内容创新、模式创新以及技术创新上不断进步。

3. 三网融合

从目前的情况来看，媒体融合的主流是"三网融合"。所谓"三网融合"，是指将现有的电信网络、有线电视网络和计算机网络相互渗透与融合，逐渐形成统一的信息通信网络系统，使声音、图像、视频影像等变为数字信号在计算机中加工、存储，并在这个统一的网络上传输。"三网融合"不仅是一种技术革新，更是一种社会选择，一种传播方式的自我更新。

"三网融合"将如何促进电视产业的发展？答案在于IPTV（交互式网络电视）。IPTV是一种基于新兴的互联网技术产生的新媒体形态。它将通过电信网络，利用以太网或者有线电视网接入宽带网，从而实现电视信号的多媒体播出。用户在家中可以有三种方式享受IPTV服务：一是计算机；二是网络机顶盒＋普通电视机；三是移动终端（如IPad和IPhone等）。IPTV能够很好地适应当今网络飞速发展的趋势，充分有效地利用网络资源。IPTV既不同于传统的模拟式有线电视，也不同于经典的数字电视。因为传统电视和经典的数字电视都具有频分制、定时、单向广播等特点，尽管经典的数字电视相对于模拟电视有许多技术革新，但这只是信号形式的改变，没有触及媒体内容传播方式的改变。

对于电视部门来说，IPTV是一个难以解决的难题。但无论如何，"三网融合"的趋势已经不可逆转。对于电视产业而言，能做的就是在融入数字化网络的过程中找到一个合理的盈利模式。

4. 娱乐化倾向挑战电视新闻的主导地位

在电视传播中，新闻节目、综艺娱乐节目和影视剧节目是把观众吸引到电视机前的三大节目类型。"新闻立台"的媒体经营战略曾经让新闻节目获得了超过影视剧节目、娱乐节目的收视份额和社会影响力。但是从 2006 年开始，全国电视台的黄金时间让位给电视剧和娱乐综艺节目的现象越来越多。在观众收看电视新闻的时间持续下降的同时，电视新闻中娱乐元素开始增多。在一些省级电视台和许多城市电视台播出的新闻中，民生新闻、说新闻、戏说新闻、新闻情景再现相继涌起；软新闻流行，硬新闻软化，新闻娱乐化倾向大有愈演愈烈之势。在收视率的导向下，虽然有些电视新闻的确好看了许多，但是与此同时，一些电视台的新闻节目对公众利益的洞察和关注却开始减少，有些媒体播出的电视新闻的新闻性甚至消退。电视新闻节目有可能从政治的标向变成私人的兴趣，由理性的评论变成感性的叙事，由国家的世界变成个性化的天地。电视新闻在社会公众领域的建构作用将有消失的危险。

参考文献

[1] 陆晔，赵民. 当代广播电视概论. 上海：复旦大学出版社，2002.

[2] 王首程. 电视新闻传播. 北京：中国广播电视出版社，2010.

[3] 吴玉玲. 广播电视概论. 北京：中国传媒大学出版社，2007.

[4] 陈莉. 当代广播电视概论. 南京：南京师范大学出版社，2010.

[5] 宫承波. 广播电视概论. 北京：中国广播电视出版社，2010.

[6] 黄会林，彭吉象等. 电视学导论. 北京：高等教育出版社，2008.

[7] 赵多佳，徐许玲. 内容·受众·传播——广播专业化概论. 北京：中国国际广播出版社，2008.

[8] 许永明. IPTV：技术与应用实践. 北京：电子工业出版社，2006.

[9] 王四新. 网络空间的表达自由. 北京：社会科学文献出版社，2007.

后　记

　　时光荏苒，到暨南大学已经快五年了。想想过去，好像就在昨天。记得刚到暨南大学的时候，我就承担了 2008 级外招生的广播电视概论课程教学任务。然而，当时根本没有想到编写教材，直到 2011 年暨南大学教务处组织编写外招生教材，我才想起应该把这门课也好好地整理整理。幸运的是，我提及的计划当时顺利地入选了暨南大学第五批本科外招生教材资助项目。

　　众所周知，广播电视概论是广播电视学的基础必修课程。既然是概论性基础课程，其内容就囊括了广播电视的各方面。从所涉及的内容来说，不仅有关于理工科的影视技术知识，也包括社会科学、人文科学的内容；不仅有新闻学、传播学的内容，也有艺术学的内容，可谓涉及范围极广。但就内容的深度来说，和相关专业相比又往往不够，现象描述居多，而理论阐释较少。事实上，目前，广播电视概论的相关教材已经不少，少说也有十多种，并且各有各的特色。但是，暨南大学存在一个特殊情况，就是面向海外办学。来自五湖四海的华侨生们不熟悉国内情况，而且个体差异较大。因此，我在选用外招生教材时总是颇费踌躇：如果简单选择国内通用的教材，其内容对外招生来说较为艰深，很难完成相应的教学任务；如果不选择教材，又不可能让学生确定相应的阅读、学习范围。

　　所以，我在编写该教材时就注意到这个因人而异的具体问题，相对来说，较为突出广播电视基本知识和内容及新发展趋势的介绍。不仅如此，既然要辅助教学，便于学生的学习和阅读，当然在结构框架上不宜变化太大，需要保持一定的稳定性。于是，我们虽然也有一定的变化，但大致遵从现有的编写思路。可以说，这本教材在这些方面，多少显得有些四平八稳。不过，能够显示教材价值的地方也许就是大量借鉴当前新近的资料，突出广播电视发展的新材料、新观点与新趋势。在影视技术的支持下，广播电视发展十分迅速，因此，这门课程的时效性较强，无论是材料还是论题、观点都需要时时地更新。在新世纪涌现出的许多新问题，也都需要给予关注。

与众多教材一样，本教材也是集体编写的，具体分工如下：由我负责列出大纲，并对全书写作做文字疏通、风格统一的工作；孟雨蒙编撰第一至四章；宁成凤编撰第五章；杜颖编撰第六、七、九章；梁萍编撰第八章。想来从最初构思、动笔的 2009 年，到最后完成的 2012 年，前后时间拉得较长，且由于多人参撰，取材、行文、思路、观点等难免存在差异。因此，我们的编写难免出现纰漏，在此，恳请各位专家学者不吝赐教。

本书在编写过程中，参考了许多同行学者相关资料，并且借鉴了相关的学术观点，限于篇幅难以一一列出，在此表示衷心的感谢。本教材之所以能够出版，首先得感谢暨南大学本科外招生教材项目资助；其次，也要感谢暨南大学出版社的杜小陆先生，在他热情洋溢的鼓舞和催促下，这本书才得以问世。

陈林侠

2012 年 12 月 3 日